SOMOS TODOS PROFETAS

Edição comemorativa do Jubileu de Ouro (50 anos)
da Proclamação do Apocalipse de Jesus, realizada por
Alziro Zarur (1914-1979), a 1º de outubro de 1972,
na cidade de Ribeirão Preto/SP, Brasil.

PAIVA NETTO

SOMOS TODOS PROFETAS

"Bem-aventurados aqueles que leem e aqueles que ouvem as palavras da profecia deste Livro e guardam as coisas nele escritas, pois o Tempo está próximo." (Apocalipse de Jesus, 1:3)

45ª edição

Revista e ampliada pelo autor

ELEVAÇÃO

Produção editorial e revisão: *Equipe Elevação*
Impressão: *Mundial Gráfica*
Capa: *Alziro Braga*
Imagem da capa: *"O Segundo Flagelo", obra de Sátyro Marques (1935-2019), que integra o acervo da Galeria de Arte do Templo da Boa Vontade (Brasília/DF).*
Projeto gráfico e diagramação: *Helen Winkler*

A 1ª edição desta obra foi publicada em novembro de 1991, com o título: *O Apocalipse de Jesus para os Simples de Coração.*

Depósito legal na Biblioteca Nacional conforme Decreto nº 1.825, de 20 de dezembro de 1907.

Dados Internacionais de Catalogação na Publicação (CIP)
(Câmara Brasileira do Livro, SP, Brasil)

P149s
Paiva Netto, José de. 1941-

Somos todos profetas / José de Paiva Netto. — 45. ed. — São Paulo : Editora Elevação, 2022.
560 p. (Coleção O Apocalipse de Jesus para os Simples de Coração; v. 1)

ISBN 978-65-89664-04-8

1. **Quarta Revelação**. 2. Bíblia. NT Apocalipse — Comentários. 3. Espiritualidade. 4. Jesus Cristo. 4. Profecias. I. Título. II. Série.

CDD-228.07

Índices para catálogo sistemático:

1. Apocalipse : Comentários 228.07

Rua Doraci, 2-A, sala 103 – Bom Retiro
São Paulo/SP – CEP 01134-050
Tel.: (11) 5505-2579

Sumário

Tratado do Novo Mandamento de Jesus

A Espiritualmente Revolucionária Ordem Suprema do Divino Mestre representa o diferencial da Religião de Deus, do Cristo e do Espírito Santo[1] e é a base de todas as suas ações de promoção espiritual, social e humana, pela força do Amor Fraterno, por Ele trazido ao mundo.

Ensinou Jesus, o Cristo Ecumênico, o Divino Estadista: "13:34 *Novo Mandamento vos dou: amai-vos como Eu vos amei.* 13:35 *Somente assim podereis ser reconhecidos como meus discípulos, se tiverdes o mesmo Amor uns pelos outros.*

15:7 *Se permanecerdes em mim e as minhas palavras em vós permanecerem, pedi o que quiserdes, e vos será concedido.* 15:8 *A glória de meu Pai está em que deis muito fruto; e assim sereis meus discípulos.*

15:10 *Se guardardes os meus mandamentos, permanecereis no meu Amor; assim como tenho guardado os mandamentos de meu Pai e permaneço no Seu Amor.*

15:11 Tenho-vos dito estas coisas a fim de que a minha
alegria esteja em vós e a vossa alegria seja completa.
15:12 O meu Mandamento é este: que vos ameis como Eu
vos tenho amado. 15:13 Não há maior Amor do que doar a
própria vida pelos seus amigos. 15:14 E vós sereis meus ami-
gos se fizerdes o que Eu vos mando. 15:17 E Eu vos mando
isto: amai-vos como Eu vos amei.
15:15 Já não mais vos chamo servos, porque o servo não
sabe o que faz o seu senhor; mas tenho-vos chamado ami-
gos, porque tudo quanto aprendi com meu Pai vos tenho
dado a conhecer.
15:16 Não fostes vós que me escolhestes; pelo contrário,
fui Eu que vos escolhi e vos designei para que vades e deis
bons frutos, de modo que o vosso fruto permaneça, a fim
de que tudo quanto pedirdes ao Pai em meu nome Ele vos
conceda.
15:17 E isto Eu vos mando: que vos ameis como Eu vos
tenho amado. 15:9 Porquanto, da mesma forma como o
Pai me ama, Eu também vos amo. Permanecei no meu
Amor".

(Tratado do Novo Mandamento de Jesus[2], reunido por Paiva Netto, consoante o Santo Evangelho do Cristo de Deus, segundo João, 13:34 e 35; e 15:7, 8, 10 a 17 e 9.)

[1] **Religião de Deus, do Cristo e do Espírito Santo** — Nesta e em outras obras literárias da Quarta Revelação, o leitor vai se deparar com as denominações Legião da Boa Vontade (LBV) e Religião de Deus, do Cristo e do Espírito Santo, criadas pelo saudoso Alziro Zarur (1914-1979), que se irmanam na lide *"por um Brasil melhor e por uma humanidade mais feliz"*. São elas duas instituições irrestritamente ecumênicas, unidas para atender, de forma integral, às carências fundamentais do ser humano e do seu Espírito Eterno, transformando-o sem paternalismos, a fim de que ele possa assumir na sociedade o seu papel de protagonista na solução dos problemas existentes. Agem assim para que a criatura humana se realize por meio dos poderosos ensinamentos do Espírito (Religião de Deus, do Cristo e do Espírito Santo) e da dinâmica ação de reforma humana e social (Legião da Boa Vontade), decorrência natural de nossa integração nos preceitos divinos. Disse Jesus: *"Buscai primeiramente o Reino de Deus e Sua Justiça, e todas as coisas materiais* [portanto, humanas e sociais] *vos serão acrescentadas"* (Evangelho do Cristo, segundo Mateus, 6:33). Da convergência dessas ações — a espiritual e a humano-social — nasce a Política de Deus, para o Espírito Eterno do ser humano. A Religião de Deus, do Cristo e do Espírito Santo também é conhecida como Religião do Terceiro Milênio, Religião do Amor Universal e Religião Divina.

[2] **Tratado do Novo Mandamento de Jesus** — Pela força espiritual contida nessas palavras do Cristo de Deus, Paiva Netto fez constar a leitura desse Tratado na abertura de todos os programas da Super Rede Boa Vontade de Comunicação (rádio, TV e internet) e nas publicações, assim como nas reuniões públicas da Religião do Terceiro Milênio, atendendo também a um pedido dos Irmãos Espirituais na Revolução Mundial dos Espíritos de Luz, na Quarta Revelação, representados pelo Irmão dr. Bezerra de Menezes (Espírito).

O Mistério de Deus revelado

O Mistério de Deus por Jesus Cristo revelado é o Amor![1]

Do autor

---

1 Esse pensamento de Paiva Netto é o último verso de sua música intitulada *O Novo Mandamento de Jesus*, movimento final do Oratório "O Mistério de Deus Revelado", cuja gravação foi feita, em 1999, pelo National Philharmonic Choir "Svetoslav Obretenov" e pela Sofia Symphony Orchestra, da Bulgária, sob a regência do maestro **Ricardo Averbach**. Disponível nas plataformas de *streaming* (Boa Vontade *Play*, *Spotify* e *Deezer*), o Oratório superou a marca de 550 mil cópias vendidas, conquistando Disco de Platina Duplo. Em 5 de abril de 2000, teve a sua primeira audição mundial em inglês quando o Coral Ecumênico Boa Vontade se apresentou na sede da Organização das Nações Unidas (ONU) em Nova York, EUA.

Permanente Presença de Jesus

Tudo fica para trás. Jesus, o Cristo Ecumênico e Divino Estadista, permanece! Ele disse: *"Passará o Céu, passará a Terra, mas as minhas palavras não passarão"* (Evangelho, segundo Lucas, 21:33).

Do autor

O parecer de Gamaliel

"Se esta obra é de homens, não triunfará. Mas, se é de Deus, não a combatais, pois estareis combatendo o próprio Deus."

(Atos dos Apóstolos de Jesus, 5:38 e 39)

Perante o sinédrio

"Respondendo Pedro e João aos sinedritas, disseram: Não podemos deixar de falar daquilo que vimos e ouvimos. Importa antes agradar a Deus que aos homens."

(Atos dos Apóstolos de Jesus, 4:19 e 20; e 5:29)

Deus avisa antes

"Certamente, o Senhor Deus não fará coisa alguma, sem primeiro revelar o Seu segredo aos Seus servos, os Profetas."

(Profeta Amós, 3:7)

Revelações

"Abrirei a minha boca em parábolas e publicarei coisas escondidas desde a criação do mundo."

(Livro dos Salmos, 78:2)

“E, se o Senhor Deus não abreviasse aqueles dias”

Advertiu Jesus, o **Fiel Amigo**, quanto aos tempos do Juízo Final:

“Naqueles dias, haverá grande tribulação como nunca houve desde a criação do mundo até agora, e nem haverá jamais. E, se o Senhor Deus não abreviasse aqueles dias, ninguém seria salvo, mas Ele o fará em atenção aos eleitos que escolheu, dando a cada um de acordo com as obras de cada um”.

(Evangelho, segundo Mateus, 24:21 e 22; 16:27; e Marcos, 13:19 e 20)

Apocalipse: o roteiro seguro de nossas vidas

Se Deus tivesse por destino manter inacessível aos seres humanos o conteúdo do Livro das Profecias Finais, não o denominaria Apocalipse, que significa Revelação. É a conclusão daqueles que, isentos de sectarismo, o estudam. Todos, mesmo que veladamente, queremos saber o que vem lá adiante... Religiosos e ateus queremos saber, precisamos saber... Sim, até mesmo os Irmãos ateus... Todos somos seres humanos e quanto mais desprezo aparentamos pelo assunto, mais desejamos ter o seu conhecimento. Isso nos morde por dentro. No Oriente e no Ocidente, no Norte e no Sul, somos todos seres humanos... bons ou não tão bons assim.

O Apocalipse é o livro mais feliz da História da humanidade, porque traz Jesus vitorioso. Portanto, é o roteiro seguro de nossas vidas, contado antes pela Misericórdia do Cristo.

Do autor

Apresentação à obra impressa

Este livro de Paiva Netto foi publicado pela primeira vez no ano de 1991, quando alcançou a significativa marca de 40 mil exemplares vendidos, sob o título *O Apocalipse de Jesus para os Simples de Coração*, que originou a série literária com o mesmo nome. Desde o seu lançamento, ela já atingiu a marca de mais de 3,5 milhões de exemplares vendidos. A aceitação dos leitores foi tão grande que, após o *best-seller As Profecias sem Mistério* (1998), da mesma coletânea, título de estreia da Editora Elevação no mercado editorial, milhares de pedidos chegaram até nós sugerindo, no ano de 1999, o relançamento daquele volume inicial, joia literária que muito bem fez a tantos quantos a leram. O autor, ao preservar no livro o espírito de ineditismo da pesquisa apocalíptica, enriqueceu-o ao demonstrar que as consequências das ações humanas se encontram, permanentemente, no contexto dos vaticínios proféticos. Vale lembrar que vivíamos um período de grande expectativa, decorrente da aproximação de um novo milênio e com o temor do fim do mundo.

Esse trabalho dá continuidade à saga de nosso autor que, em suas viagens missionárias, pregou o Último Livro da Bíblia Sagrada, analisando-o em várias séries radiofônicas, a exemplo de "Apocalipse para o Povo" e "Apocalipse e Profecias". Esta, "O Apocalipse de Jesus para os Simples de Coração", foi conduzida por ele e levada ao ar pela primeira vez na Super Rede Boa Vontade de Rádio de outubro de 1990 a fevereiro de 1992. Logo, ela se tornou uma das mais populares, sucesso de audiência, alcançando a marca de mais de 450 programas transmitidos.

Essas marcantes palestras foram feitas por Paiva Netto em diferentes cidades e nos mais diversos ambientes — partindo de uma cantina, onde aos domingos passou a se reunir com muitos de seus ouvintes —, a céu aberto, em auditórios, em cima de caminhões, garagens e até cozinhas. Entre essas localidades estão Brasília/DF, Belo Horizonte/MG, Curitiba e Maringá/PR, Florianópolis/SC, Rio de Janeiro/RJ, São Paulo/SP e Glorinha/RS, no Brasil; e, no exterior, Londres, na Inglaterra; Paris, na França; Roma, na Itália; Santa Maria de Arnoso, Lugar de Lages, e no Porto, em Portugal; Buenos Aires, na Argentina; e Nova York, nos Estados Unidos.

Além de *Somos todos Profetas* (1991) e *As Profecias sem Mistério* (1998), fazem parte da série: *Apocalipse sem Medo* (2000), *Jesus, o Profeta Divino* (2011) e *Jesus, a Dor e a origem de Sua Autoridade — O Poder do Cristo em nós* (2014). Paiva Netto é autor *best-seller* internacional e chega à marca de 9 milhões de livros vendidos.

Em 1991, o escritor Paiva Netto lançou, em duas concorridas noites de autógrafo, a primeira edição de *Somos todos Profetas*, ainda com o título *O Apocalipse de Jesus para os Simples de Coração*. Na **foto 1**, temos a vista parcial da multidão de leitores dele que superlotou a Livraria Siciliano, na Barra da Tijuca, no Rio de Janeiro/RJ. Na **foto 2**, na icônica Livraria Cultura, na Avenida Paulista, em São Paulo/SP, Paiva Netto é entrevistado pela TV Band. Em ambos os eventos, filas imensas se formaram, dobrando quarteirões, mas o autor fez questão de autografar o livro até chegar a última pessoa da imensa fila. Na **foto 3**, já em 1999, o sucesso se repete no 1º Salão Internacional do Livro, no Expo Center Norte, em São Paulo/SP. *Somos todos Profetas* foi um dos títulos mais vendidos no evento, bem como na 9ª Bienal Internacional do Livro, no Rio Centro, no Rio de Janeiro/RJ. O jornal *O Globo*, de 9 de maio de 1999, no Segundo Caderno, página 3, registrou: *"Colocados os números no papel, o campeão de vendas na Bienal do Livro no Rio foi o presidente da LBV, Paiva Netto, com seu novo livro 'Somos todos Profetas' que, segundo pesquisas de duas das maiores distribuidoras, a Saraiva e a Siciliano, em menos de um mês já ultrapassa 50 mil exemplares vendidos"*.

Disparador Psíquico

Neste relançamento da edição, cuidadosamente revista e ampliada pelo autor, você vai se deparar com uma filosofia tão simples quanto eficaz para decifrar os chamados enigmas apocalípticos e para seguir na jornada da existência com redobrada Fé e profunda segurança interior. Essa é, sem dúvida, uma das metas de Paiva Netto, que se considera apenas um disparador psíquico, um educador; e que tem — na satisfação de ver todos se reeducando e se fortalecendo espiritualmente — sua maior recompensa.

Abertura original publicada na 1ª edição deste livro, em 1991

À guisa de introdução

A fim de tornar clara a mensagem do Apocalipse de Jesus aos homens e mulheres, jovens, crianças e Espíritos da Boa Vontade de Deus de todos os quadrantes da Terra e do Céu da Terra, o jornalista, radialista, compositor, poeta e escritor Paiva Netto, fundamentando-se em décadas de pesquisa e pregação escrita e falada, iniciou uma nova série de preleções radiofônicas e televisivas denominada "O Apocalipse de Jesus para os Simples de Coração". A programação foi tão bem-sucedida que imediatamente houve um sem-número de pedidos para que aquelas explanações, feitas sempre de improviso, fossem logo publicadas em livros, possibilitando, assim, um estudo minucioso do conteúdo espiritual pelos interessados.

O escritor, com a preocupação de atender prontamente a esse anseio popular, cumpre a promessa: está lançando a coleção, dando-lhe o mesmo título da famosa série radiofônica.

Uma das finalidades deste primeiro volume é facilitar o acompanhamento da pregação fraterna do autor no rádio e na TV. Contém uma síntese de alguns conceitos apresentados de improviso por ele, além da transcrição do Último Livro das Profecias Finais, numa redação clara, moderna, mas nem por isso menos solene.

A tônica do Apocalipse de Jesus

Perseverança é a tônica maior da Revelação do Divino Mestre. No versículo 10 do seu capítulo 2, na Carta de Jesus à Igreja em Esmirna, encontramos a seguinte promessa:

> — ***Sê fiel até à morte, e Eu te darei a coroa da vida.***

Portanto, sejamos persistentes neste estudo que nos tornará bem-aventurados, conforme prediz o versículo 3 do capítulo 1 do próprio Apocalipse:

> — *Bem-aventurados aqueles que leem e aqueles que ouvem as palavras da profecia deste Livro e guardam as coisas nele escritas, pois o Tempo está próximo.*

No Apocalipse, o conforto das Sete Bem-Aventuranças

Outro traço marcante do Último Livro da Bíblia Sagrada exaltado pelo autor é quanto à Esperança que ele nos inspira para o futuro, apesar de todas as terríveis situações espirituais, morais, sociais e humanas em que nos colocamos nos últimos milênios. Num documento que redigiu em 8 de julho de 1989, precedendo a inauguração do Templo da Boa Vontade — que ocorreu a 21 de outubro daquele ano, em Brasília/DF, Brasil, consagrando-se desde então como o monumento mais visitado da capital federal —, Paiva Netto apresentou as Sete Bem-Aventuranças do Apocalipse, mostrando o conforto de Deus aos perseverantes.

TEMPLO DA BOA VONTADE — SEDE ESPIRITUAL DA RELIGIÃO DE DEUS, DO CRISTO E DO ESPÍRITO SANTO
Aclamado pelo povo uma das Sete Maravilhas de Brasília/DF, Brasil, o Templo da Boa Vontade (TBV), símbolo maior do Ecumenismo Divino — a Pirâmide das Almas Benditas, a Pirâmide dos Espíritos Luminosos — é o monumento mais visitado da capital brasileira, segundo dados oficiais da Secretaria de Turismo do Distrito Federal (Setur-DF). Desde que foi fundado por Paiva Netto, em 21/10/1989, já recebeu mais de 30 milhões de peregrinos. **Na foto**, da esquerda para a direita, o Parlamento Mundial da Fraternidade Ecumênica, o ParlaMundi da LBV; a sede administrativa; e o TBV, localizados na Quadra 915 Sul. Informações: (61) 3114-1070 / www.tbv.com.br.

"Apocalipse: obra-prima do Jornalismo Divino"

Uma das principais características do jornalismo é a objetividade na informação. O saudoso dicionarista Aurélio Buarque de Holanda Ferreira (1910-1989) define a palavra *lead* como sendo *"a abertura da notícia, na qual se procura dar o fato, objetiva e sinteticamente, com o fim de responder às questões: o quê, quem, quando, onde, como e por quê"*. Quem se der ao trabalho de procurar na narrativa do Apocalipse essa característica, verificará que a afirmativa de Paiva Netto é rigorosamente correta: ***"Trata-se de uma obra-prima do Jornalismo Divino"***.

Vale igualmente notar que *"os quatro seres viventes cheios de olhos, ao redor e por dentro"*, descritos no capítulo 4 do Apocalipse, representam também os quatro Evangelistas, isto é, os quatro comunicólogos da Boa Nova, como esclarece o autor. Aliás, não somente o Evangelho é Boa Nova, mas o próprio Apocalipse, conforme definiu Alziro Zarur (1914-1979), é a maior delas, uma vez que apresenta Jesus entronizado na Sua verdadeira Glória, voltando à Terra e proclamando, com a formação do Seu Rebanho Único, a vitória do Bem sobre o mal.

O Apocalipse Redentor e a Política de Deus

A pregação de "O Apocalipse de Jesus para os Simples de Coração" resultou automaticamente no desenvolvimento ulterior da Política de Deus — para o Espírito Eterno do ser humano, mais um postulado pragmático e pioneiro da Religião Divina que Paiva Netto vem, num trabalho de décadas, pacientemente desdobrando e aprimorando, a fim de desentorpecer as consciências para a necessidade de espiritualizar toda a ação do ser humano na Terra, inclusive na política. O autor desta obra expõe a relação entre o Apocalipse e a Política de Deus e afirma que não há Política sem o Criador.

Apocalipse antissectário

Para exemplificar o poder que tem a pregação dessectarizada do Livro das Profecias Finais, de esclarecer as Almas e libertá-las dos nocivos e parciais conceitos humanos, vejamos, nos capítulos adiante, as provocações que nos faz o escritor em alguns de seus improvisos para os Simples de Coração, no rádio[1], na TV e em conferências, no Brasil e no exterior, a fim de ampliarmos nossa mente espiritual e física para o fértil e vastíssimo campo do Conhecimento dos Assuntos Eternos.

Bom estudo, boa leitura!

Os editores

---

1 **Super Rede Boa Vontade de Rádio** — Trata-se da rede radiofônica criada por Paiva Netto, que hoje conta com emissoras interligadas via satélite e conectadas permanentemente à internet www.boavontade.com. (Consulte a relação de emissoras na página final desta publicação).

Profecia e Tempo

Uma das maiores dificuldades para tornar claro aos povos o entendimento das Profecias — e a época de serem realizadas — é a compreensão do real valor do tempo, segundo a sua essência intemporal, porque para o ser humano o tempo flui, isto é, passa, mas, **para Deus, o Tempo é**.

Quem são os Simples de Coração?

Pregamos o **Apocalipse de Jesus para os Simples de Coração**. Quando digo **Simples**, não me refiro a quem possua ou não posses. Não me reporto a posições modestas ou destacadas na sociedade até agora muito imperfeita — mas que sempre evoluirá, ainda que aos trancos e barrancos, porque temos a felicidade de ser criaturas do mesmo Criador. Breve todos compreenderão, pela força do Amor ou lamentavelmente pela Dor, que formamos uma única raça, a Raça Universal dos Filhos de Deus, que, um dia, será majoritariamente composta por cidadãos ecumênicos, isto é, pessoas que ousam transformar, para melhor, um viciado organismo social de privilégios inspirados não no valor particular de cada um, mas no egoísmo deslavado.

Os Profetas anunciam essa notável metamorfose, quando assistiremos à prevalência do Poder de Deus sobre as nem sempre respeitáveis pretensões humanas, geratrizes de tantas guerras. Aliás, quem tem mesmo poder neste mundo? Os poderosos igualmente passam deste para o Outro... **Os seres humanos usufruem apenas momentos de poder, dos quais prestarão severas contas, mais dia, menos dia, ao Dono do Poder: Deus!** O poder só serve enquanto serve... ao povo. (...) Não fazemos distinção de classe social, nível cultural, preferência política ou filosófica, crença ou descrença, aspecto físico, time de futebol. **Falamos à inteligência do coração, riqueza inestimável do Espírito que denomino Simplicidade de Coração, Simplicidade de Alma.** Porque, se temos a do cérebro, desfrutamos também da que é, digamos, representada pelo "órgão do sentimento". (No Oriente, há quem considere o fígado como tal.) Elas precisam subsistir unidas, pois, quando se é somente cérebro, podemos estar diante da secura do grande conhecimento que constrói bomba atômica; ou, quando é restritamente coração, corre-se o risco de ser arrastado pelos excessos do sentimentalismo. E, por fim, elevar ambas estas inteligências à do Espírito, alicerçada na Fraternidade Universal. Lembremo-nos do ensinamento de **Aristóteles** (384-322 a.C.), amplamente conhecido na sua versão em latim:

Aristóteles

— *In medio virtus est* (A virtude se encontra no equilíbrio).

Pobres e ricos têm dignidade

Há numerosos exemplos que desmentem a existência de qualquer regra segundo a qual os ricos seriam sempre orgulhosos e os pobres, congenitamente, simples e bons. Cada ser humano edifica dentro de si, com Boa Vontade, dia após dia, esse inextinguível tesouro do Espírito que se chama, reitero, Simplicidade de Coração. Lutemos incessantemente para ser, assim, humildes perante Deus, que é a Suprema Sabedoria, mas nunca covardes diante das contingências humanas. A humildade — não me canso de afirmar — é, acima de tudo, corajosa.

Nem todo mundo é canalha. As pessoas merecem respeito e, antes mesmo de cidadãs e cidadãos, são seres humanos, com suas carências espirituais, psíquicas, não somente físicas. Isso serve para qualquer um. Aliás, quais as razões de existir dos movimentos políticos, sociais e religiosos, não apenas daqui do Brasil como do exterior? Se deixassem de cumprir o dever para com os seus povos, acabariam por ser buscados nas páginas policiais das publicações diárias ou no cemitério das coisas esquecidas. E mais o seguinte: **modernidade que se descuida dos desamparados, ou os arrasta a situações piores, não é progresso, mas decadência: declínio trágico para os que precisam desesperadamente livrar-se da miséria**. Sabemos que não se trata de obra a ser realizada de uma hora para outra. Entretanto, isso **não é justificativa para irresponsabilida-**

des causadoras de atrasos que vêm desde os tempos coloniais, porque a procrastinação é grande.

Urgente se faz o fomento da mudança de mentalidade, priorizando Educação e Cultura, Alimentação, Saúde e Trabalho, porém, com a indispensável Espiritualidade Ecumênica. A missão de sociedades e regimes políticos e sociais, que um dia se tornarão realmente solidários, é servir à criatura e seu Espírito Imortal. O contrário é o equívoco a que se pode chegar quando não se sabe por que se

Alziro Zarur

nasceu, por que se vive e por que se haverá de morrer e prestar contas a um Tribunal Celeste incorruptível, a respeito de compromissos desprezados. Como dizia **Alziro Zarur** (1914-1979)[2], em *A Obra Máxima*:

---

[2] **Alziro Zarur** (1914-1979) — Nasceu na cidade do Rio de Janeiro/RJ, Brasil, no Natal de Jesus de 1914. Radialista, jornalista, escritor, poeta, filósofo e grande pregador da Palavra de Deus, fundou a Legião da Boa Vontade (LBV), em 1º de janeiro (Dia da Paz e da Confraternização Universal) de 1950, e brilhantemente a presidiu até a sua passagem para o Plano Espiritual, em 21 de outubro de 1979. Em 7 de setembro de 1959, Zarur realizou a Proclamação do Novo Mandamento de Jesus, em Campinas/SP, Brasil, no antigo Hipódromo do Bonfim — hoje Praça Legião da Boa Vontade —, que, na época, era o espaço público mais amplo que por lá existia, capaz de receber a multidão que fora ouvi-lo. Carismático e polêmico, de forma popular e inovadora pregava, com muito entusiasmo, o Evangelho e o Apocalipse de Jesus, mas não *"ao pé da letra que mata"* (Segunda Epístola de Paulo aos Coríntios, 3:6), e sim em Espírito e Verdade, à luz do Novo Mandamento do Cristo Ecumênico, o Divino Estadista (Evangelho, segundo João, 13:34 e 35). Criou e presidiu a pioneira Cruzada de Religiões Irmanadas, cuja primeira edição oficialmente ocorreu em 7 de janeiro de 1950, no salão do Conselho da Associação Brasileira de Imprensa (ABI), na capital fluminense, após sucessivas reuniões prepa-

— Acima de todos os poderes humanos, de todo o dinheiro da Terra, permanece a Lei Divina (...).

A genialidade que Jesus aprova

Os Simples de Coração constituem a genialidade que Jesus tanto deseja que ilumine o mundo. E é a esse **talento que Deus revela os Seus segredos**. Por isso, Ele adverte e ao mesmo tempo conforta no Seu Santo Evangelho, segundo **Mateus**, 11:25 a 30:

Mateus

O Evangelho revelado aos Simples

25 Naquele tempo, pôs-se Jesus a dizer: — Graças Te dou, ó Pai, Senhor do Céu e da Terra, porque ocultaste estas coisas aos sábios e instruídos do mundo e as revelaste aos pequeninos.

26 Sim, Pai, porque assim foi do Teu agrado.

27 Todas as coisas me foram entregues por meu Pai, e ninguém conhece o Filho senão o Pai, e ninguém conhece o Pai senão o Filho e aquele a quem o Filho o quiser revelar.

---

ratórias realizadas nos meses de outubro, novembro e dezembro de 1949, na sala da diretoria daquela prestigiada Associação. Com esse feito, Zarur antecipou-se ao que mais tarde viria a ser chamado de relacionamento inter-religioso. Em 7 de outubro de 1973, proclamou a Religião de Deus, do Cristo e do Espírito Santo, em Maringá/PR, Brasil.

O jugo de Jesus

28 *Vinde a mim, todos vós que estais cansados e oprimidos, e Eu vos darei lenitivo.*

29 *Tomai sobre vós o meu jugo e aprendei de mim, porque sou pacífico e humilde de coração; e achareis descanso para a vossa Alma.*

30 *Porque o meu jugo é suave, e o meu fardo é leve.*

Apocalipse: A destruição dos mistérios

É urgentemente necessário desfazer a imagem distorcida do Apocalipse, tido como um livro de mistérios insondáveis até mesmo por alguns de seus mais esforçados estudiosos, que por vezes cedem à tendência imediatista de interpretá-lo *"ao pé da letra que mata"*

Paulo Apóstolo

(Segunda Epístola de **Paulo** aos Coríntios, 3:6) e, assim, comprometem a sua riquíssima mensagem. O conhecimento dele é vital para a parte eterna do indivíduo nos tempos atuais. Por isso, devemos analisá-lo em Espírito e Verdade, à luz do Novo Mandamento do Cristo Ecumênico, o Divino Estadista — *"Amai-vos como Eu vos amei. Somente*

João Evangelista

assim podereis ser reconhecidos como meus discípulos, se tiverdes o mesmo Amor uns pelos outros" (Evangelho, segundo **João**, 13:34 e 35). E a prova mais evidente de que o Último Livro da Bíblia Sagrada é a destruição dos mistérios encontra-se no seu próprio nome: Apocalipse (*Apokálypsis*), palavra de origem grega, que significa Revelação.

A Profecia é o fio de Ariadne[3] que nos tira do labirinto da ignorância espiritual. Por isso, jamais deve ser considerada como meras previsões de fim de ano. O **Apocalipse — o maior tratado sociológico de todos os tempos**[4] — visa, acima de tudo, **reeducar o Espírito Eterno do ser humano** para o fim do ciclo em que vivemos e princípio do novo que aí vem. (Não confundir com a virada do século e milênio, porque esse término de ciclo se refere a uma medida de tempo mais abrangente. Já teve início há muitos anos e pode durar bem mais.)

---

[3] **O fio de Ariadne e o Minotauro** — De acordo com a mitologia grega, **Ariadne** era filha de **Minos**, rei de Creta, um governante cruel que, tendo subjugado Atenas pela força, exigia anualmente o envio de sete rapazes e sete moças atenienses para serem oferecidos em sacrifício ao Minotauro. Esse monstro mítico tinha cabeça de touro e corpo de homem e era mantido pelo tirano em um labirinto tão complexo, que dele ninguém podia escapar. Conta a lenda que um jovem herói ateniense chamado **Teseu**, filho do monarca **Egeu** e de **Etra**, princesa de Trezena, juntou-se àqueles que iam ser sacrificados a fim de matar o Minotauro e salvar os companheiros. Estando Teseu em Creta, Ariadne apaixonou-se por ele e deu-lhe um novelo de linha para que o fosse desenrolando ao entrar no labirinto e pudesse achar, depois, o caminho de volta. Teseu matou o Minotauro e fugiu de Creta, levando a princesa, mas abandonou-a na ilha de Naxos, onde ela, mais tarde, veio a se casar com **Dionísio**, o deus do vinho na mitologia grega.

[4] **Apocalipse, o maior tratado sociológico de todos os tempos** — Leia mais em *As Profecias sem Mistério* (1998), de autoria de Paiva Netto, no subtítulo "Apocalipse: livro sociológico".

A árvore da vida | Coleção Phillip Medhurst.

Jesus, o Apocalipse e a Árvore da Vida Eterna

Com o Livro da Revelação, a humanidade, num período medido segundo **o Tempo Divino**, irá estabelecer na Terra os **estatutos do Governo de Deus**: Novo Céu, Nova Terra, a Nova Jerusalém (Apocalipse, 21:4 a 6).

E o que a nossa mente espiritual pode vislumbrar de tudo isso? Qual é o seu celeste recado? Justamente este: **uma Nova Política; uma visão altissimamente fraterna na Religião; Nova Economia; Nova Ciência; Nova Filosofia; Nova Arte; Novo Esporte e assim por diante...**

E com a conjunção dessas Sublimes Transformações, **a Generosidade Divina** nos oferta **a Árvore da Vida Eterna**, com doze frutos, um para cada mês.

Ela é citada, primeiramente, na Gênese Mosaica:

— E o Senhor Deus fez brotar da terra toda árvore agradável à vista e saborosa ao paladar, e a ***Árvore da Vida*** *no meio do jardim, e a* ***Árvore da Ciência do Bem e do mal*** (Gênesis, 2:9).

Nutrir-se desta última foi momentaneamente proibido por Deus às criaturas humanas (Gênesis, 2:17), porque éramos por demais primitivos para saber escolher entre **o fruto do Bem e do mal**. Na verdade, os **seus frutos são sempre bons**, nós é que estragamos a qualidade desse Alimento Espiritual, distorcendo a razão de sua existência, como muita gente deturpou as Palavras de Jesus, o Cristo Ecumênico, o Excelso Estadista. E logo em nome do Divino Amigo, o Ser mais Fraterno que a humanidade conheceu, é que se matou, se perseguiu, se caluniou, se infamou e se torturou de todas as formas! E ninguém pode afirmar que Jesus pregou isso, pois essa sementeira é frontalmente o oposto de Seus Ensinamentos e Exemplos. E o Provedor Celeste demonstrou a todos, com Sua abnegação à humanidade, ser Ele mesmo a Árvore da Vida Eterna, conforme se apresentou a todos nós, dizendo:

— ***Eu sou a Árvore****, vós sois os ramos. (...) Sem mim, nada podereis fazer.*

Jesus (João, 15:5)

Anatomia atômico-espiritual da Árvore da Vida Eterna

Se, no Antigo Testamento, o acesso à Árvore da Ciência do Bem e do mal fora impedido, no Apocalipse, os seres terrenos — **Adão** e **Eva**[1] multiplicados e sublimados — recebem a permissão de se alimentar da Majestosa Árvore da Vida Eterna, fonte da Ciência do Bem Infinito. É o que podemos ler na Carta de Jesus à Igreja em Éfeso (Apocalipse, 2:7):

> — ***Ao vencedor darei a comer os frutos da Árvore da Vida Eterna que se encontra no paraíso de meu Deus.***

Ou seja, há de se perseverar, purificar-se no fogo das provas e vencer-se a si mesmo para, com equilíbrio e sabedoria, obter tal acesso. E onde encontramos a descrição da anatomia atômico-espiritual da essência dessa Árvore? Leiamos o versículo 2 do capítulo 22 sobre a vinda da Nova Jerusalém (Apocalipse, 21 e 22), a Cidade Santa, que desce da Parte de Deus aos seres humanos:

---

[1] **Adão e Eva** — O autor esclarece: *"Adão e Eva são figuras simbólicas representativas de multidões de Espíritos expulsos de mundos paradisíacos e exilados neste planeta"*. Essa e outras explicações sobre o tema podem ser encontradas no livro *Sagradas Diretrizes Espirituais da Religião de Deus, do Cristo e do Espírito Santo* (1990), volume 2, de Paiva Netto. Adquira o seu exemplar pelo *site* www.PaivaNetto.com/livros ou ligue 0300 10 07 940.

> [1] *E ele* [o Anjo] *me mostrou o* ***Rio da Água da Vida Eterna****, resplandecente como cristal, que sai do trono de Deus e do Cristo.*
> [2] *No meio da sua praça, de uma e outra margem do rio, está a* ***Árvore da Vida Eterna****, que produz* ***doze frutos****, dando o seu fruto de* ***mês em mês****, e as suas* ***folhas*** *servem para a cura das nações.*

A Árvore da Vida Eterna é um Tesouro Espiritual, cuja origem — notaram?! — ***"é o paraíso de meu Deus"***, testificada por Jesus, em Sua Carta à Igreja em Éfeso (Apocalipse, 2:7). Quem a irriga é o próprio Deus com os Seus Fluidos Vivificantes e ainda a faz banhar no **Rio da Água da Vida Eterna**. Logo, ela não é um acúmulo de folhas, caule, tronco, raízes, que os anos consumirão, tornando-a subsistência para o solo, com sua decomposição orgânica, absolutamente! **Trata-se de Elemento Quintessenciado, Divino Alimento para o Espírito**, por isso é eterna. Portanto, pode haver praga, escassez, quebra de safra, seca, inundação, enfim, qualquer tipo de problema, todavia o fértil vegetal estará sempre produzindo o seu fruto abençoado. Com ele, a fome cessará, as pandemias não mais surgirão e o flagelo da guerra deixará de habitar o coração humano. Seus sublimes nutrientes nos darão sustento para vencermos o sofrimento do corpo e da Alma.

Atenção, Juventude Ecumênica da Boa Vontade de Deus! Atenção, Soldadinhos de Deus, da LBV — *"Espe-*

rança do mundo", como proclama o Irmão Zarur! **Cumpre a nós nos fazermos merecedores dessa incomparável iguaria.**

Silos espirituais abastecidos

Vejam como o Pai Celestial é atento às nossas carências espirituais e materiais. A Árvore da Vida Eterna dá doze frutos, um para cada mês, razão porque **os nossos silos espirituais estarão abastecidos o ano todo**. E Deus, o Cristo e o Espírito Santo são fontes de Amor Universal, de Fraternidade sem fronteiras, de Generosidade incondicional.

Ora, se acreditarmos e nos integrarmos na faixa desse Amor Fraterno, coluna do Novo Céu, da Nova Terra, da Nova Jerusalém, assistiremos — como paradigmas de uma profunda mudança estrutural na sociedade do mundo, a partir do Espírito — à transformação de tudo:

— *Eis que faço novas todas as coisas,*

diz o Senhor, no versículo 5 do capítulo 21 do Apocalipse. E aí **a Economia Divina** — *"eis que faço novas todas as coisas"* — **passa a iluminar a Economia humana**, tão carente de claridade nova, **e tudo se modificará com bases espirituais-sustentáveis**. E assim é a Árvore da Vida Eterna, exemplo de fartura infinita:

dá doze frutos, alimento sobejo para cada mês do ano. Que coisa extraordinária!

Folhas que curam as nações

E como se aproveita tudo na Criação Celeste, ***"as suas folhas servem para a cura das nações"***. Traduzindo, dela se extrai **a substância da sabedoria**, não somente para o campo da Religião, mas da Ciência, da Política, da Economia, da Arte, do Esporte, da vida pública e doméstica etc. Portanto, não haverá mais fome espiritual e material na Jerusalém Celeste (Apocalipse, capítulos 21 e 22), porque saberemos manipular as suas folhas para **sanar as dores das nações**, porquanto o grande doente é a sociedade humana, a começar por sua parte eterna, o Espírito.

Há os que se valeram da advertência de Deus, na Gênese, proibindo o acesso à Árvore do Bem e do mal — porque os homens eram ignorantes — e usaram esse conhecimento para o malefício das pátrias. Mas, agora, no Apocalipse, aos perseverantes Jesus mostra exatamente onde se localiza **a Bendita Árvore da Ciência sublimada pela Política Celeste**, que **promove o bem-estar dos povos, ao ser retirado dela o Elixir Socio-Divino**, que revitaliza o planeta com a **Política de Deus** — que não se confunde com a terrena, pois se trata da Política para o Espírito Eterno do ser humano.

Outro fato que a define como crucial para a nossa subsistência é que ela vem até nós com a descida da Nova Jerusalém, que é o cumprimento da Promessa Divina, destacada por **Pedro**, em sua Segunda Epístola, 3:10 a 13, na qual o Príncipe dos Apóstolos defende fervorosamente a Vinda do Filho de Deus:

Pedro Apóstolo

10 *Mas* ***o Dia do Senhor virá como o ladrão de noite****, no qual os céus passarão com grande estrondo, e os elementos, ardendo, se desfarão, e a terra e as obras que nela existem serão atingidas.*
11 *Visto que todas essas coisas serão assim desfeitas, vivei em santo procedimento,*
12 ***Esperando e apressando a vinda desse Dia do Senhor****, por causa do qual o céu incendiado se desfará e os elementos abrasados se derreterão.*
13 *Nós, porém, segundo a Sua promessa,* ***esperamos Novo Céu e Nova Terra, nos quais habita a Justiça de Deus****.*

É do Céu para a Terra, minhas Irmãs, do Mundo Invisível para o tangível, meus Irmãos, que ela baixa; é a União das Duas Humanidades em sua maior manifestação. Zarur argumentava que

— *O segredo do governo dos povos está em unir a humanidade de baixo à Humanidade de Cima.*

E o saudoso proclamador da Religião do Terceiro Milênio ainda assegurava:

— *É no campo espiritual que se encontram as soluções de todos os problemas que afligem a humanidade.*

Jesus, cura o Brasil e liberta o mundo!

Eis aí: o que era proibido ontem, hoje é permitido pela maturação espiritual dos povos. Na verdade, Deus não impediu que o ser humano fizesse bom uso desse Divino Conhecimento, contudo temporariamente desautorizou o acesso a esse fruto, enquanto não houvesse maturidade espiritual do ser vivente. Conforme lemos, do emprego inadequado dele provêm os malefícios que atormentam a humanidade. Mas desde que, em Seu Evangelho-Apocalipse, Jesus se apresentou como a Estrela da Manhã[2], a Estrela Dalva, no momento em que Ele iluminou os nossos olhos com o Seu Mandamento Novo — *"Amai-vos como Eu vos amei. Somente assim podereis ser reconhecidos como meus discípulos"* (Evangelho, consoante João, 13:34 e 35) — merecemos, então, usufruir de todos os benefícios da Árvore da Vida Eterna. Quem é despertado pelo Amor

[2] **Estrela da Manhã ou Estrela Dalva** — *"Eu, Jesus, enviei o meu Anjo para vos testificar estas coisas às Igrejas.* ***Eu sou*** *a raiz e a geração de Davi,* ***a brilhante Estrela da Manhã****"* (Apocalipse, 22:16).

de Cristo Jesus jamais se valerá desses frutos para prejudicar os seus semelhantes.

Por isso, há tantos anos bradamos: **Jesus, cura o Brasil e liberta o mundo!**

A Árvore da Vida Eterna é um Tesouro Espiritual, cuja origem — notaram?! — *"é o paraíso de meu Deus"*, testificada por Jesus, em Sua Carta à Igreja em Éfeso (Apocalipse, 2:7). Quem a irriga é o próprio Deus com os Seus Fluidos Vivificantes e ainda a faz banhar no Rio da Água da Vida Eterna. Logo, ela não é um acúmulo de folhas, caule, tronco, raízes, que os anos consumirão, tornando-a subsistência para o solo, com sua decomposição orgânica, absolutamente! Trata-se de Elemento Quintessenciado, Divino Alimento para o Espírito, por isso é eterna.

Revelação infernal só para os infernais

O Apocalipse é um livro especialmente voltado para o terceiro milênio, base da civilização do futuro, desde que devidamente interpretado pelo prisma do Amor, visto que a sua autoria é de um Deus que é assim definido pelo próprio Cristo, consoante as anotações de João, em sua Primeira Epístola, 4:7, 8, 20 e 21:

Deus é Amor

7 Amados, amemo-nos uns aos outros, porque o Amor procede de Deus; e todo aquele que ama é nascido de Deus e conhece a Deus.

8 Aquele que não ama não conhece a Deus, pois Deus é Amor. (...)

20 Se alguém disser: Amo a Deus, e odiar a seu irmão, é mentiroso; pois aquele que não ama a seu irmão, a quem vê, não pode amar a Deus, a quem não vê.

21 Ora, temos, da parte Dele, este mandamento: que aquele que ama a Deus ame também a seu irmão.

Mais um tabu a respeito do Apocalipse que temos de derrubar é o de que ele seja unicamente o relato de desgraças e tragédias que irão recair sobre a humanidade. O perigo existe e é peremptoriamente registrado em suas páginas, mas querer utilizar o Livro das Profecias Finais[1] com o fito de apavorar é um tremendo crime. **Ele só é infernal para os infernais.** Na Sua Revelação, Jesus reitera a Lei das Obras[2]:

> — *(...) E foram julgados, um por um, segundo as suas obras* (20:13).

Se há o que recear, não é o Apocalipse; todavia, as más ações dos seres humanos desatentos.

Se nem tudo são flores em suas páginas iniciáticas, isso decorre diretamente do mau emprego do nosso livre-arbítrio. Alziro Zarur, com muita propriedade, afirmou:

---

1 **Livro das Profecias Finais** — Uma das denominações conferidas ao Apocalipse pela Religião de Deus, do Cristo e do Espírito Santo.

2 **Lei das Obras** — No Santo Evangelho e no Apocalipse Redentor, por diversas vezes, o Pedagogo Celeste destaca a realidade dessa Lei que demonstra ser Deus contrário à impunidade, tão frequente no mundo. O Divino Chefe claramente diz, na Boa Nova, segundo Mateus, 16:27: *"Quando o Filho de Deus voltar sobre as nuvens com Seus Santos Anjos, dará a cada um de acordo com as próprias obras de cada um"*. E no Apocalipse, 22:12: *"E repete o Cristo: Eis que venho sem demora, e comigo está o galardão que tenho para retribuir a cada um segundo as suas obras"*.

— A Lei Divina, julgando o passado de homens, povos e nações, determina-lhes o futuro.

O conforto da Profecia

A Profecia visa beneficiar a humanidade, porque Deus é o Bem Supremo. O nosso erro é querer julgar coisas infinitas firmados em parâmetros finitos, por presumir que se tratam, exclusivamente, de acontecimentos terrenos. Por incrível que pareça, em pleno terceiro milênio, há quem acredite que o Pai Celestial premiou somente o planeta Terra com vida. E o restante de bilhões de bilhões de astros que transitam pelo Universo? É para nossa inerte contemplação? Claro que não! Por sinal, nos dias atuais, por causa da forte iluminação das cidades, está cada vez mais difícil olhar para o céu e vislumbrar as estrelas.

Na realidade, nada nos conforta mais do que **a Profecia**, que **é o nosso pão espiritual diário**, pois nos alerta, nos prepara para os fatos vindouros e nos encoraja à pertinácia, de modo a nunca nos afastarmos da Ética Divina:

— *(...) Sê fiel até à morte, e Eu te darei a coroa da vida* (Carta de Jesus à Igreja em Esmirna — Apocalipse, 2:10).

A linguagem alegórica que caracteriza o Apocalipse objetiva despertar a curiosidade de suas leitoras e de seus leitores e propicia uma abordagem intemporal[3], que se adapta aos diversos ciclos de uma revelação progressiva que vem sendo empreendida — observadas as reencarnações dos Espíritos, portanto de povos por eles constituídos sob a forma humana — por quase dois milênios. A crença de que o estudo do Apocalipse seja algo cansativo decorre de interpretações maçantes que alguns estudiosos, ainda que bem-intencionados, continuam a lhe dar. Nada mais empolgante do que a Revelação quando enxergada pela ótica do Amor do Cristo, em Espírito e Verdade, à luz do Seu Novo Mandamento — *"Amai-vos como Eu vos amei. Somente assim podereis ser reconhecidos como meus discípulos, se tiverdes o mesmo Amor uns pelos outros"* (Evangelho de Jesus, segundo João, 13:34 e 35).

Nas prédicas que realizei de "O Apocalipse de Jesus para os Simples de Coração", no capítulo "A Política da Caridade Completa", a certa altura, assim me manifestei:

O Apocalipse não amaldiçoa o mundo. Seu fecho é uma bênção.

---

[3] **Abordagem intemporal** — *Vide* "A questão do Dia do Senhor", neste volume, página 123.

— A graça de Nosso Senhor Jesus Cristo seja com todos vós para todo o sempre. Amém!

(Apocalipse, 22:21)

E, no capítulo 21, encontramos a Nova Jerusalém, o Novo Céu, a Nova Terra, depois de uma transformação jamais vista, semeada pela própria humanidade, como tenho frisado exaustivamente. **Não se trata de castigo de Deus; porém, da colheita obrigatória de uma semeadura que foi livre.**

O Apocalipse — o maior tratado sociológico de todos os tempos — visa, acima de tudo, reeducar o Espírito Eterno do ser humano para o fim do ciclo em que vivemos e princípio do novo que aí vem.

O Apocalipse é de Deus

Mas de quem é a mensagem contida no Apocalipse? **Newton** (1642-1727), o genial enunciador da lei da gravitação universal, responsável por tantas conquistas científicas em seu tempo, equivocou-se ao intitular seu estudo sobre a grande Profecia de *"Apocalipse de João"*. Além dele, muitos outros. Se observarmos atentamente os versículos que abrem o primeiro capítulo do Livro das Profecias Finais, encontraremos a chave para saber quem é o seu autor.

Newton

Vejamos:

> [1] ***Revelação de Jesus****, o Cristo,* ***que Deus Lhe deu*** *para mostrar aos Seus servos as coisas que em breve devem acontecer e que Ele, enviando-as por intermédio do Seu Anjo, notificou ao Seu servo João,*
> [2] *o qual atestou a Palavra de Deus e o Testemunho de Jesus Cristo, quanto a tudo o que viu.*

Fica patente a origem divina do Último Livro da Bíblia Sagrada, o que volta a ser demonstrado no capítulo 5, no qual, no versículo 7, o Cordeiro de Deus (Jesus) recebe da mão direita:

> — *Daquele que estava sentado no trono* [Deus], *o Livro* [Apocalipse].

Nos versículos seguintes, o Cristo é enaltecido pelos vinte e quatro anciãos (Entidades Espirituais que representam o suprassumo da sabedoria) e pelos quatro seres viventes (os Evangelistas ou comunicólogos da Palavra de Deus). É louvado por ter sido Ele, Jesus, o único digno de tomar o Livro e abrir seus selos, pois sofreu como ninguém mais sofreu por Amor à humanidade, a ponto de ser por ela cruelmente crucificado.

No Apocalipse, Jesus revela e se revela

Vemos, portanto, a inigualável Autoridade Moral e Espiritual do Cristo perante as nações. Por sinal, é no Apocalipse que passamos a compreender definitivamente a Hierarquia Divina[1] entre o Céu e a Terra e no qual temos a visão descortinada para a Glória do Ce-

[1] **Hierarquia Divina** — O escritor Paiva Netto, em *As Profecias sem Mistério* (1998), com base nos versículos iniciais do capítulo 1 do Apocalipse do Cristo, explicou: *"O Evangelista-Profeta é um médium (vidente e psicógrafo), um sensitivo, um paranormal que recebeu de Jesus, que*

leste Comandante, Aquele mesmo que — humilhado, escorraçado e aparentemente derrotado no Evangelho — ressurge nesta Revelação, consoante o versículo 5 do capítulo 1, como

> — *a Fiel Testemunha, o Primogênito dos mortos e o Soberano dos reis da Terra.*

É a vitória do Amor sobre o ódio, da Verdade sobre a mentira, da Vida sobre a morte.

Método histórico-profético

Ao estudarmos as revelações descritas no Apocalipse, em Espírito e Verdade, à luz do Mandamento Novo do Cristo Ecumênico, o Divino Estadista, procuramos utilizar o **método histórico-profético**. É preciso situar os que se debruçam nas entrelinhas do Último Livro da Bíblia Sagrada, esclarecendo-os sobre todo o simbolismo contido nas Profecias. Desse modo, sem pressa, em doses homeopáticas, passamos a reconhecer os fatos que já se deram, os que estão ocorrendo e os vindouros; registrados que são pelo mecanismo universal da grande Lei de Causa e Efeito.

---

herdou de Deus (um Anjo transmitiu a João, notem a perfeita observância da Hierarquia Divina) essa importantíssima Revelação".

Alguém que nos honre com sua leitura pode indagar: *"Por que histórico-profético?"* Porque não tratamos a Profecia somente como aviso de Deus para as criaturas terrenas. Não! Buscamos realçar, sob todos os aspectos, seu conteúdo educativo e cultural. Se ela não se concretiza, de que forma pode ser provada como inspiração de um Poder Superior? **Moisés**, o velho legislador hebreu, afirmava que, quando quisermos saber se o profeta é de Deus[2], basta observarmos se aquilo que ele vaticinou se cumpriu. E os Profetas do Antigo Testamento realizavam um belíssimo trabalho, porque não faziam predições apenas para o tempo longínquo, vislumbravam acontecimentos que se confirmavam logo em seguida. E era uma temeridade tal atitude, pois aqueles que eram apanhados no engano acabavam apedrejados ou jogados de cima de um morro. Mas isso é algo bem sintomático na abordagem desses assuntos, visto que o próprio Jesus admoesta, por intermédio de João, **que, se alguém fraudar uma vírgula sequer do que está grafado no Livro das Profecias Finais, terá sobre si todas as desgraças ali profetizadas**:

Moisés

[2] **Como saber se o profeta é de Deus?** — Deuteronômio, 18:21 e 22 — *"Se pensares no teu coração: 'Como posso eu conhecer a palavra que o Senhor não disse?' Terás este sinal: Quando esse profeta falar em nome do Senhor, e a palavra dele não se cumprir, nem suceder, como profetizou, esta é palavra que o Senhor não disse; com soberba, a falou o tal profeta; não tenhas temor dele"*.

18 Eu, porém, aviso a todo aquele que ouve as palavras da profecia deste Livro: ***Se alguém lhes fizer qualquer acréscimo, será castigado*** *por Deus com as pragas que neste Apocalipse estão escritas;*
19 e, ***se alguém tirar qualquer coisa das palavras do Livro desta profecia, Deus também há de tirar a sua parte*** *da Árvore da Vida Eterna, da Cidade Santa e das coisas que se acham escritas nele.*
(Apocalipse, 22:18 e 19)

E vejam: não se trata de uma decisão ditatorial do Criador, porque muita gente já falou por aí:

— *O Apocalipse é uma demonstração do desamor de Deus para com os homens.*

Isso é um absurdo! A toda ação corresponde uma reação[3]. Não há uma providência, um ato que não tenha consequência. Nisso se fundamenta a verdade matemática da Lei Universal da Reencarnação, Lei de Justiça e de Amor. Não é Deus punindo a humanidade.

---

3 **Nota de Paiva Netto**
Ação e reação — É questão exposta na Física, de forma matemática, por Isaac Newton na sua famosa Lei: *"A toda ação corresponde uma reação igual e contrária"* (princípio de ação e reação — terceiro enunciado das leis básicas de Newton para o movimento).

Ao estudarmos as revelações descritas no Apocalipse, em Espírito e Verdade, à luz do Mandamento Novo do Cristo Ecumênico, o Divino Estadista, procuramos utilizar o método histórico-profético. É preciso situar os que se debruçam nas entrelinhas do último Livro da Bíblia Sagrada, esclarecendo-os sobre todo o simbolismo contido nas Profecias. Desse modo, sem pressa, em doses homeopáticas, passamos a reconhecer os fatos que já se deram, os que estão ocorrendo e os vindouros; registrados que são pelo mecanismo universal da grande Lei de Causa e Efeito.

As Sete Bem-Aventuranças do Apocalipse de Jesus[1]

Não somente o Evangelho registra Bem-Aventuranças, como as do Sermão da Montanha de Jesus, anotadas pelo Evangelista Mateus, 5:1 a 12*[2]. Os estudiosos do Apocalipse as encontram em suas páginas iniciáticas e decifráveis aos que têm *"olhos de ver e ouvidos de ouvir"*[3].

---

[1] **As Sete Bem-Aventuranças do Apocalipse de Jesus** — A íntegra do documento de Paiva Netto sobre esse tema pode ser lida em *As Profecias sem Mistério* (1998). Adquira pelo *site* www.PaivaNetto.com/livros ou ligue 0300 10 07 940.

[2] **As Bem-Aventuranças do Sermão da Montanha de Jesus** — Estão transcritas nas páginas finais deste livro.

[3] ***"Olhos de ver e ouvidos de ouvir"*** — Encontramos esta citação no Corão Sagrado, 32ª Surata:12: *"(...) Ó Senhor nosso, agora temos* ***olhos de ver e ouvidos de ouvir*** *(...)"*. Também no versículo 8 do capítulo 8 do Evangelho de Jesus, segundo Lucas, podemos ler: "*(...) Quem tem ouvidos de ouvir, ouça*".

Primeira

— *Bem-aventurados aqueles que leem e aqueles que ouvem as palavras da profecia deste Livro e guardam as coisas nele escritas, pois o Tempo está próximo* (1:3).

Segunda

— *Então, ouvi uma voz do Céu, que me dizia: Escreve: Bem-aventurados os mortos que, desde agora, morrem no Senhor. Doravante, diz o Espírito, que descansem das suas fadigas, pois as suas obras os acompanham* (14:13).

Terceira

— *Eis que venho como vem o ladrão. Bem-aventurado aquele que vigia e guarda as suas vestiduras, para não andar nu, e não se veja a sua vergonha* (16:15).

Quarta

— *Então, me falou o Anjo: Escreve: Bem-aventurados aqueles que são chamados à ceia das bodas do Cordeiro de Deus. E acrescentou: São estas as verdadeiras Palavras de Deus* (19:9).

Quinta

— *Bem-aventurados e santos aqueles que têm parte na primeira ressurreição. Sobre esses a segunda morte não tem autoridade; pelo contrário, serão sacerdotes de Deus e de Cristo Jesus, e reinarão com Ele os mil anos* (20:6).

Sexta

— *E prometeu o Cristo: Eis que venho sem demora. Bem-aventurado aquele que guarda as palavras da profecia deste Livro* (22:7).

Sétima

— *Bem-aventurados aqueles que lavam as suas vestiduras no sangue do Cordeiro de Deus, para que lhes assista o direito à Árvore da Vida Eterna, e para entrarem na cidade pelas portas* (22:14).

As Sete Igrejas da Ásia

O Apocalipse é endereçado por Jesus às Sete Igrejas da Ásia: **Éfeso, Esmirna, Pérgamo, Tiatira, Sardes, Filadélfia e Laodiceia**. Cada uma simboliza as diversas etapas do desenvolvimento espiritual da humanidade. Não significa dizer que, por ser espiritual, esse avanço esteja restrito ao campo religioso. Pelo contrário, a Mensagem do Cristo às Sete Igrejas da Ásia envolve também o progresso nos terrenos da Economia, da Política, da Filosofia, da Ciência, da Arte, dos Esportes, da Educação, do Ensino, da Saúde, do Trabalho e assim por diante, mas **com a Espiritualidade Ecumênica**. O recado do Divino Mestre demonstra que o Mundo Espiritual permeia o material, prepondera sobre ele e dirige seu destino.

Em meu livro *Epístola Constitucional do Terceiro Milênio*, publicado em 1988, numa página aos Jovens de Boa Vontade, afirmei que, por exemplo, a origem do Direito encontra-se na Pátria Espiritual, conforme os itens a seguir dessa missiva:

Aborto e Vida Eterna

25 — Quais são os direitos da "vestimenta", o corpo? Nunca maiores do que os deveres do Cidadão Celeste chamado Espírito, criado à imagem e semelhança de Deus. E ele, sim, o Espírito, é que ressurgirá no Juízo Final. Quanto a Direitos Humanos e Deveres Espirituais, temos o exemplo do aborto. Aqueles que o defendem, firmados numa visão distorcida dos Direitos Humanos, fazem-no por desconhecer os Deveres Espirituais. Entre eles, há pessoas dignas do maior respeito; contudo, seriamente equivocam-se ao pensar que a morte termina com tudo e/ou por ignorar a Lei da Reencarnação, que se trata de misericordiosa oportunidade concedida por Deus para o desenvolvimento de nossas Almas com a correção de nossas faltas. Assim, alguns ainda ignoram que, para o Espírito — por mais absurdo e incrível que lhes possa parecer —, muitas vezes, este decide retornar com deficiências, a fim de cumprir destacado papel missionário no seio da sociedade — vejam os exemplos da escritora **Helen Keller** (1880-1968) e da educadora **Anne Sullivan** (1866-1936). Além do mais, esse cenário também pode configurar uma prova com o objetivo de livrar-se de desvios do passado (e surgirem luminosos como Espíritos libertos). Erros não apenas referentes ao Ser reencarnante, mas também aos pais que, por isso, no Mundo Espiritual, prometeram dar ao necessitado de

vencer as provações a oportunidade de voltar à carne. **Abortar é, pois, transferir a prova para mais tarde, com acréscimos dolorosos para todos os infratores da Lei da Vida.** Aos que apelam para o livre-arbítrio outorgado pelo Criador, fraternalmente advertimos que Deus nos deixa moralmente livres, mas não irresponsavelmente livres.

> — *De Deus não se zomba,*

alertava Paulo em sua Epístola aos Gálatas, 6:7, completando:

> — *Aquilo que o homem semear, isso mesmo terá de colher.*

Quem não conhece os Deveres Espirituais não saberá respeitar os Direitos Humanos em sua inteireza, incluídos os direitos das vítimas, que vão além dos patamares atingidos pelos seus mais atilados defensores, na maioria das vezes adstritos à análise dos fatos pelo critério unicamente material, o que não é suficiente. **Cidadania, no seu sentido lato, não se restringe ao corpo físico do cidadão, pois se prolonga ao seu Espírito Eterno.** A compreensão disso será uma das maiores vitórias da sociedade no terceiro milênio. **A personalidade física de cidadão deveria ser estendida ao feto**, para que pudesse, por procuração, sob forma que o Direito determinaria, **obter capacidade de defesa de sua vida**, já que a Ciência está demonstrando que a existência humana tem início no instante em que o espermatozoide adentra o óvulo[1]. Quanto à argumentação de alguns de que é preferível abortar a permitir às futuras gerações viverem em países incorrigíveis na falta de cuidados com a sua população humilde, trata-se de outra conversa muito mal explicada, porque o crescimento demográfico no Brasil, por exemplo, tem diminuído. E mais: ninguém ignora que está ocorrendo a esterilização de incontáveis mulheres brasileiras, desde as idades menores. Se não houver verdadeiro sentido de preocupação social com a nossa gente, as populações deste país poderiam cair à metade do que atualmente existe, e o problema da pobreza não estaria resolvido. O caso é bem outro. Quanto ao fato da possibilidade de o Direito admitir procuração do feto na sua luta inconsciente pela sobrevivência a um cau-

---

[1] **A vida humana tem início na fecundação** — Em entrevista à Boa Vontade TV, a dra. **Alice Teixeira Ferreira**, médica e professora livre-docente do Departamento de Biofísica da Universidade Federal de São Paulo, assegura que *"a vida se inicia na fertilização do óvulo pelo espermatozoide. Então, se forma no primeiro dia. (...) A partir desse ponto forma-se um ser humano caracterizado pelos seus 46 cromossomas, metade vinda do pai e metade vinda da mãe, mas ele é totalmente diferente do pai e da mãe. Ele tem um genoma que lhe é específico e irreproduzível. (...) Não tem base científica nenhuma essa história de que só é ser humano na hora que forma o tubo neural, aos 14 dias. É um absurdo. (...) Cada vez se acumulam mais e mais evidências de que o ser humano se inicia na concepção"*.

sídico, não tem nada de ridículo. Ridícula e, muito mais que isto, trágica é a morte de quem não pode a si mesmo defender. No tocante às jovens que estão ficando grávidas, encontramo-nos realmente perante um fato que suscita grande inquietação, inclusive a de que moças e rapazes, por inúmeros modos, estão sendo incentivados à inconsequência sexual e outras tais. A questão requer delicadeza, a união de todos, porque envolve vidas que ainda nem viram a luz do dia ou são muito novas, significando que se trata do futuro, não somente do nosso país, como de todo o planeta. Em momentos como este, **a compreensão e a generosidade devem fazer parte das conferências e dos debates**, aliadas, porém, à eficácia das medidas propostas. Quanto a não ter o país meios para amparar as suas crianças e a sua juventude, o saudoso parlamentar **José Américo** (1887-1980), em 1937, em seu discurso na Esplanada do Castelo, disse: *"Eu sei onde está o dinheiro"*. Certamente, hoje, muita gente continua sabendo onde é que ele está. No entanto, pelo que parece, apenas o povo continua desconhecendo.

Mas os fatos não permanecerão assim eternamente. Trabalhamos, confiantes, pelo raiar do dia em que a população terá as suas carências supridas, como nos conforta o Apocalipse de Jesus, quando anuncia o Novo Céu e a Nova Terra, mais precisamente no versículo 4 do capítulo 21:

— E Deus lhes enxugará dos olhos toda lágrima, não haverá mais morte, não haverá mais luto, não haverá mais pranto, nem gritos, nem dor, porque as primeiras coisas passaram.

O Direito à luz da Vida Eterna

26 — Eis, pois que, **reconhecida a existência da vida após a morte**, o instinto desbravador do ser humano encontra-se diante de novo desafio: o estudo do **Direito à luz da Vida Eterna**, portanto, **sob o critério do Mundo Espiritual Elevado** — uma realidade que já está forçando as portas dos laboratórios até mesmo das nações oficialmente ateias. Os legisladores da Terra, ainda prejudicados pelo véu que a carne faz baixar sobre a inteligência, por isso muita vez "tomando a nuvem por **Juno**[2]", continuam cuidando do episódico por não quererem, ou não ousarem, enfrentar o Eterno. Precisarão aprender que a vida é permanente e que **há no Plano (ainda) Invisível** uma **civilização maior** que a terrena, **plena de Leis** que influem em toda a trajetória humana, porque **as dimensões carnais e espirituais são interligadas**. Esse trabalho de

2 **"Tomar a nuvem por Juno"** — Expressão que vem do latim, utilizada desde a Antiguidade, para designar o fato de alguém ser ludibriado, de enganar-se com aparências. A citação em pauta tem como origem a deusa Juno, mulher de **Júpiter**. O líder do Olimpo enganou **Íxion**, rei dos Lápitas, fazendo-o crer que uma nuvem fosse a deusa Juno, por quem ele estava apaixonado.

esclarecimento é um dos mais importantes papéis a ser empreendido pela Política de Deus — a Política para o Espírito Eterno do Cidadão Ecumênico.

O próprio Cristo Jesus, no tocante às atribuições do Criador na condução desse Governo Espiritual, assegura em Seu Santo Evangelho, segundo João, 5:17:

— *Meu Pai não cessa de trabalhar, e Eu com Ele.*

Para aqueles que consideram tal possibilidade um absurdo, recordo que, há cinco séculos, falar na existência de novos continentes resultava em cruéis perseguições. E tais continentes sempre existiram...

27 — Um dia, a conquista do conhecimento das **Normas do Governo de Jesus** — constantes do Seu Santo Evangelho e do Seu Apocalipse Redentor — repercutirá na organização de todos os países. Nisso estará a origem do constitucionalismo comum no terceiro milênio, reação consequente contra o absolutismo gerado pela moribunda ignorância espiritual, a governante suprema da civilização da rapina e do ódio. Ela **tem prejudicado o saber jurídico mundial, urgentemente necessitado de, sem covardias nem preconceitos, pesquisar a Esfera dos Espíritos, onde se encontra a verdadeira origem do Direito**. Afinal, o governo são todos os que possuem responsabilidade e pensamento ético.

O Direito tem por dever abrir os caminhos para a integração do humano ao Divino, no campo das

relações interpessoais e principalmente nas de Estado, tendo em vista a situação atual do planeta.

Tristemente escreveu o economista e sociólogo francês **Jacques Austruy**[3], em *O Escândalo do Desenvolvimento*:

> — *Fundamentalmente, neste domínio, o papel do poder consiste em tornar a ilusão um bem de consumo e fazer da esperança um lucro.*

E não há maior devaneio do que pensarmos que a morte determina o fim da Vida[4]**. Esse é um equívoco de consequências trágicas para a humanidade. *"Quousque tandem abutere, Catilina, patientia nostra?"***[5]

---

[3] **Jacques Austruy** (1930-2010).

[4] **Nota de Paiva Netto**

A morte não determina o fim da Vida — De fato, essa mentalidade, aterradoramente míope, tem arrastado o nosso orbe a situações das mais deploráveis. Daí a nossa contribuição ao lhes trazer *Os mortos não morrem* (2018). Estudem esse livro e abram em suas mentes estradas novas para o conhecimento de nossa verdadeira origem: o Mundo Espiritual. Entender a nossa real destinação nos dota de ferramentas para enfrentar qualquer desafio, sejam eles no âmbito pessoal ou coletivo.

[5] ***"Quousque tandem abutere, Catilina, patientia nostra?"*** — Essa frase é de **Marcus Tullius Cícero** (106-43 a.C.), orador e político romano. Tornou famoso o seu eloquente repúdio a **Lucius Sergius Catilina** (108-62 a.C.), quando este, ousadamente, compareceu ao senado romano depois de descoberta a sua conspiração contra a República: *"Até quando, Catilina, abusarás da nossa paciência?"*, queixou-se Cícero.

Cícero acusa Catilina, afresco de Cesare Maccari (1840-1919)

A respeito de ilusão, ponderou o dr. **Paul Gibier** (1851-1900) que **a chamada realidade (restrita aos sentidos físicos) é a grande quimera dos homens**[6]**.**

E qual tem sido a pior fraude consumida pelo mundo? Ser levado a considerar que o material está acima do espiritual. Daí todas as distorções, porque, como ressaltava o saudoso fundador da LBV:

---

6 **Nota de Paiva Netto**

Em sua obra *Physiologie transcendantale, analyse des choses* (*Fisiologia Transcendental, análise das coisas*), grafou o médico, bacteriologista, naturalista, psicólogo e fisiologista francês, Paul Gibier: *"L'illusion la plus forte s'appelle réalité* — ***A ilusão mais forte é a que denominamos realidade"***.

— ***O que errado se inicia, errado vai até o fim.***

Ora, o perfeito roteiro estabeleceu-o Jesus no Seu Evangelho, segundo Mateus, 6:33:

— ***Buscai primeiramente o Reino de Deus e Sua Justiça, e todas as coisas materiais* [portanto, humanas e sociais] *vos serão acrescentadas.***

Quando os seres da Terra aprenderão verdade tão meridiana? Até lá, com a palavra, a Mestra Dor.

Desejo de Paz e Soberania sobre si próprio

28 — Dia virá, sempre haverá um dia — **e vós, Jovens Ecumênicos de Boa Vontade, sois a sua vanguarda** —, em que o ser humano, integrado nas Leis Espirituais, não mais terá anelo pela vitória, a não ser a da Paz, ou por soberania alguma, a não ser a soberania sobre si próprio, pois, a essa altura, realizada **a institucionalização do Novo Mandamento de Jesus**, terá aprendido que, como sabiamente escreveu **André Luiz** (Espírito):

André Luiz

— ***Vencedor é aquele que vence a si mesmo.***

Diante desse texto da *Epístola Constitucional do Terceiro Milênio* (1988), torna-se claro aos que têm *"olhos de ver e ouvidos de ouvir"* que **o Livro das Revelações Finais está todo ele alicerçado no verdadeiro Direito de Deus**. O Último Livro do Cânone Sagrado é, pois, um compêndio jurídico, que devemos estudar com bastante atenção, pois suas linhas tratam — muito bem, se quisermos entendê-lo — de nossa sobrevivência como célula formadora da sociedade. Algumas dessas células se apresentam doentes, mas deixarão de ser quando os governos dos povos entenderem que não basta apenas instruir, educar, sem ao mesmo tempo espiritualizar ecumenicamente as massas.

O Evangelho-Apocalipse é, portanto, a expressão maior da Jurisprudência Celeste, apresentada à altura do entendimento humano na atualidade.

As Sete Igrejas da Ásia dentro de nós

Retomando a análise acerca das Sete Igrejas da Ásia, pode-se dizer que elas também simbolizam os diversos graus de entendimento e vivência espiritual em que se acha cada ser humano.

Na verdade, **as Sete Igrejas existem, em diferentes gradações, dentro de nós mesmos**. Nelas, Jesus aponta qualidades e defeitos, advertindo, pedindo fidelidade e exortando à prática das Boas Obras originárias da Fé Realizante[7].

Quem não conhece os Deveres Espirituais não saberá respeitar os Direitos Humanos em sua inteireza, incluídos os direitos das vítimas, que vão além dos patamares atingidos pelos seus mais atilados defensores.

7 **Fé Realizante** — Terceiro dos quatro estágios evolutivos da Fé, conforme define a Religião de Deus, do Cristo e do Espírito Santo:
1) Fé Raciocinada (Kardec);
2) Fé Raciocinante (Zarur);
3) Fé Realizante (Paiva Netto); e
4) Fé que Diviniza, ou Divinizante (Paiva Netto).
Vide "Os Estágios Progressivos e Divinizantes da Fé" no segundo volume das *Sagradas Diretrizes Espirituais da Religião de Deus, do Cristo e do Espírito Santo* (1990).

Política de Deus e Apocalipse de Jesus para os Simples de Coração

O Evangelho-Apocalipse é um Tratado da Política Divina. É Jesus mostrando aos seres humanos como devem agir para não se dar mal[1]. Às vezes, nos perguntam o porquê de estarmos proclamando a Política de Deus. Respondo com outra indagação: Por que, então, Deus? Evidentemente, sendo Ele Amor[2], é indispensável à vida. Basta ver que todas as previsões dos "futurólogos" e similares sobre o abandono da ideia de Deus pelas massas falharam. A maioria costuma esquecer o que esses cultos analistas escrevem, senão veria como erram em seus prognósticos... Há ainda o fato de Jesus, que não é uma ficção de alguns

---

1 **Política, a simples arte de viver bem** — Leia a definição de Paiva Netto sobre o que seja Política em *Apocalipse sem Medo* (2000), no capítulo "Muro de Berlim e Mundo Espiritual (I)".

2 ***"Deus é Amor"*** — Primeira Epístola de João, 4:8.

místicos mal-amados, ter claramente proferido no Seu Evangelho, segundo João, 15:1 e 5:

> [1] *Eu sou a videira verdadeira, e meu Pai é o viticultor.*
> [5] *(...) vós sois os ramos. Quem permanece em mim, e Eu, nele, esse dá muito fruto;* ***porque sem mim, nada podereis fazer****.*

É matemático então o desenvolvimento da Política de Deus. Essa Política escreve-se com P maiúsculo. Trata-se da Política de seres humanos probos que sabem que terão de prestar severas contas de seus atos a um Tribunal Incorruptível do qual ninguém escapa. Nem reis, chefes religiosos, presidentes, ditadores, juízes, parlamentares, comandantes militares, gurus, artistas, médicos, profissionais de mídia, banqueiros, médiuns, paranormais ou sensitivos... ninguém escapa... Ninguém! E agora mais do que nunca, porque os Tempos realmente chegaram! A maior parte do povo acredita na presença do Pai Celestial junto a nós e reconhece que Ele governa o Universo. Então, por que *fatalisticamente* continuarmos sendo prejudicados pelas políticas unicamente humanas? Por mais idealísticas que sejam, estarão sempre na metade do caminho. Por que não irmos direto à Fonte Pura de toda a Sabedoria? Pelo menos esse manancial não corre o perigo de sofrer poluição.

Deus é o maior Político

Pregamos a Política de Deus, pois, insisto em lhes dizer, não pode haver criatura sem Criador. **Deus é o maior dos Políticos.** E não há como subsistir vida dignificante sem o Amor Divino. Reitero o que Jesus declarou, por intermédio de João Evangelista, também no versículo 16 do mesmo capítulo 4: *"Deus é Amor!"* Sim, porque João propagava o que o Educador Celeste ensinou: *"Deus é Caridade"* (sinônimo de Amor). Então, não adianta somente a política humana, como se fôssemos corpos sem Alma, às vezes vistos apenas como carne sem sentimento nem dignidade. Já é hora de surgir a Política para o Espírito Eterno do ser humano.

Política e Reencarnação

A Religiosidade verdadeira é sempre necessária para que todos encontrem melhores rumos na Terra.

Com a pregação da Política de Deus, desejamos realizar a tarefa de um disparador psíquico. A humanidade não pode impunemente abrir mão do Divino Poder. O admirável povo da ex-URSS (pode-se ainda dizer soviético?)[3] é um exemplo exposto disso. Aliás,

---

[3] **Ex-URSS** — Discurso proferido por Paiva Netto alguns meses antes da dissolução total da União Soviética, que ocorreu em 26 de dezembro de 1991. Ela fracassou nas suas diversas tentativas de erradicar as religiões ao longo de sua história.

Alziro Zarur já previra o esfacelamento do comunismo ateu. Anunciou igualmente o término do capitalismo como o conhecemos e da falsa democracia, firmada unicamente sobre bases monetaristas e quantitativas.

Há muito tenho asserido que **tempo virá em que o Espírito será levado na mais alta consideração pelos cientistas amantes da Verdade**, que não aceitam preconceitos ou tabus, nem mesmo científicos. Observem que, no seu próprio campo, numa velocidade considerável, eles estão realizando profundas reavaliações de ensinamentos proclamados como verdades irredutíveis até ontem. Que absurdo seria a sustentação de um indesejável dogmatismo científico! **A Ciência fatalmente chegará até a forma singular de todos nós, a espiritual: o que a Religião intui a Ciência, um dia, comprovará em laboratório.** Na área científica, como tantas vezes já afirmei, não pode haver convicções pétreas nem negações sem remissão. Ciência sem Religião pode tornar-se secura de Alma. Religião sem Ciência pode descambar para o fanatismo. Por isso, na época ideal que todos desejamos ver surgir no horizonte da História, **a Ciência (cérebro, mente), iluminada pelo Amor (Religião, coração fraterno), elevará o ser humano à conquista da Verdade**. Voltaremos ao assunto mais adiante.

Assim como houve acelerado progresso material neste século 20 (estávamos em 1991) — rapidamente passamos da carroça para o foguete interplanetário —, ocorrerá o mesmo no âmbito do sentimento (Espírito), de modo que se estabeleça um mundo mais apreciável. Como preceituava o saudoso poeta e jornalista Alziro Zarur:

> — ***Atingir o equilíbrio é a meta suprema. O Bem nunca será vencido pelo mal.***

Tal equilíbrio virá quando a criatura, pelo Amor ou pela Dor, compreender que **é preciso aliar à inteligência do cérebro a do coração**. De qualquer forma, a humanidade evolui sempre... Ou será que, materialmente falando, estamos ainda nos tempos das cavernas?!... Evidente que não! Mas **o progresso também se dará no campo espiritual-moral**, e creio que **mais pelo efeito da Mestra Dor**, que, por sinal, é **a libertação da Alma**.

O que a Religião intui a Ciência, um dia, comprovará em laboratório. Na área científica, como tantas vezes já afirmei, não pode haver convicções pétreas nem negações sem remissão.

A Profecia é a História na Voz de Deus

Minhas Amigas e meus Irmãos, minhas Irmãs e meus Amigos, muita gente, pelos séculos, tentou ridicularizar a Bíblia Sagrada e deu-se mal. Isso porque ela traz em si mesma uma substância que a imortaliza: **o Espírito Divino, singularizado na sua parte profética**.

A Profecia é a História na Voz de Deus.

O Apocalipse, que é de Jesus, é o coroamento da Bíblia Sagrada, conforme sintetizou Zarur. Em razão de sua importância, muitos procuraram mantê-lo afastado das massas, uma vez que um povo espiritualmente ignorante mais facilmente pode ser dominado.

O Apocalipse desvenda segredos extraordinários, encobertos por um notável e desafiante simbolismo. Colocará diante de nós o conhecimento de todas as coisas ocultas, se devidamente analisado pelo prisma do Amor Fraterno, jamais do ódio. Trata-se de um texto cuja mensagem é, portanto, a do Amor e da Justiça Divinos, pois anuncia **A Volta Gloriosa do Cristo**, como se lê no Livro das Profecias Finais, 1:7:

> — *Eis que Jesus vem com as nuvens, e todos os olhos O contemplarão, até mesmo aqueles que O traspassaram. E todas as nações da Terra se lamentarão sobre Ele. Certamente. Amém!*

Muitos ainda pensam que o Apocalipse é mistério indecifrável, quando ele, que em grego significa Revelação, tem início justamente afirmando a que veio, logo de entrada:

> — ***Revelação de Jesus**, o Cristo, que Deus Lhe deu para mostrar aos Seus servos as coisas que em breve devem acontecer e que Ele, enviando-as por intermédio do Seu Anjo, notificou ao Seu servo João, o qual atestou a Palavra de Deus e o Testemunho de Jesus Cristo, quanto a tudo o que viu* (Apocalipse, 1:1 e 2).

Diante disso, onde, pois, o mistério? Por que o medo? Pelo contrário: **por ser uma Revelação de Deus para nós, é Luz** para nos livrar da escuridão, das trevas, de todos os temores. Não foi sem motivo que Jesus, o seu Coautor, assegurou:

— *Eu sou a Luz do mundo. Quem me segue não andará nas trevas; pelo contrário, terá a Luz da Vida Eterna* (Evangelho, segundo João, 8:12).

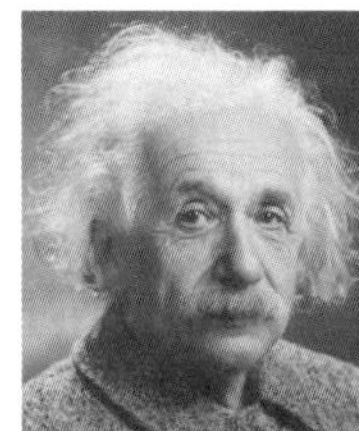
Albert Einstein

Sim! Ele é o Farol que não cria sombras. Ainda quanto aos caminhos do mistério, **Albert Einstein** (1879-1955), por sua vez, definiu:

— *Os domínios do mistério prometem as mais belas experiências.*

Tudo no Apocalipse é entrelaçado

Nada no mundo, principalmente no que se refere aos sentimentos humanos, é departamento estanque. **Tudo é entrelaçado.** Trata-se de um grande **sistema dos vasos comunicantes**.

Quando no Apocalipse aludimos a uma trombeta, a um flagelo, a um selo, dizemos que é essencialmente isto ou aquilo, mas **não unicamente isto ou aquilo**. **Tudo se inter-relaciona na Profecia.** Caso contrário, seria como se alguém pretendesse que o corpo humano fosse formado apenas pelo coração. Sabemos que, sem o chamado "órgão do sentimento", o organismo morre, mas ele próprio não tem vida isolada produtiva. De igual modo, também não há um fato na vida que não resulte em efeitos, mais cedo ou mais tarde, neste mundo ou no "Outro Lado". (...) Deus perdoa, mas sob condições que propiciem a redenção do ser claudicante. Senão estaria prestigiando malfeitores, não passando de reles promotor da iniquidade. O réu tem de verdadeiramente corrigir-se. Esta é uma advertência aos que gostam de fazer o mal: **não há impunidade em nenhum ponto do Universo**, como podemos ler na palavra eloquente do salmista no

Salmo 73

18 *Tu certamente, Senhor, pões os maus em lugares escorregadios e os fazes cair na destruição.*
19 *Como ficam de súbito assolados, totalmente aniquilados de terror!*
20 *Como faz com um sonho o que acorda, assim, ó Senhor, ao despertares, desprezarás a imagem deles.*

Jeremias, Confúcio, o Bem e a Justiça

Profeta Jeremias

Realmente, **a Profecia só é infernal para os infernais**, enquanto assim o sejam, porque a Misericórdia de Deus está sempre disposta a socorrer aquele que se quer redimir.

— *Acaso se retribui o Bem com o mal? (...)*
(Livro do **Profeta Jeremias**, 18:20)

Confúcio

Evidentemente, não!

Como ensinava **Confúcio** (551-479 a.C.):

— *Paga-se a Bondade com a Bondade, e o mal com a Justiça.*

O célebre pensador chinês obviamente não se referia à vingança, que é antípoda ao sentido de Justiça verdadeira.

Por isso, **o Apocalipse é apenas o resultado da semeadura espiritual-humana.** Como diz o povo na sua forma simples: "Plantou, colheu". E é verdade. Senão Jesus não teria deixado esta advertência:

— *Quando o Filho de Deus voltar sobre as nuvens com Seus Santos Anjos, dará a cada um de acordo com as próprias obras de cada um.*

(Evangelho, segundo Mateus, 16:27)

Paz *versus* impunidade

Jesus é o Senhor da Paz, não da fraqueza, do comodismo ou do banditismo. A Paz não é filha da impunidade. Ela só pode verdadeiramente reinar onde se estabelece a Perfeita Justiça, a Divina.

A cultura do cinismo fomentou a crença de que o desrespeito à lei propicia sucessos incontáveis. Trágico engano, que a tantos malefícios tem arrastado povos. *"Nem tudo que é legal é moral."* **Toda lei criada pela manipulação de aproveitadores deve ser posta abaixo.** Ademais, ninguém fica sem receber a punição devida. Se conseguir fraudar a justiça humana, fatalmente **não escapará da Justiça Divina**. A responsabilidade do ímpio não cessa na morte. Por isso, **a crença na impunidade é um logro**.

O Juízo de Deus

11 *Vi um grande trono branco e Aquele que nele se assenta, de cuja presença fugiram a Terra e o Céu, e não se achou lugar para eles.*
12 *Vi também os mortos, os grandes e os pequenos, postos em pé diante do trono. Então, os livros foram abertos. Ainda outro livro, o Livro da Vida Eterna, foi aberto também. E os mortos foram julgados, segundo as suas obras, conforme o que se achava escrito nos livros.*
13 *E o mar deu os mortos que estavam nele. A morte e o além entregaram os mortos que neles havia. E foram julgados, um por um, segundo as suas obras.*
14 *Então, a morte e o inferno foram lançados para dentro do lago do fogo. E esta é a segunda morte, o lago do fogo.*
15 *E, se alguém não foi achado inscrito no Livro da Vida Eterna, esse foi lançado para dentro do lago do fogo.*

(Apocalipse de Jesus, 20:11 a 15)

Certamente, a impunidade é uma ilusão para os que a procuram. Um dia, o povo finalmente saberá impedir a ação desses facínoras, dentro da **Democracia**, que, como tantas vezes afirmei, **é o regime da responsabilidade**.

Jesus no Evangelho e no Apocalipse

No Evangelho, Jesus é apresentado como o Cordeiro pronto ao sacrifício:

> — *Eis o Cordeiro de Deus, que* [com o Seu próprio sangue] *lava os pecados do mundo.*
>
> (Evangelho, consoante João, 1:29)

Mas, no Apocalipse, Ele vem como Leão, com Poder e Grande Glória, para o julgamento dos povos:

> — ***Eis que Jesus vem com as nuvens, e todos os olhos O contemplarão, até mesmo aqueles que O traspassaram.***
>
> (Apocalipse, 1:7)

E de que forma Esse que vem sobre as nuvens surge no Apocalipse? Exatamente como um Leão:

> — *Todavia, um dos anciãos me falou: Não chores; eis que o* ***Leão da tribo de Judá, a Raiz de Davi,***

pela Sua vitória, alcançou o poder de abrir o livro e os seus Sete Selos [Ele é o Cristo de Deus].

(Apocalipse, 5:5)

O Apocalipse começa no Gênesis Mosaico

Por ser Revelação, o Apocalipse começa no Gênesis Mosaico[1]. Ele não se encontra restrito aos seus 22 capítulos, porém percorre toda a Bíblia Sagrada na sua parte profética. Afinal, vejamos o que assevera o versículo 10, do capítulo 19:

— *O Testemunho de Jesus, o Cristo, é o espírito de profecia.*

Portanto, sendo Ele o Supremo Governante do planeta Terra, é o Espírito Dele, ou seja, o Seu Testemunho de extremado sacrifício, com o qual alcançou Autoridade Magna, que constitui e reveste todo o sentido de Profecia neste orbe que habitamos. E Ele, por meio de Suas Divinas Revelações, se manifesta em todos os Livros Sagrados das crenças, bem como nos progressos

---

1 **Gênesis Mosaico** — A expressão refere-se ao primeiro livro do Pentateuco de Moisés, no qual se descrevem a criação e os tempos primitivos do mundo. Esses cinco primeiros livros do Antigo Testamento (a Bíblia hebraica) compõem-se, além do Gênesis, do Êxodo, do Levítico, do Números e do Deuteronômio. A sua autoria é atribuída a Moisés, o notável legislador hebreu.

filosóficos, científicos, políticos, econômicos, artísticos, esportivos e assim por diante. A cada conhecimento espiritual-humano novo galgado, narra-se mais um pouco acerca do Testemunho do Divino Mestre, pois Ele resume todo o significado socioespiritual do tecido profético que compõe nossa realidade e sobre o qual atuamos. **Jesus, o Cristo Ecumênico, o Divino Estadista, é Deus em nós.**

Profeta Daniel

Para corroborar isso, vale lembrar que existem várias passagens do Antigo Testamento cuja semelhança de texto com o Último Livro da Bíblia Sagrada é profunda. Os escritos de **Daniel**, por exemplo. Para quem ainda não sabe, esse Profeta voltou reencarnado como João Evangelista. Como Zarur ensinava:

São Francisco de Assis

— *Quem faz há mais tempo, faz melhor.*

Mais tarde, ainda retornou como **Francisco de Assis** (1182-1226) e por isso pôde ter a famosa visão junto à cruz do Cristo: viu-se descendo-O do madeiro, da mesma forma que o fizera quando na personalidade do Discípulo Amado[2]. Francisco de Assis, o Santo do Ecumenismo, é o Patrono da Legião da Boa Vontade.

[2] **O Discípulo Amado** — O termo refere-se a João Evangelista, a quem foi transmitido, na ilha de Patmos, o Apocalipse.

Profeta Isaías

O saudoso Irmão Zarur já dizia que sem o Antigo Testamento não há o Novo Testamento, muito menos o Apocalipse. Atenção para o que anuncia o velho **Isaías**, no capítulo 46:

> 9 *Lembrai-vos das coisas passadas desde a antiguidade;* ***lembrai-vos que Eu sou Deus, e não há outro Deus, não há outro semelhante a mim;***
> 10 ***que anuncia o fim desde o princípio*** *e desde a antiguidade, as coisas que ainda não sucederam; que digo: o meu conselho permanecerá de pé, farei toda a minha vontade (...).*

Vejam que coisa formidável! O Profeta está no Antigo Testamento, que é o início da pregação da Palavra de Deus, e o Apocalipse está onde? No final. Percebam o sentido maior da Profecia: **é Deus Quem *"anuncia o fim desde o princípio"***.

O que é profético na Bíblia

Conforme advertia o proclamador da Religião de Deus, do Cristo e do Espírito Santo, a Bíblia só é divina na parte profética:

> *(...) Há na Bíblia a Parte Divina e a parte humana. Por isso acho graça em certos intelectuais*

que me dizem: — "Zarur, você é formidável! Prega a Bíblia de um jeito que eu quase que acredito... Mas aqui para nós, ela tem uns negócios que francamente!... Aquilo é um compêndio de pornografia". Gente muito boa da Academia de Letras já me disse isso... Então vou explicar mais uma vez. Não custa nada.

Tudo o que sai do homem é isso que sabemos: tem coisas boas e más. Ora é Espírito, ora é um bicho como outro qualquer... Quando se lê que um sujeito matou, roubou, fuzilou, não é mais o homem, é o bicho que está dentro dele, pois ele ainda é Espírito atrasado.

Pois bem, a Bíblia é a expressão da humanidade, no que ela tem de bom e de mau. Aquelas passagens chamadas escabrosas de fato existem. Basta ver o caso das duas filhas que se casaram com o pai; e, para unirem-se a ele, embriagaram-no... Aqui para nós... ninguém vai dizer que isso não existe, porque até hoje é assim... O bicho-homem é essa tristeza que aí está. Mas isso também não é tão imoral diante do ensinamento que nos querem impingir de que no princípio do mundo havia somente um casal: nasceram os seus filhos, e os irmãos casavam-se com as irmãs! É tão imoral quanto aquelas passagens. Sai dessa! Não tem saída! E não tem mesmo! Vem, então, a Religião de Deus e "põe os pingos nos is": — Senhores, tenham paciência! Isto aqui é do povo hebreu. São coisas que acontecem com boas famílias. Pode ser povo brasileiro, árabe, judeu, francês, chinês, polaco, americano, russo, cubano... Todo povo tem seus aspectos bons e ruins. (...)

Deus é superior aos nossos erros

É isso aí, pois a demonstração de que a Bíblia, na parte profética[3], é a Palavra de Deus está justamente em ter sido escrita por seres humanos cheios de pecados e, galhardamente, sobrevivido às faltas deles...

Jesus é o Senhor da Paz, não da fraqueza, do comodismo ou do banditismo. A Paz não é filha da impunidade. Ela só pode verdadeiramente reinar onde se estabelece a Perfeita Justiça, a Divina.

[3] Leia mais sobre o assunto no capítulo *"Não há nada oculto que não venha a ser revelado"* do segundo volume da coleção *Sagradas Diretrizes Espirituais da Religião de Deus, do Cristo e do Espírito Santo* (1990).

Proclamação do Apocalipse

A Religião de Deus, do Cristo e do Espírito Santo, com sua grandeza cósmica, veio fraternalmente cooperar para a espiritualização da humanidade. Por conseguinte, também para a sua humanização, a fim de fazer aflorar **as qualidades divinas do Espírito Imortal**, que se encontram latentes, quase apagadas ainda no íntimo do ser humano, visto que o progresso material pouco tem contribuído para inspirar nos povos a vivência do Amor ao próximo, tal como o preceituou Jesus. E não pode haver **Sociedade Solidária Altruística Ecumênica** sem esse sentimento básico do ser que deseja evoluir. Por isso, não basta instruir, educar, sem o componente essencial: **a Espiritualidade Ecumênica**.

E por mais surpreendente que pareça, a desumanização tem partido, muita vez, do campo religioso, no qual jamais deveria ter origem.

Apesar do Ecumenismo Irrestrito, pioneiramente

pregado por Alziro Zarur[1], as criaturas ainda se exacerbam por causa de crença, ou de descrença, quando a verdadeira finalidade das religiões é justamente contrária a essa exasperação. Devemos pugnar pelo Ecumenismo sem restrições, pois a **medida** mais **sensata** é que **deixemos de nos ofender em nome de Deus**. Temos, isso sim, é por Ele juntar as mãos para resolver os graves problemas que afetam os povos, e cada vez mais, porque as fronteiras, de todos os tipos, estão vindo abaixo. Mas se, em diversos aspectos, a situação melhorou, tem sido graças também à Legião da Boa Vontade e à Religião de Deus, do Cristo e do Espírito Santo, sem desfazer dos esforços de quem quer que seja, pois respeitamos a todos.

Zarur declara na Proclamação do Apocalipse que o Rebanho Único tornar-se-á realidade por intermédio não do

---

[1] **Ecumenismo Irrestrito** — O jornal *O Globo* abriu as suas colunas para falar do pioneiro movimento ecumênico da LBV, que dava seus primeiros passos. No editorial de 26 de janeiro de 1950, destacou: *"Há um aspecto, na recente criação da LBV, que merece ser assinalado e posto no devido relevo. Trata-se da verdadeira confraternização de todos os credos religiosos que se processou no referido movimento, destinado, sobretudo, a amparar moral e materialmente os enfermos e necessitados. (...) Não são comuns acontecimentos desta ordem nem frequentes mobilizações de tamanha envergadura moral (...)"*. Saiba quais são "Os Quatro Pilares do Ecumenismo", no capítulo "Vencer com Jesus o Armagedom", ao final deste livro. *Vide* ainda as *Sagradas Diretrizes Espirituais da Religião de Deus, do Cristo e do Espírito Santo* (1987), volume 1, do mesmo autor desta obra. Adquira pelo *site* www.PaivaNetto.com/livros ou ligue 0300 10 07 940.

> — *Evangelho que vocês leram, mas do Apocalipse que vocês não entenderam, pois, na verdade, já está formado no Reino de Deus.*

Assim sendo, temos de encontrá-lo no Livro das Profecias Finais, e ele realmente lá está[2], uma vez que toda a Revelação é permeada por esse espírito unificador. **Deus é um só.**

O saudoso jornalista **Benedito Mergulhão** (1901-1966), em *A Noite*, edição de 18 de junho de 1956, recorda:

> — *Considerando que todas as religiões desempenham um papel preponderante no aperfeiçoamento espiritual do Homem, a LBV teve a feliz iniciativa de reunir representantes de todos os credos que se professam nesta capital e, confraternizados, cada um de* per si *expor as bases das respectivas doutrinas. Dessa forma, a Legião da Boa Vontade levou a efeito, em outubro, novembro e dezembro de 1949, reuniões em que falaram representantes do catolicismo, protestantismo, espiritismo, budismo, maometismo, positivismo, bramanismo, judaísmo, esoterismo, umbandismo etc.*

2 ***"A Visão dos Glorificados"*** — Apocalipse, 7:9, que estudaremos no próximo capítulo.

Alziro Zarur, fundador da LBV, recebeu das mãos do núncio apostólico do Brasil, dom **Sebastião Baggio**[3], a Medalha do papa Paulo VI *"por serviços prestados à causa do Ecumenismo"*.

Restauração da Unidade Cristã

Também na Proclamação do Apocalipse, realizada a 1º de outubro de 1972, na cidade de Ribeirão Preto/SP, Brasil, Zarur conclama os povos à Restauração da Unidade Cristã — porquanto Jesus veio ensinar a Fraternidade Ecumênica. Afirma o autor de *Poemas da Era Atômica*:

Religião do Amor Universal

Alziro Zarur (1914-1979)

A Religião do Terceiro Milênio,
a Religião de Deus, do Cristo
e do Espírito Santo,
é mais que toda a Religião:
é toda a Ciência,
é toda a Filosofia,
é toda a Política
e toda a Moral,

[3] **Sebastião Baggio (1913-1993)**.

Vista parcial do povo que superlotou a Cava do Bosque (ginásio de esportes atualmente chamado Ginásio Gavino Virdes) para participar da Proclamação do Apocalipse de Jesus, feita pelo saudoso Irmão Alziro Zarur (1914-1979), em 1º de outubro de 1972, na cidade de Ribeirão Preto, SP, Brasil.

todo o progresso humano,
unido ao progresso de todos
os mundos, de todas
as Humanidades Siderais —
o Amor Universal
na apoteose ao
Criador Onipotente,
Onisciente e Onipresente,
o nosso Deus, o nosso Pai!

Todas as criaturas e religiões são evidentemente cristãs

Nunca é demais lembrar o que, 13 anos antes, ao proclamar o divino significado do Novo Mandamento de Jesus[4] para a humanidade, o fundador da LBV revelou, para derrubar definitivamente as barreiras que impedem a confraternização dos povos. Revelação esta também publicada na Proclamação da Religião de Deus, do Cristo e do Espírito Santo, feita por ele a 7 de outubro de 1973, em Maringá/PR, Brasil. De antemão, reconhecia o teor polêmico de sua afirmativa, verdadeira aos que *"têm olhos de ver"* e que, desse modo, sabem que o Cristo nada tem com as aberrações que foram promovidas em Seu Santo Nome:

> ### *O Sentido Oculto do Mandamento Novo do Cristo*
>
> *Todas as criaturas da Terra são naturalmente cristãs, saibam ou não saibam, queiram ou não queiram, até mesmo aquelas que se dizem materialistas.* ***Todas as religiões são evidentemente cristãs****, mesmo aquelas que assim não se consideram, por se*

[4] **Proclamação do Novo Mandamento de Jesus** — Feita por Alziro Zarur a 7 de setembro de 1959, em Campinas/SP, Brasil, no antigo Hipódromo do Bonfim — hoje Praça Legião da Boa Vontade —, que, na época, era o espaço público mais amplo que por lá existia, capaz de receber a multidão que fora ouvi-lo.

encontrarem nos diversos graus da evolução espiritual. Há tantas religiões quantos são os graus de entendimento espiritual dos homens, conforme a soma de suas encarnações. ***Todas as criaturas e todas as religiões são consequentemente cristãs****, porque Jesus, o Cristo, por determinação de Deus, é o Fundador e Supremo Governante deste planeta que habitamos, como se lê no Seu Evangelho, segundo João, capítulo primeiro, versículos 1 a 3:*

— ***No princípio era o Verbo, e o Verbo estava com Deus, e o Verbo era Deus. O mundo*** **[o planeta Terra]** ***foi feito por Ele. Tudo foi feito por Ele. Nada do que se fez foi feito sem Ele, Cristo Jesus.***

O Sentido Prático do Novo Mandamento

Ou as religiões [e os movimentos espiritualistas] *se unem e se irmanam, em nome de Deus, ou o materialismo ateu as devora, à proporção que elas se combatem e se destroem, fortalecendo seu inimigo mortal, que nega a existência de Deus e a imortalidade da Alma.*

Com base nessa ampla visão e em sua Cruzada de Religiões Irmanadas, lançada a 7 de janeiro de 1950, Zarur a tantos se antecipou ao pregar a Democracia Religiosa.

"Toda humanidade é cristã"

Quando ele trouxe a tese de que ***"toda a humanidade é cristã"*****, o que isso significaria?** Essa percepção do saudoso proclamador do Mandamento Novo de Jesus — *"Amai-vos como Eu vos amei. Somente assim podereis ser reconhecidos como meus discípulos"* (Evangelho, segundo João, 13:34 e 35) — é tão avançada que a maioria, até hoje, passadas décadas e décadas, não a assimilou completamente. **Seria uma afronta à pluralidade religiosa no mundo? Um combate aos Irmãos ateus?** Evidentemente que **não**, pois **nenhuma acepção separatista e condenatória sequer encontra respaldo no pensamento fraterno e ecumênico do fundador da LBV**.

Numa pregação de "O Apocalipse de Jesus para os Simples de Coração", pela Super Rede Boa Vontade de Rádio, em 8 de janeiro de 1992, explanei sobre esta afirmativa:

"Toda a humanidade é cristã", refere-se ao sentido de Irmandade, de Compreensão, de Fraternidade, isto é, de Cidadania Espiritual Ecumênico-Planetária, em que o mundo inteiro se entenda ou procure entender-se.

Portanto, quando a Religião de Deus, do Cristo e do Espírito Santo fala em Restauração da Unidade Cristã, diz respeito à união necessária de todos os povos da Terra, pelo prisma da Solidariedade sem fronteiras e da Fraternidade Ecumênica, acima de diferenças religiosas, étnicas, políticas, filosóficas, científicas, artísticas, esportivas etc. Sonho?! Delírio?! Mas é esse o caminho da Paz, o Ecumenismo Irrestrito fraternalmente defendido pela Religião Divina: **deixemos de nos odiar em nome da Mãe-Pai Celestial, que é Amor, e nos aliemos na construção de um mundo melhor para os nossos descendentes**. De outra forma, as perspectivas desta humanidade superarmada e superpoluidora jamais serão as melhores. Os que ainda olham com ceticismo exagerado o ideal da Paz pelo exercício da Solidariedade, destacada pelo Cristo Ecumênico, o Divino Estadista, devem recordar que coisas anteriormente inacreditáveis são, hoje, fatos corriqueiros na vida do ser humano, que continua sobrevivendo, apesar das ameaças crescentes.

Sem o espírito de Justiça, não há Paz

Sem o espírito de Justiça, não há Paz. Por isso, a sociedade vem sendo demolida. E o que se vê é a torrencial invasão da cultura consumista, da qual um dos extremos, por exemplo, é o tráfico de drogas. Que mais armagedônico do que tais fatos? A ruína de antigos parâmetros, provocada, também, pela queda de fronteiras, traz-nos à lembrança velho ditado popular, que alguns consideram como anúncio do fim do mundo (que não ocorreu, à beira do segundo milênio, como a humanidade ocidental apavorada esperava), mas que nós temos como prefiguração do término de um mundo ou a profunda metamorfose de um modo de viver que se tornou gangrenado:

— *A mil tu chegarás, de dois mil não passarás.*

Quando a Religião de Deus, do Cristo e do Espírito Santo fala em Restauração da Unidade Cristã, diz respeito à união necessária de todos os povos da Terra, pelo prisma da Solidariedade sem fronteiras e da Fraternidade Ecumênica, acima de diferenças religiosas, étnicas, políticas, filosóficas, científicas, artísticas, esportivas etc. Sonho?! Delírio?! Mas é esse o caminho da Paz, o Ecumenismo Irrestrito fraternalmente defendido pela Religião Divina.

O Rebanho Ecumênico de Jesus no Apocalipse

A mensagem do Apocalipse provém do mais elevado Céu, porque ele é de Jesus. E é justamente nessas Alturas Sublimes que o Rebanho Ecumênico já está formado e, portanto, a visão que dele possuímos é abrangente, universal.

Existe até hoje um sistema que julga serem as Profecias dirigidas com privilégio ao povo de Israel, mesmo neste encerramento de ciclo apocalíptico. Respeito os Irmãos judeus, entre os quais tenho grandes amigos, como da mesma forma os tenho entre os Irmãos muçulmanos, os Irmãos protestantes, os Irmãos católicos, os Irmãos ateus-materialistas, os Irmãos espíritas, os Irmãos budistas, os Irmãos de religiões de matriz africana, os Irmãos hinduístas e assim por diante. Mas o Apocalipse revelado aos Simples de Coração visa derrubar essas barreiras nascidas de certas interpretações sectárias, como o demonstra a leitura bem atenta, por exemplo, do capítulo 7, versículos 9 e 10, no tocante à Visão dos Glorificados, que simboliza perfeitamente o Rebanho Ecumênico do Cristo constituído primeiro no Céu, conforme revelado pelo saudoso Irmão Zarur na Proclamação do Apocalipse de Jesus:

> [9] *Depois destas coisas olhei, e eis* ***grande multidão que ninguém podia enumerar, de todas as nações, tribos, povos e línguas****, em pé diante do trono e diante do Cordeiro de Deus, trajando vestiduras brancas, com palmas nas suas mãos;*
> [10] *e clamavam com grande voz, dizendo:*
> *Ao nosso Deus, que se assenta no trono, e ao Divino Cordeiro pertence a salvação.*

Eis aí. Em todas as crenças e também entre os descrentes existem criaturas boas e más. Além disso, ninguém é inteiramente bom ou mau. Cada um tem sua parte de Babilônia. Quem não tem algo, dentro de si, que precisa domar e vencer, com o apoio celeste?!

A questão é que Jesus fala aos corações sequiosos do Amor Divino, que a tudo renova. Ele não desiste de ninguém e busca a todos onde quer que estejam (Boa Nova, segundo Mateus, 18:10 a 14). Daí o anúncio que Ele próprio, o Divino Pastor das Almas, fez em Seu Santo Evangelho, segundo João, 10:14 a 18:

> [14] *Eu sou o Bom Pastor! Conheço as minhas ovelhas, e elas me conhecem.*

[15] *Assim como o Pai me conhece e Eu conheço o Pai; e dou a própria vida pelas ovelhas.*
[16] ***Ainda tenho outras ovelhas que não são deste aprisco*** [rebanho]*; a mim me convém conduzi-las, e elas ouvirão a minha voz; então,* ***haverá um só rebanho para um só Pastor****.*
[17] *Por isso, o Pai me ama, porque Eu dou a minha vida pelas minhas ovelhas e posso tornar a reassumi-la.*
[18] *Ninguém me tira a minha vida de mim; pelo contrário, Eu espontaneamente a ofereço. Pois tenho autoridade para entregá-la e também para reavê-la. E este mandato Eu recebi do meu Pai.*

As Sete Igrejas da Ásia abrangem toda a humanidade

Observem que as Sete Igrejas que estão na Ásia, às quais Jesus se dirige no Apocalipse, não podem significar somente a evolução daquilo que se convencionou chamar Cristianismo no planeta Terra. Com base nas conclusões libertárias da Religião de Deus, do Cristo e do Espírito Santo, contidas também em suas Proclamações, podemos dizer que, de acordo com a vasta acepção que estamos atribuindo ao Cristianismo, o Islã é também cristão, assim como o Judaísmo, o Bramanismo, o Hinduísmo, o Budismo e assim por diante. E até o comunismo ateu tem sua parte cristã, porque **Karl Marx** (1818-1883) queria a realização social das criaturas, mesmo que por intermédio da força, o que só leva à violência.

Zarur classificava o comunismo ateu de *"religião às avessas"*, e ele caiu na ex-União Soviética e passará por inimagináveis metamorfoses em outras partes do mundo, onde ainda se sustenta, por não levar em conta o Espírito das criaturas, sem o que tudo se transforma em tédio. Para também corrigir esse desvio, Zarur lançou a Política de Deus.

O capitalismo igualmente assistirá à sua própria transformação à medida que persistir considerando a criatura de Deus inferior ao lucro, o que **o vem caracterizando como uma ditadura financeira**. No tocante a isso, ele é tão ateu quanto o comunismo marxista. Por isso, **vem aí, em toda a sua Divina Pujança que fertilizará o campo social** com soluções efetivamente válidas, porque os Tempos chegaram, **um Quarto Caminho**[1], sempre novo, mas tão antigo quanto o planeta

[1] **O Quarto Caminho** — Com a Religião de Deus, do Cristo e do Espírito Santo, a Quarta Revelação que o próprio Zarur iniciou e Paiva Netto, há décadas, desenvolve e dá continuidade, surge o Quarto e último caminho deste ciclo de evolução sócio-psíquico-espiritual do ser humano, o Cristianismo de Deus, do Cristo e do Espírito Santo. *Vide* o primeiro volume das *Sagradas Diretrizes Espirituais da Religião de Deus, do Cristo e do Espírito Santo* (1987), em "As Quatro Revelações da Palavra de Deus". Acesse www.PaivaNetto.com/livros ou ligue 0300 10 07 940.

Terra, **o Cristianismo do Cristo**[2]. Como salientava o filósofo e sociólogo italiano **Pietro Ubaldi** (1886-1972),

Pietro Ubaldi

> — *do Capitalismo restará o espírito de liberdade, e do Comunismo, a preocupação com a justiça social.*

Jesus, o Eterno Reformador

A Reforma Social vem do Espírito do Cristo Ecumênico, o Estadista Celeste, porque Ele, ontem, hoje e amanhã, é **o Eterno Reformador**.

Gostaria de deixar bem claro que o Cristianismo, conforme o entendemos, não pode jamais ser con-

---

[2] **Nota de Paiva Netto**

O Cristianismo do Cristo — Referente à doutrina apresentada, em Espírito e Verdade, à luz do Novo Mandamento, com toda a sua pureza original, pelo próprio Cristo de Deus no Seu Santo Evangelho e no Seu Apocalipse Redentor. Esse Cristianismo autêntico, sem as distorções que a humanidade lhe conferiu por mais de dois milênios, é o caminho seguro para a redenção espiritual de quem — independentemente de religião — o colocar em prática cotidianamente. Disse Jesus: *"Eu sou a Luz do mundo. Quem me segue não andará em trevas, mas terá a Luz da Vida Eterna"* (Evangelho, segundo João, 8:12). Gandhi (1869-1948), seguidor de um jainismo mesclado de hinduísmo, certa vez afirmou referindo-se às nações ocidentais: *"Amo o vosso Cristo, mas detesto o vosso Cristianismo, pois muitos cristãos são tão diferentes do seu Cristo"*. Tinha razão o Mahatma. Convido-os à leitura de minha página "Dessectarização do Cristianismo". É o capítulo 25 de *Jesus, a Dor e a origem de Sua Autoridade — O Poder do Cristo em nós* (2014).

fundido com as muitas ações reprováveis cometidas em seu nome. Ele está acima de tudo isso. Os ideais de Amor incondicional, a Fraternidade Ecumênica entre os seres humanos, que Jesus preceituou, são ensinamentos perfeitamente praticáveis — apesar do alto teor espiritual, moral e material — num mundo ainda tão consumista. Infelizmente, não é isso que tem ocorrido na maioria das vezes. Contudo, devemos destacar, a sua mensagem não está circunscrita aos chamados cristãos, é para toda a humanidade. Em qualquer parte da Terra, seja na Religião, na Política, na Filosofia, na Economia, na Ciência, nas Artes, no Esporte, **o Cristianismo autêntico nunca deixará de encontrar eco, pois a sua missão é amar**. E o Amor Fraterno acabará por ser bem-aceito, mais dia, menos dia. Senão, como teríamos sobrevivido até agora? Deus continua escrevendo *"certo por linhas tortas"*. Apesar de que o Criador escreve certo por linhas certas, nós é que muitas vezes embaralhamos as vistas.

O Cristianismo do Cristo é algo a ser perenemente descoberto na plenitude de sua grandeza infinita. É uma conquista diária. Cada dia que passa, mais aprendemos com Ele. Portanto, não foi ainda integralmente entendido e vivido por nós, seres humanos. **Está acima de todas as diferenças. Sua missão é o Amor Fraternal na Terra.** Por isso, assim cantou Zarur, em seu "Poema do Deus Divino":

(...)
Que religião instituiu Jesus,
Senão a eterna Religião do Bem? (...)

Bondade — que os pecados não consomem —
Do Espírito Divino aos filhos seus:
Deus sempre desce até Seu filho, o homem,
Quando o homem sobe até seu Pai, que é Deus!

A mensagem do Apocalipse provém do mais elevado Céu, porque ele é de Jesus. E é justamente nessas Alturas Sublimes que o Rebanho Ecumênico já está formado e, portanto, a visão que dele possuímos é abrangente, universal.

A questão do Dia do Senhor

Há um versículo no capítulo primeiro do Apocalipse que li e vou comentar para os Simples de Coração, durante uma série de programas de rádio. Esse capítulo (o primeiro), que analisei na íntegra, contém tanto ensinamento que daria para conversarmos mil anos. Mas vejamos o seu versículo 10:

> — *Achei-me em Espírito, no Dia do Senhor, e ouvi por detrás de mim uma grande voz, como de trombeta.*

Essa questão do **Dia do Senhor** tem gerado muita polêmica. Discutem-na há séculos. Ora, isso resulta do apego às restritivas percepções de dia, noite, mês, ano, enfim, de calendário, que temos combatido aqui, buscando expandir as perspectivas de conhecimento. Quem não se livrar da limitada noção humana sobre pressupostos tão importantes nunca entenderá o Apocalipse, pois para nós o tempo passa, mas **para Deus o TEMPO É**. E o Livro das Profecias Finais foi colhido por João nas dimensões de Espaço e Tempo Divinos.

Integrados em Deus, somos o próprio Tempo

Digamos para argumentar: que dia é hoje? 18. Amanhã, 19. E ontem? 17. Logo, para nós, o tempo passa. Passado, presente e futuro. Mas para Deus o Tempo é. O Tempo está. Por isso, a Eternidade não pode ser cansativa, porque ela não se move, envelhecendo as criaturas, como acontece na Terra. Quando vivemos a Eternidade, não sentimos o tempo fluir, pois, **integrados em Deus, tornamo-nos o próprio Tempo**. Quando João declara, no versículo 10 do capítulo primeiro do Apocalipse:

— *Achei-me em Espírito, no **Dia do Senhor** (...)*

significa que se colocou na posição ideal para ser instrumento da Profecia, livre do castrador conceito terrestre de espaço e tempo. Alçou-se ao patamar em que se encontram os Espíritos Elevados que, por isso, podem profetizar com acerto. Os intérpretes, quando erram ao apontar datas, fatos, devido às contingências humanas, particulares ou coletivas, fazem-no porque não se colocam no **campo neutro de Espaço e Tempo de Deus**, o **Dia do Senhor**.

É preciso situar-se na posição equidistante do Cristo

Zarur trouxe a Doutrina do Centro Espiritual Universalista, o CEU da Religião de Deus, do Cristo e do Espírito Santo[1] para que nos acostumemos à **posição equidistante, que é a de Nosso Senhor Jesus Cristo**. Assim, estaremos libertos de grilhetas mentais quando nos colocarmos nessa faixa imparcial, neutral, transcendente do Cristo, que é a circunstância espiritualmente perfeita: **acima de espaço e tempo humanamente compreendidos**. Vivendo essa condição, nos livraremos do sectarismo, do fanatismo, do egoísmo e de outros "ismos" que prejudicam o ser humano. Aí, sim, estaremos situados no campo do Ecumenismo Total que liga Céu e Terra[2], para entender o Apocalipse de Jesus.

Convido-os todos, pois, a entrar desse modo ideal na vibração da Profecia, no **Dia do Senhor**, que é **a integração no Espaço-Tempo Universal**[3].

---

1 **Centro Espiritual Universalista, o CEU da Religião de Deus, do Cristo e do Espírito Santo** — Proclamado pelo saudoso Irmão Zarur a 5 de outubro de 1969, no Rio de Janeiro/RJ. *Vide* o segundo volume da coleção *Sagradas Diretrizes Espirituais da Religião de Deus, do Cristo e do Espírito Santo* (1990).

2 **Ligar Céu e Terra** — Sugerimos a leitura de "Quanto à abrangente missão do Templo da Boa Vontade", no segundo volume das *Sagradas Diretrizes Espirituais da Religião de Deus, do Cristo e do Espírito Santo* (1990).

3 **Espaço-Tempo Universal** — O escritor Paiva Netto, em diversas obras e artigos de sua autoria, explanou acerca da natureza divina do Espaço-Tempo. Leia, por exemplo, o capítulo "A questão espiritual do

Moisés e a Lei do Sétimo Dia[4]

Quando Moisés, no Antigo Testamento, revelou que ao sétimo dia Deus descansou

> — *Tendo Deus terminado no sétimo dia a obra que tinha feito, descansou do seu trabalho* (Gênesis, 2:2) —,

assim o fez com o intuito de ensinar aos hebreus o respeito a, pelo menos, um período determinado para sossego próprio e dos seus servos, escravos, animais e o solo, também, tendo em vista a necessidade de reservarem um dia de dedicação a Deus, às coisas espirituais. E esse exemplo vale para todos, porquanto o ser humano não é uma máquina para ser explorada à exaustão. Não foi à toa que Jesus alertou:

> — *Está escrito: Nem só de pão vive o homem, mas de toda a Palavra que provém de Deus*[5] (Evangelho, segundo Mateus, 4:4).

---

tempo", do livro *Jesus, o Profeta Divino* (2011), e "Jesus, a Teoria DE Tudo e a Teoria DO Tudo (I e II)", constante de *Jesus, a Dor e a origem de Sua Autoridade — O Poder do Cristo em nós* (2014).

[4] **O CEU e a Lei do Sétimo Dia** — Aconselhamos a leitura do Quarto Mandamento da Lei de Deus, explicado pelo Centro Espiritual Universalista, o CEU da Religião de Deus, do Cristo e do Espírito Santo, em *A Bíblia para o Povo* (1988).

[5] ***"Nem só de pão vive o homem"*** — Jesus faz referência ao quinto livro do Pentateuco, Deuteronômio, 8:3, no qual Moisés registrou: *"e*

No caso da terra arável, o descanso servia para que ela não perdesse a fertilidade e se dava no sétimo ano. Moisés, o Grande Líder e Profeta, era extremamente intuído por Espíritos de Luz, Anjos de Deus, e sua forma de pregar buscava amplamente atender às necessidades materiais daquele povo que estava sob seus cuidados espirituais, recém-liberto da escravidão do Egito. **Ademais, todo verdadeiro benefício é realmente inspirado pelo Pai-Mãe Celestial.** Dessa maneira, fortaleceu-se junto ao povo hebreu, que era, segundo nos informa o Antigo Testamento, de dura cerviz, como até hoje ocorre com qualquer sociedade que, podendo realizar muitas coisas por meios solidários, só o faz a duras penas, depois de levar sua gente ao desespero.

Juízo Final e Dia do Senhor

O **Dia do Juízo Final** tem também de ser entendido dentro da perspectiva do Dia do Senhor, ou seja, nossa integração em Deus e Suas Leis Universais. Somente estando nessa posição transcendente, acima de Espaço e Tempo, poderemos sentir quando se inicia **o Dia do Juízo Final**, que é a etapa mais intensa do julgamento derradeiro desta humanidade (já houve outros ***Juízos Finais***). Esse evento não estático, pois sempre esteve

---

[o Senhor] *te sustentou com o maná, que tu não conhecias, nem teus pais o conheciam, para te dar a entender que* ***nem só de pão viverá o homem, mas de tudo o que procede da boca do Senhor*** *viverá o homem".*

ocorrendo, vai ter um ápice, que podemos identificar como o **Dia do Juízo Final**. Quando? **Será resultado matemático das boas e das más ações humanas**, cujas consequências flagrantes andamos vendo no clima, na alimentação e na água envenenadas por toxinas, na economia ainda fortemente regida por todas as formas de ganância, que retardam, quando não impedem, o progresso dos países. Vejam-se os constantes investimentos de determinadas nações em sistemas de armas de todos os tipos, incluídas as nucleares: ultrapassam a casa dos bilhões de dólares. E não estão sozinhas nesse delírio destrutivo e autodestrutivo. Várias outras gastam altas somas com a indústria da guerra, comprometendo o orçamento que deveria destinar-se ao bom desenvolver da sociedade. **Os construtores do Juízo Final somos nós, toda vez que desprezamos as Leis do Amor, desencadeando a invasão do ódio.** Por isso, devemos dar a justa atenção ao alerta que nos deixou o Discípulo Amado, João Evangelista, na sua Primeira Epístola, 4:16 a 18:

> 16 *E nós temos reconhecido o Amor de Deus por nós, e Nele cremos.* ***Deus é Amor****: aquele que permanece no Amor permanece em Deus, e Deus nele.*
> 17 *Nisto consiste a perfeição do Amor em nós: que tenhamos plena confiança no dia do Julgamento, porque tal qual Ele é também somos nós neste mundo.*

[18] No Amor não existe medo; antes, o perfeito Amor lança fora o medo. Ora, o medo produz tormento; logo, aquele que teme não é aperfeiçoado no Amor.

Mistério Revelado

O Apocalipse não pode jamais ser compreendido como uma loteria, pois esse tipo de raciocínio não se coaduna com a missão seriíssima e elevada do Livro das Profecias Finais. Como já afirmei tantas vezes, ele não é mistério, a não ser que seja um **mistério revelado**, consoante vemos no versículo sétimo do seu décimo capítulo que diz:

— *Mas nos dias da voz do Sétimo Anjo, quando ele estiver para tocar a trombeta, cumprir-se-á então o* ***mistério de Deus****, conforme Ele anunciou aos Seus servos, os Profetas.*

Ora, o Apocalipse tem uma mensagem espiritual, moral e social extraordinária, mas, para entendê-lo, o primeiro passo é compreender o que é o **Dia do Senhor**, citado por João Evangelista no versículo décimo do seu primeiro capítulo. Então, integrados nesse sublime estado de elevação espiritual, cujo exemplo maior temos no Cristo de Deus — *"Eu e o Pai SOMOS UM"* (Boa Nova, conforme João, 10:30) —, atingiremos o pleno entendimento de que o **Mistério de Deus por Jesus Cristo revelado é o Amor!**

O Juízo Final é o Dia do Senhor manifestado no plano histórico-temporal

Há quem diga que o Dia do Senhor é o Dia do Juízo Final. Embora essa interpretação não seja de todo errônea, o significado mais profundo da expressão **Dia do Senhor é a integração perfeita no Espírito Divino**. Nessa condição, somos Espaço-Tempo de Deus a nos tornarmos a própria Profecia, algo que preocupa toda a humanidade, mesmo quando finge desinteresse, tantas vezes alimentado por intérpretes desatentos do mecanismo sutil que a comanda.

E por que é fundamental essa comunhão plena no Dia do Senhor e ser a Profecia em si? É simples de entender: não almejamos alcançar independência, autonomia e sermos protagonistas dos nossos destinos? Como faremos isso se não conhecermos as Leis Universais que regem os mecanismos de causa e efeito, sintetizando passado, presente e futuro? Fazer-se a Profecia não é um jogo adivinhatório. É, acima de tudo, uma **postura ético-espiritual elevadíssima**, a fim de manifestarmos o Testemunho de Jesus por meio da prática das Boas Obras, eliminando gradativamente de nossos Espíritos a ignorância e o erro que ainda nos acompanham.

Dessa forma, seremos medianeiros entre o Espaço-Tempo de Deus e o espaço-tempo humano, com o mais profundo domínio do uso do livre-arbítrio, que exige de todos nós extrema responsabilidade. Porque **não importa o local onde estamos ou o tempo em que vivemos, mas, sim, a frequência espiritual em que permanecemos a qualquer hora, dia e lugar. Somos todos Profetas! Por isso, Sintonia Tríplice com Jesus: Bom Pensamento, Boa Palavra e Boa Ação!**[6] Finalmente, saberemos quem somos, de onde viemos, o que estamos fazendo aqui e para onde iremos, enfim, nosso propósito, sob a proteção do Pai Celestial.

Vejamos o Apocalipse, 1:9 e 10:

> *9 Eu, João, irmão vosso e companheiro na tribulação, no reino e na perseverança, em Jesus, encontrei-me na ilha chamada Patmos, por causa da Palavra de Deus e do Testemunho de Jesus Cristo.*
> *10 Achei-me em Espírito, no Dia do Senhor, e ouvi por detrás de mim uma grande voz como de trombeta.*

Aos que afirmam, pois, que o Dia do Senhor é unicamente o do Juízo Final, como explicar que João, há dois mil anos, se encontrava já nessa condição?! Mes-

---

6 **Bom Pensamento, Palavra e Ação** — Leia "As Sete Campanhas", da qual fazem parte a Campanha do Bom Pensamento, a Campanha da Boa Palavra e a Campanha da Boa Ação, no primeiro volume das *Sagradas Diretrizes Espirituais da Religião de Deus, do Cristo e do Espírito Santo* (1987). Elas integram as 21 Chaves Iniciáticas da Religião do Terceiro Milênio e são basilares para o desenvolvimento de qualquer iniciativa na Terra e no Céu.

mo sendo o Dia do Juízo um acontecimento dinâmico, conforme temos elucidado na pregação de "O Apocalipse de Jesus para os Simples de Coração", existe aquele instante em que todos serão reunidos — em Espírito ou na forma corpórea — para receber *"de acordo com as suas próprias obras"* (Boa Nova, consoante Mateus, 16:27). Se entrarmos no Dia do Senhor, que, de certa forma, podemos comparar ao que os orientais chamam de *Samádi*, saberemos identificar **o Dia do Juízo Final**, que **é o próprio Dia do Senhor manifestado no plano histórico-temporal.**

Quem não se livrar da limitada noção humana sobre pressupostos tão importantes nunca entenderá o Apocalipse, pois para nós o tempo passa, mas para Deus o TEMPO É. E o Livro das Profecias Finais foi colhido por João nas dimensões de Espaço e Tempo Divinos.

Nós somos a Profecia

Vivemos uma época de muita confusão. As massas, por conseguinte, estão desorientadas. **O papel da Religião de Deus, do Cristo e do Espírito Santo é dar-lhes um norte. Ela veio para evangelizar e *apocaliptizar* as multidões. Esse é o seu trabalho principal.** O demais será consequência. Jesus afirma no Sermão da Montanha:

> — *Buscai primeiramente o Reino de Deus e Sua Justiça, e todas as coisas materiais* [portanto, humanas e sociais] *vos serão acrescentadas* (Boa Nova, segundo Mateus, 6:33).

Evangelizemos e *apocaliptizemos* as massas, e o resultado virá na Política de Deus, Política para o Espírito Eterno do ser humano. **O nosso norte é Jesus!**

Somos todos Profetas

Na realidade, todos somos Profetas.

Não se pode brincar com os dons espirituais cujos fundamentos estão na Bíblia. Quem quiser desenvolvê-los e educá-los leia o Livro Sagrado, mas em Espírito e Verdade, à luz do Mandamento Novo do Cristo — *"Amai-vos como Eu vos amei. Somente assim podereis ser reconhecidos como meus discípulos, se tiverdes o mesmo Amor uns pelos outros"* (Evangelho, segundo João, 13:34 e 35) —, de modo a reformar-se e usar devidamente os carismas que são do Espírito. Por oportuno, neste ponto, cabe lembrar que tais poderes são intrínsecos ao ser humano. Tanto que as religiões no planeta geralmente nascem dos chamados fenômenos sobrenaturais, apesar de todo o pensamento retrocessivo que se tem levantado contra a sua existência.

É necessária a integração no **Dia do Senhor** (Apocalipse, 1:10), estado psíquico-espiritual de conformidade com o Espaço-Tempo de Deus. Então, **nós mesmos seremos Espaço e Tempo Divinos, a própria Profecia, que é Deus em nós, *"o Testemunho de Jesus"***, como está grafado no Apocalipse, 19:10:

> *— (...) o Testemunho de Jesus, o Cristo, é o espírito de profecia.*

O Mundo Invisível é invisível, mas existe

No livro Êxodo, de Moisés, 15:11, podemos ler:

— *Quem é semelhante a Ti, ó Senhor, entre os deuses!* [Espíritos muito evoluídos][1].

Ora, **o mundo (ainda) invisível é uma realidade**. Nele se encontram Jesus e Sua Divina Corte, com quem devemos confraternizar para de lá trazermos os ensinamentos que precisamos para sobreviver. Esse é, por sinal, o magno propósito da Religião do Terceiro Milênio, antecipado no Templo da Boa Vontade, o Templo do Ecumenismo Total, em Brasília/DF, Brasil, cuja esplêndida tarefa registrei no capítulo "Quanto à abrangente missão do Templo da Boa Vontade", constante do volume segundo das *Sagradas Diretrizes Espirituais da Religião de Deus, do Cristo e do Espírito Santo* (1990). Lá, eu afirmo:

Permear os dois mundos

Conscientes de que a existência do Plano Espiritual é uma realidade objetiva, com esse trabalho realizado pelo Templo do Ecumenismo Divino e o Parlamento Mundial da Fraternidade Ecumênica (o ParlaMundi da LBV), queremos permear o mundo material-religioso com o Mundo **Espiritual**-religioso, o mundo

[1] **Deuses e Espíritos** — *Vide* explicação nos subtítulos: "Espíritos confundidos com Deus" e "Anjos — Espíritos de Luz", do segundo volume das *Sagradas Diretrizes Espirituais da Religião de Deus, do Cristo e do Espírito Santo* (1990), de autoria de Paiva Netto.

material-político com o Mundo **Espiritual**-político, o mundo material-econômico com o Mundo **Espiritual**-econômico, o mundo material-científico com o Mundo **Espiritual**-científico, o mundo material-filosófico com o Mundo **Espiritual**-filosófico, o mundo material artístico com o Mundo **Espiritual**-artístico, o mundo material-esportivo com o Mundo **Espiritual**-esportivo e assim por diante.

União consciente das Duas Humanidades

Quero destacar que este relacionamento que estamos propondo entre os Planos Visível e Invisível deve ser feito com o Mundo Espiritual Superior e não com as regiões umbralinas, infernais, evidentemente, onde gravitam Almas em estado de profunda perturbação, recebendo urgentes e necessários corretivos da Lei Divina; portanto, inabilitadas para ajudar os que habitam a Terra. (...)

O Mundo Espiritual não é uma abstração

Quais as consequências, por exemplo, de um parlamentar realmente compreender que há vida após a morte do corpo físico? E, ainda mais, reconhecer que existem, na Dimensão Espiritual, políticos capacitados a inspirar-lhe grandes decisões, sem lhe tolher o livre-arbítrio, pois o relacionamento será consciente. E, da mesma forma, para religiosos, filósofos, cientistas, economistas, artistas, esportistas, operários, donas e donos de casa, professores e professoras, médicas e médicos, enfermeiras e enfermeiros, bombeiros, motoristas, taxistas, garis, entre outros.

O Mundo Espiritual não é uma abstração. Há vida inteligente cá e lá. E, como cá, lá habitam Espíritos em várias condições evolutivas. Nem todos são de Luz. A presença dos Espíritos elevados, a todos auxiliando como Anjos da Guarda, dependerá de bons pensamentos e da forma correta de agir. Por isso, é imprescindível, para não cair em tentação, orar e vigiar sempre, como ensinou Jesus (Evangelho, segundo **Marcos**, 14:38).

Evangelista Marcos

No Templo da Boa Vontade (TBV), a Sede Espiritual da Religião de Deus, do Cristo e do Espírito Santo, eles não irão fazer suas orações movidos por fé cega, mas, sim, pela convicção plena de que o exercício da prece vai prepará-los, colocando-os em sintonia com o Governo Invisível da Terra, para melhor atuar em cada um desses campos de vida espiritual-humana, transformando o mundo, de acordo com a Soberana Vontade de Deus, que a tudo dirige. Deus que é Onipotente, Onisciente, Onipresente e Onidirigente.

Irão, pois, ao Templo da Boa Vontade e ao Parlamento Mundial da Fraternidade Ecumênica, o ParlaMundi da LBV, para, por força do Espírito, desenvolver seus talentos. Porque, afinal de contas, **somos todos nós o**

Capital de Deus, que deve ser valorizado, levando-se em conta a Sabedoria Celeste.

Não se pode brincar com os dons espirituais cujos fundamentos estão na Bíblia. Quem quiser desenvolvê-los e educá-los leia o Livro Sagrado, mas em Espírito e Verdade, à Luz do Mandamento Novo do Cristo — *"Amai-vos como Eu vos amei. Somente assim podereis ser reconhecidos como meus discípulos, se tiverdes o mesmo Amor uns pelos outros"* (Evangelho, segundo João, 13:34 e 35) —, de modo a reformar-se e usar devidamente os carismas que são do Espírito.

As fronteiras vibracionais do Universo

Em 21 de dezembro de 1981, em Porto Alegre/RS, Brasil, proferi um discurso, de improviso, quando proclamei a Decodificação do *Pai-Nosso*. Na ocasião, argumentei:

Eis uma pequena demonstração de que a Ciência humana, a despeito dos respeitáveis esforços de tantos abnegados idealistas, encontra-se no início de sua brilhante trajetória, apesar do extraordinário progresso a que nos tem conduzido: o justificado deslumbramento de suas mais importantes figuras ante a restrita parcela do Cosmos que se vê. Mas e diante da imensidade que não se enxerga, que não se descobriu ainda?... Não aludimos apenas ao Universo físico, com suas galáxias, que é algo realmente de assombrar: só a Via Láctea, da qual fazemos parte, abarca bilhões de estrelas... É incrível a sua abrangência!... E os mais poderosos telescópios e radiotelescópios alcançam a mínima parte deste Universo físico. Os seres humanos, e mesmo os invisíveis de razoável elevação espiritual — pois estes são muitos no Outro Lado da Vida —, ficam do mesmo modo fascinados, com muita razão... Entretanto, e a amplitude que ainda não perlustramos? Aqui está a filigrana: quando arguimos o que falta desbravar, não estamos unicamente nos referindo à composição material dos corpos celestes que vagam pelo Espaço, essa enormidade que os maiores cientistas não puderam, até o presente momento, pesquisar nem sequer enxergar o todo[1]. Falamos também do **UNIVERSO INVISÍVEL**, ultradimensional, onde as Almas residem, que, no estágio evolutivo da civilização contemporânea, não pôde, por ora, ser devidamente percebido pelos olhos somáticos nem acreditado, em boa parte, pela Ciência terrestre. E o mais surpreendente: nem por alguns religiosos que pregam a Vida Eterna. Todavia, quando diversos pioneiros começam a analisar

Esopo

e estudar as possíveis dimensões em que habitam os Espíritos, há quem procure depreciar sua labuta. Na verdade, temem avançar na direção descortinada pelos precursores. De certa forma, é como na fábula de **Esopo** (aprox. 620-564 a.C.):

[1] **Nota de Paiva Netto**
Cerca de 95% da estrutura do Universo ainda é uma incógnita para a atual Física. Não se sabe o que seria a energia escura, responsável pela aceleração do Universo, e a matéria escura, que reveste o interior das galáxias.

Vulpes et uva[2]. O teólogo e filósofo britânico **William Paley** (1743-1805) acertou quando definiu que

> — *Há um princípio que é utilizado como uma barreira contra qualquer informação, como prova contra qualquer tipo de argumento. Esse princípio nunca pode falhar, de modo a manter a humanidade numa ignorância contínua e perpétua. Esse princípio chama-se: condenar antes de investigar.*

A Ciência convencional terá de ser reapreciada para absorver os muitos dados novos coligidos pela Ciência de ponta. Além disso, terá de incluir também nas novidades **o reconhecimento do Mundo Espiritual**, não como resultado de químicas cerebrais que excitariam a mente humana na região do ilusório, pois essa conclusão é muito cômoda, contudo como realidade pluridimensional, onde existe o prolongamento da vida consciente e ativa do Ser, nas esferas ainda invisíveis ao sentido visório.

Depois de muito meditar sobre essa questão das dimensões materiais do Universo (até hoje os astrônomos

---

[2] ***Vulpes et uva* (A raposa e as uvas)** — A famosa fábula de Esopo conta a história da raposa que, não podendo alcançar as almejadas uvas, pois estas se encontravam muito altas, as acusa de estarem verdes, embora estivessem maduras.

debatem e se batem sem chegar a uma conclusão decisiva, ignorando a origem espiritual do Cosmos), certa feita, observei: Meu Deus, cogita-se de grandeza, dimensão, distância **FÍSICAS**... No entanto, os limites do Universo podem igualmente ser **VIBRACIONAIS**... O ser humano falece, o corpo fica... O Espírito (ou como o queiram chamar), que não pode ser reduzido ao território da mente, migra para outro Universo ou outros Universos, que não se veem... É um desafio lançado à mesa da discussão. **A Ciência, em seus elevados termos, *a posteriori* comprova o que a Religião, de maneira intuitiva, bem antes percebera. A primeira conceitua; a segunda ilumina, quando realmente Religião e nunca reserva de tabus e preconceitos.** Afinal, **a Intuição**[3], conforme afirmamos, é sempre mais rápida que a razão humana, por se tratar do efeito da Razão Divina em cada criatura. É a Inteligência de Deus em nós.

Na trilha desse instigante assunto acerca dos limites vibracionais do Espaço, registrei a seguinte ponderação no meu ensaio literário ***Ciência de Deus:*** o Universo possui **esferas ainda invisíveis,** que, em termos filosóficos, podem ser **sobrepostas, não apenas paralelas**. E quanto mais o Cosmos há de nos reservar?

---

[3] **Nota de Paiva Netto**

A Intuição — Leia "Einstein e Intuição", no terceiro volume das *Sagradas Diretrizes Espirituais da Religião de Deus, do Cristo e do Espírito Santo* (1991).

ADENDO

O apanágio da Ciência é ser revista constantemente

Em *Jesus e a Cidadania do Espírito* (2001), afirmo que **ser constantemente revista é o grande apanágio da Ciência**, o sinete de sua amplitude, a segurança do seu desenvolvimento, o qual tem elevado a novos estágios a humanidade. (...)

Faço a todos o convite para que também leiam *Os mortos não morrem* (2018). Nele, pude apresentar o trabalho de inúmeros vanguardeiros que ousaram seriamente investigar o Espírito. Logo, estão a trilhar os caminhos que nos levam à origem da Profecia: o Mundo Espiritual Superior.

É com satisfação que observo esse competente idealismo realizador prosperar, no transcorrer das décadas, gerando frutos de sabedoria e exemplos de concórdia. Como é o caso do **Fórum Mundial Espírito e Ciência, da LBV**, que tive a honra de criar no ano 2000 e tem sido o ambiente ideal para o diálogo fraterno entre Ciência e Religião, desde sua primeira edição realizada entre os dias 18 e 21 de outubro daquele ano, no Parlamento Mundial da Fraternidade Ecumênica, o ParlaMundi da LBV, em Brasília/DF, debatendo o tema "Ciência e Fé na trilha do equilíbrio". Na ocasião, reuniu, de forma pioneira, inúmeros cientistas, religiosos, pesquisadores e estudiosos, do Brasil e do exterior, para apresentarem suas visões acerca do possível e necessário intercâmbio entre os campos do saber, imprescindíveis para a decifração das Profecias de Deus. Diante do sucesso e da grande repercussão alcançada por essa iniciativa, o Fórum tornou-se uma atividade permanente[4].

A Ciência convencional terá de ser reapreciada para absorver os muitos dados novos coligidos pela Ciência de ponta. Além disso, terá de incluir também nas novidades o reconhecimento do Mundo Espiritual, não como resultado de químicas cerebrais que excitariam a mente humana na região do ilusório, pois essa conclusão é muito cômoda, contudo como realidade pluridimensional, onde existe o prolongamento da vida consciente e ativa do Ser, nas esferas ainda invisíveis ao sentido visório.

---

[4] **Fórum Mundial Espírito e Ciência, da LBV** — Saiba mais sobre o Fórum acessando www.ForumEspiritoeCiencia.org

Profecia não depende de calendário

Desenvolvamos a nossa intuição, não somente porque o Juízo Final estaria às portas, como os guerreiros sarracenos estiveram, em 1453, derrubando as muralhas de Constantinopla, e todos compreenderão que, pelo Calendário Divino, o terceiro milênio ideal inicia-se no Apocalipse quando surge a Nova Jerusalém, profetizada na Revelação de Jesus, 21:2. Não significa, forçosamente, que será em 1º de janeiro de 2001, do calendário gregoriano (estávamos no ano de 1991).

O Calendário de Deus é a Profecia, cujas datas são estabelecidas em Espaço e Tempo Divinos, em refinada sintonia com os atos dos seres humanos.

Nostradamus, Eclipse de agosto de 1999 etc.

Nostradamus

Como falei aqui em Calendário de Deus e Profecias, vem-me à lembrança previsão de **Michel de Nostradamus** (1503-1566)

referente a fatos que, segundo ele, deveriam ocorrer nos anos 1999 e 2000 (concentração de planetas no signo de Touro, em maio) do calendário estabelecido pelo papa **Gregório XIII** (1502-1585), que dirigiu a Igreja Católica no período de 1572 a 1585.

Fala Nostradamus:

— *No ano de 1999, no sétimo mês (julho, no calendário juliano, mas agosto, no gregoriano), do céu virá um grande Rei de terror ressuscitar o grande Rei d'Angoulmois; mas, antes e depois, Marte dará felicidade às armas ocidentais.*

Na *Carta a Henrique II*, diz:

— *E a um eclipse do Sol (11 de agosto de 1999) sucederá o mais escuro e o mais tenebroso verão, que jamais aconteceu, desde a criação do mundo até a paixão e morte de Nosso Senhor Jesus Cristo, e de lá até esse dia, e isto acontecerá no mês de outubro, quando uma grande translação ocorrerá com tamanha intensidade que os homens crerão ter a Terra sido projetada fora de sua órbita e precipitada em escuridões perenes.*

Na carta a seu filho **César**:

> *— (...) os homens que vierem depois, conhecendo os acontecimentos profetizados que se realizaram infalivelmente, (...) compreenderão os que faltam acontecer. Nesse tempo entenderão tudo, porém apenas quando advir a época em que a ignorância deverá desaparecer.*

Como está registrado na página 73 do segundo volume de *O Brasil e o Apocalipse* (1985)[1], *"(...) não recomendamos sem reservas a leitura das previsões de Nostradamus"*, inclusive porque ele próprio adverte aos seus futuros (e às vezes nebulosos) analistas, na carta a seu filho César, que o texto *"em prosa clara e em ordem cronológica"* de suas profecias *"só será encontrado nos últimos tempos"*. Até hoje isso não se verificou.

Fazemos aqui pequena referência às famosas páginas do vidente francês, tendo em vista o ardoroso interesse que existe em torno dos seus escritos e a proximidade das datas (1999 e 2000) dos fatos anteriormente referidos, cuja veracidade poderá ser conferida em breve tempo (lembramos que a primeira edição de *Somos todos Profetas* data de 1991), se o

---

1 ***O Brasil e o Apocalipse*** — Coleção de autoria de Paiva Netto.

período citado por Nostradamus corresponder ao calendário de que a maioria, no Ocidente, se vale.

No entanto, nunca devemos nos esquecer de que **o Apocalipse é mais importante que as profecias do mestre de Salon**[2].

ADENDO

Quanto a previsões humanas e Profecias

Em *Apocalipse sem Medo* (2000), escrevi: quantas coisas são previstas pelos seres humanos e não ocorrem! Pelo menos na forma como eram esperadas... E não podemos confundir previsões humanas com Profecias de Deus. Essas sempre se realizam:

> — *Nem um til do que foi profetizado deixará de se cumprir* (Evangelho de Jesus, segundo Mateus, 5:18).

É, portanto, essencial estabelecer essa diferenciação. Os seres humanos possuem a capacidade de antever fatos ou eventos. A Ciência vem estudando esse fenômeno e um dia o comprovará. No entanto, os vaticínios humanos, por surgirem de pessoas

---

2 **Salon** — Cidade francesa onde Nostradamus viveu.

também compostas por suas falhas, podem vir a não acontecer. A Profecia é algo muito mais sério, pois se trata da expressão de Deus dialogando com Seus filhos, por intermédio de instrumentos que Ele escolhe, sem pedir licença a quem quer que seja. Por isso, muitas vezes manifesta-se em indivíduos de instrução mínima e eles falam vitoriosamente. Quer dizer, com as palavras mais puras, colocação de ideias de maneira corretíssima. E sempre, é claro, com aquele tônus de provocar o espírito humano curioso, porque senão a pessoa se desinteressa. Um bom escritor, um experiente novelista certamente insere no enredo aquele ponto para quem lê, assiste, ou ouve, indagar-se a si mesma ou a si mesmo: — *"O que será que vem depois, hein?"* Ora, se estes fazem isso, por que Deus não o faria? As pessoas agem com intenção humana e, muitas vezes, lamentavelmente utilizam-se desse recurso para promover a perdição de seus semelhantes. Porém, Deus procede com intenção divina, Seu objetivo é a salvação de todos.

Durante a popular série radiofônica "O Apocalipse de Jesus para os Simples de Coração", em 12 de junho de 1991, expliquei que a Profecia não é uma loteria, muito menos um jogo de azar ou uma brincadeira. Se alguém quiser saber o que vai se dar, sem curiosidades levianas ou mórbidas, deve entrar na vibração do Dia do Senhor para entender o que está sendo revelado. Perceberá que se trata do relato de Deus antecipado quanto ao que há de ocorrer conosco. **A Profecia é o resultado da Lei Divina aplicada à humanidade, é a História em marcha.** Nós somos os atores, mas não de uma coisa fictícia, pois nós é que construímos as nossas existências dentro das determinações sublimes. Há Leis Espirituais e elas têm de ser respeitadas. Se as transgredirmos, sofreremos as consequências da violência que praticamos contra os Estatutos Universais. Diante deles somos o quê? Pigmeuzinhos.

A Profecia, podemos dizer, **é a Constituição dos Mundos. Feriu a Lei, a sanção tem que ocorrer. Seguiu a Lei, seus benefícios se farão presentes**. A Profecia é simplesmente o cumprimento da Lei Divina segundo o comportamento das criaturas espirituais e humanas de todo o Universo.

Antigo calendário sumério

O Calendário de Deus é a Profecia, cujas datas são estabelecidas em Espaço e Tempo Divinos, em refinada sintonia com os atos dos seres humanos.

As Seis *Irmãs* e a Terceira Guerra Mundial

Partes de 1 a 3

A guerra é a liberação das paixões humanas

Há décadas, portanto, antes da dissolução do Estado iugoslavo[1], que veio a resultar nas tristes guerras que vocês conhecem, um amigo de origem europeia de meu pai, **Bruno Simões de Paiva**[2], falou-nos a respeito de uma previsão sobre a possibilidade, já naquela época, de uma Terceira Guerra Mundial. Vou passar a vocês, conforme ele nos contou, à guisa de ilustração:

Bruno Simões de Paiva

— *No dia em que as **seis irmãs** puserem os pés no Mar Adriático, a Terceira Guerra Mundial poderá vir por perto.*

---

1 **Estado iugoslavo** — Formado após o término da Segunda Guerra Mundial, em 1945, foi se dissolvendo a partir do fim da Guerra Fria, em 1991.

2 **Bruno Simões de Paiva** (1911-2000).

Ora, as *seis irmãs*[3] são uma possível referência à antiga Iugoslávia, mantida coesa por tantos anos nos tempos de **Josip Broz** (1892-1980) ou, simplesmente, Tito, como se tornou conhecido.

É assunto para se pensar e se precatar, mesmo, a respeito dele. Não se trata de brincadeira, mas de cruéis bombardeios, fome, desabrigo, crianças ficando órfãs, viuvez, chacinas de todos os modos, limpezas étnicas e muitas outras barbaridades que não nos honram como civilização. Ora, se infelizmente a guerra quente vier, a ex-Iugoslávia e o Kosovo[4] serão lá, aqui e acolá, em qualquer parte. Um quadro dantesco. Uma *"arte"* que não nos apetece ver.

Papa João Paulo II

"O perigo é real", certa vez alertou Sua Santidade **João Paulo II**[5]. E ainda **continua sendo** assim.

---

[3] ***Seis irmãs*** — Referência às seis antigas repúblicas socialistas que constituíam a Iugoslávia: Bósnia e Herzegovina, Croácia, Macedônia, Montenegro, Eslovênia e Sérvia. A Sérvia continha ainda duas províncias autônomas, Voivodina e Kosovo. Essa última proclamou a sua independência em 2008, mas seu reconhecimento enquanto país é limitado.

[4] ***"O caminho da LBV é a Paz"*** — Esse pensamento de Paiva Netto resume para que lado apontam as velas da Instituição. Em 1999, durante a Guerra do Kosovo, a Legião da Boa Vontade (LBV) de Portugal mobilizou o povo lusitano, a fim de socorrer os kosovares que, em consequência da guerra, emigraram para países vizinhos. No final de abril, refugiados acolhidos na cidade de Skopje, capital da Macedônia, receberam os resultados dessa corrente de Boa Vontade e Solidariedade: toneladas de alimentos e milhares de peças entre cobertores, roupas e calçados.

[5] **Papa João Paulo II** (1920-2005).

— *O bater do leite produz manteiga; o torcer do nariz, sangue; provocar a ira promove a guerra* (Provérbios, 30:33).

A guerra vista pelo prisma espiritual (Apocalipse, 16:16) é a liberação das paixões humanas inferiores (Apocalipse, capítulos 6 e 8 — Os Selos), que eclodem como num vulcão em revolta. Esse fenômeno geológico, telúrico, também se dá nas Almas, daí os conflitos. Só o Cristo, com Sua sapientíssima influência, pode apaziguar os corações humanos pertinazes no ódio.

Por isso, é forçoso concluir que os líderes sanguinários são projeção do ódio humano desenfreado, fruto da ignorância das Leis Espirituais que regem os mundos. A humanidade, quando o planta, ou permite que um ou mais loucos o façam, forçosamente o colherá.

No editorial do *Jornal da LBV* nº 22, de junho de 1985, e na sessão solene da Assembleia Legislativa do Estado de São Paulo de 30 de setembro de 1985, quando recebi o Título de Cidadão Paulista, assim me pronunciei:

A Obra Máxima e o Armagedom

Você já imaginou o que ocorrerá com as nações e a economia do planeta, se a humanidade provocar o Armagedom? O bom senso aconselha que se pense nisso, porque, de **uma sociedade que já deflagrou duas**

guerras mundiais[6], pode irromper uma terceira. É preciso, sem pavores, ir preparando o povo (para essa possibilidade que não desejamos ver realizada). Como ensinava o renomado médico sanitarista **Oswaldo Cruz** (1872-1917):

Oswaldo Cruz

— *Não esmorecer para não desmerecer.*

Augusto Comte

E, como pregava o pai do positivismo **Augusto Comte** (1798-1857):

— *Saber para prever, prever para prover.*

Não podemos esquecer que o ser humano é a Obra Máxima da Criação. Portanto, deve ser defendida e ensinada a se proteger.

Armagedom – Terceira Guerra Mundial

É a guerra, no dizer de Zarur, *"total e final"*, que, esperamos, nunca aconteça! Entretanto, se houver, nação nenhuma ficará neutra. Agora mesmo, como está o mundo, com a queda das fronteiras, não mais existe nação livre dos Armagedons da expansão das drogas, da violência, do desfazimento de famílias, da economia predatória e por aí vai (...).

[6] Publicado também na *Folha de S.Paulo*, em 21 de setembro de 1986.

Se o próximo e último Armagedom ocorrer, obviamente afetará todo o planeta. Ninguém ficará incólume. Será o fim desta **civilização incivilizada**. Que outro nome vocês sugerem para ela?!

No Apocalipse, **Deus não está cruelmente punindo** os povos, como pretendem certos açodados. **O Armagedom é** simplesmente **a precisa vindima de uma sementeira irresponsável**.

A guerra vista pelo prisma espiritual (Apocalipse, 16:16) é a liberação das paixões humanas inferiores (Apocalipse, capítulos 6 e 8 — Os Selos), que eclodem como num vulcão em revolta. Esse fenômeno geológico, telúrico, também se dá nas Almas, daí os conflitos. Só o Cristo, com Sua sapientíssima influência, pode apaziguar os corações humanos pertinazes no ódio.

O Cristo, na concepção de Warner Sallman (1892-1968).

As Seis *Irmãs* e a Terceira Guerra Mundial – parte 2

Paz: "obra intransferível de Jesus"

Disse Jesus: *"Minha Paz vos deixo, minha Paz vos dou. Eu não vos dou a paz do mundo. Eu vos dou a Paz de Deus, que o mundo não vos pode dar. Não se turbe o vosso coração nem se arreceie. Eu estarei convosco, todos os dias, até o fim dos tempos!"* (Evangelho, segundo João, 14:27; e Mateus, 28:20)

Nos momentos de tragédia, individual ou coletiva, só existe uma solução para tanta agonia: **Deus** (Aquele que é Amor). As criaturas de todas as crenças e descrenças que mantiverem o juízo de verdadeira Paz sentirão o conforto do Seu imprescindível apoio. O Santo Evangelho e o Apocalipse Redentor de Nosso Senhor Jesus Cristo, vividos à luz do **Seu Mandamento Novo** — *"Amai-vos como Eu vos amei. Somente assim* *podereis ser reconhecidos como meus discípulos"* (Evangelho, segundo João, 13:34 e 35) —, são ferramentas potentes de Harmonia; **trata-se da Lei Magna de Solidariedade**. Ela confraternizará o mundo, após o mais violento dos vômitos terrestres: o próximo e último Armagedom, **Terceiro Ai** do Apocalipse, que se encontra em pleno desenrolar, derradeira manifestação da hediondeza humana.

Como dizia Zarur, em 1974, ao comentar a 20ª Chave Bíblica da Volta Triunfal do Cristo:

> *— Nenhum homem, nenhum grupo forte, nenhum povo, nenhuma nação superpotência, comunista ou capitalista, poderá* ***estabelecer Paz*** *na Terra. Isto* ***é obra pessoal e intransferível de Jesus****. Somente o Cristo tem poder — no Céu e na Terra — para realizar essa maravilha. E Ele o fará, quando descer do alto uma pedra, cortada sem auxílio de mãos humanas, para ferir a estátua (do sonho de Nabucodonosor*[7]*) nos pés de ferro e de barro. Este acontecimento está próximo: ainda não se concretizou.*

A humanidade passará por transformações hoje inimagináveis. No meu artigo "A riqueza do Brasil está

[7] **Daniel decifra o sonho de Nabucodonosor** — Livro do Profeta Daniel, capítulo 2, Antigo Testamento da Bíblia Sagrada.

no coração do seu povo", publicado na *Folha de S.Paulo* em 27 de abril de 1986, assevero:

> Em breve, os maiores nomes do rádio, da imprensa e da TV estarão tratando do Apocalipse e do Evangelho com toda a seriedade e atenção, **convocados pelo humano instinto de sobrevivência... Assuntos que hoje frequentam as primeiras páginas poderão passar a plano secundário.** Muita coisa vai mudar no mundo inteiro.

Extraordinária Era

Vivemos uma época de espantosa transformação. Fim de século, de milênio[8], de ciclo apocalíptico, que mexe bastante com a cabeça das pessoas. Mas início de extraordinária era para a civilização, que passará a ser civilizada, pois não há outro caminho de sobrevivência.

Lamentável é que o ser humano demore tanto a entender que a sua felicidade independe, menos do que pensa, de regimes políticos, econômicos etc. Ele é que, se espiritualizando e se instruindo, traçará o seu próprio destino como Cidadão Ecumênico, na razão direta em que se integrar no Espírito Libertário de Deus, porque disse o Cristo:

[8] A primeira edição desta obra foi publicada em 1991.

— *Conhecereis a Verdade* [de Deus], *e a Verdade* [de Deus] *vos libertará* (Evangelho, segundo João, 8:32).

Nenhuma nação tornou-se forte menoscabando seus cidadãos.

Jesus é imprescindível à Terra. Os fatos comprovarão; contudo, longe de fanatismos.

A Verdade, o Amor, a Justiça, o entendimento, o equilíbrio do mundo estão dentro do ser humano. A riqueza e a miséria, também. Da mesma forma, o Armagedom. Se ele eclodir, será porque já estava explodindo no interior das criaturas há muito tempo.

Protestar contra Deus?! Reclamemos de nós mesmos e amadureçamos de verdade. É muito mais decente e com certeza mais justo.

Cristãos?!...

Jesus sempre é crucificado onde a Sua Lei de Solidariedade Universal não estiver sendo, com eficácia, cumprida. Então, por que viver eternamente culpando esse ou aquele povo, essa ou aquela pessoa, se somos todos Irmãos em humanidade? Ademais, ninguém, jamais, crucificou tanto o Cristo como os *cristãos. Cristãos?!...* Há muita gente que não carrega esse rótulo e vive muito mais perto de Jesus, cumprindo, mesmo que inconscientemente, as Palavras e Exemplos Daquele que é *"(...) o Caminho, a Verdade e a Vida"* (Evangelho, segundo João, 14:6). Esse é o amadurecimento espiritual aguardado.

Gandhi e bom humor

Gandhi

Entretanto, não quero perder o ensejo de reiterar uma coisa: amadurecer não significa tornar-se amargo, perder o bom humor. Dizia **Gandhi** (1869-1948) que, se não mantivesse a alegria no seu Espírito, não poderia suportar as suas lutas e já teria morrido há muito tempo. Guardemos a elucidativa lição do Mahatma.

Nos momentos de tragédia, individual ou coletiva, só existe uma solução para tanta agonia: Deus (Aquele que é Amor). As criaturas de todas as crenças e descrenças que mantiverem o juízo de verdadeira Paz sentirão o conforto do Seu imprescindível apoio.

As Seis *Irmãs* e a Terceira Guerra Mundial – parte 3 (final)

A Misericórdia de Deus é maior

As motivações para a guerra são os frutos maus do Espírito, enquanto permanecer na ignorância[9], agentes do carma[10] humano, atropelando a vida de

---

[9] <u>**Nota de Paiva Netto**</u>

Os frutos maus do Espírito, enquanto permanecer na ignorância — A exploração do ser humano pelo ser humano, sob qualquer aspecto, incluídos o religioso e o econômico, que mais é senão resultado da ignorância espiritual, da falência do sentimento solidário, instrumental provocador de tantas guerras?

[10] <u>**Nota de Paiva Netto**</u>

O que é carma — Entendido como Justiça Divina, em resumo, quer dizer causa e efeito, motivo e consequência. Logo, o seu carma só será mau a partir de causas ruins. Desse modo, só poderá obter resultados negativos. No entanto, se forem apropriadas, as implicações corresponderão em intensidade àquele gérmen que você tiver cultivado. Confirma o Amigo Sublime, Jesus, no Apocalipse, o que ensinou no Evangelho: — *"Eis que venho sem demora, e comigo está o galardão que tenho para retribuir a cada um* ***segundo as suas obras****"* (22:12). Como diz um mentor

acordo com a maldade ainda dominante, cujo fim do seu cruel reinado depende da ação corajosa dos que querem ver o mundo evoluir espiritual, moral e materialmente. Ao passo que, se as criaturas humanas continuarem fazendo tábula rasa dos Divinos Estatutos do Seu Criador, o progresso terrestre terá como perigoso participante o espírito de destruição, produto da cultura da avareza que desconhece fronteiras. Todavia, para os que sustentam a Fé Realizante, este conforto dos Céus, pela voz do Profeta Jeremias, no Livro das Lamentações, 3:22 e 23:

> 22 *As misericórdias do Senhor são a causa de não sermos consumidos, porque as Suas misericórdias não têm fim;*
> 23 *renovam-se cada manhã. Grande é a Sua fidelidade.*

O Armagedom já está aí

Aprendamos a respeitar a Vida, senão a deusa morte multiplicará o seu trabalho. Foi o que reafirmei em 1991, na Serra do Pilar, em Vila Nova de Gaia, Portugal, gravando o *Programa Boa Vontade*, para a Rede Bandeirantes de Televisão, do Brasil.

---

das Claridades Divinas: — *"A semeadura é livre, mas **a colheita é obrigatória**".*

Muita gente pensa que o Armagedom (Apocalipse, 16:16) se refere apenas à possibilidade de uma guerra nuclear, química, bacteriológica, cibernética. Deus nos livre disso! Mas o desrespeito à criatura humana, que nem mesmo pode defender-se no útero materno, é um Armagedom. O crime organizado é um Armagedom. O analfabetismo espiritual e material é um Armagedom. A implosão da família é um Armagedom. O avanço tecnológico sem o Espírito de Solidariedade Social é um Armagedom. O fanatismo religioso é um Armagedom. O materialismo desbragado é um Armagedom. A fome é um Armagedom. O Armagedom está à nossa mesa: os vegetais cheios de agrotóxicos, as carnes repletas de antibióticos e hormônios. O Armagedom reflete-se nas águas poluídas dos oceanos, lagos, rios e, até mesmo, fontes. Os flagelados da seca padecem um Armagedom. Sair às ruas para o serviço, o estudo ou o lazer sem a certeza de um retorno tranquilo ao lar, diante da violência e da insegurança que por toda parte hoje se manifestam, o que é isso senão um Armagedom? A falta de Amor nos corações é um Armagedom. As pessoas ficam esperando o Armagedom, e ele já está aí...

Respeito à Vida

Entretanto, todos os problemas têm solução quando os seres humanos realmente se dispõem a resolvê-los. É uma questão de respeito ao divino privilégio de existir.

Henry Ford

Por isso, aqui se encaixa como uma luva este pensamento do velho **Henry Ford** (1863-1947), que certa vez definiu a Boa Vontade *"como a maior força da vida"*:

— A coisa natural a se fazer é trabalhar, reconhecer que a prosperidade e a felicidade só podem ser obtidas por meio de esforço honesto. Os males humanos decorrem, em grande parte, da tentativa de escapar desse curso natural. Não tenho nenhuma sugestão que vá além de aceitar plenamente esse princípio da natureza.

A missão dos colossos "ateus"

A LBV *"coloca o Brasil na vanguarda do mundo"*, segundo a conclusão do filósofo e sociólogo italiano Pietro Ubaldi. Também os dois colossos que há pouco eram tidos como ateus: a ex-União Soviética e a China (o regime é ateu, mas seu povo será?) virão a ter seus olhos atraídos pelo Amor Universal pregado pelo Cristo Ecumênico, o Sublime Estadista, que nada tem a ver com as confusões montadas em Seu Santo Nome. Até porque como escrevi para a *Gazeta de Notícias*[11], do Rio de Janeiro, em 15 de outubro de

[11] ***Gazeta de Notícias*** — Foi nesse centenário jornal, do Rio de Janeiro, Brasil, que teve início oficialmente, em 1º de outubro de 1961, a carreira jornalística de José de Paiva Netto. Numa entrevista, relata: *"Recordo, com saudade, aquela época em que o veterano jornalista* ***Paulo Parisi****, co-*

1961, domingo, quando era um jovem de 20 anos, em mensagem dirigida à Mocidade da Boa Vontade de Deus: no cenário mundial, cada povo, cada continente tem sua função no mundo. E destaquei que o Brasil tem a função de iluminar o mundo, não dominá-lo, assunto sobre o qual ainda tratarei nas páginas deste trabalho.

Os extremos se tocam. Seus povos têm sede de Deus. Por isso, o tempo provará, eles realizarão o contrário do que seus transitórios comandantes pretenderam, se os seres terrenos, por antecipação, não tiverem estourado o planeta com explosões nucleares ou coisas semelhantes.

Conforme publiquei em artigo na *Folha de S.Paulo*, de 9 de agosto de 1987, e mais tarde no livro *Mãezinha, deixe-me viver!* (1989) e 20 anos depois em *Tesouros da Alma* (2017), **não se pode eternamente impedir a manifestação daquilo que nasce com o ser huma-**

---

*laborador do saudoso **José Bogéa**, de ilustre família maranhense, já era, há dez anos, vice-presidente da* GN. *José Bogéa, irmão do dr. **Mario Bogéa Nogueira da Cruz**, saudoso secretário-geral da Legião da Boa Vontade. Lá, na veterana* GN, *conheci também o sociólogo **José Bustamante**, de quem me tornei amigo".* Em certa ocasião, afirmou o saudoso jornalista italiano radicado no Brasil Paulo Rappoccio Parisi (1921-2016): *"Eu era vice-presidente da* Gazeta, *e, no início da década de 1960, mandamos registrar um jovem que conhecíamos com grande talento... Registramos, evidentemente, como revisor e redator da* Gazeta de Notícias, *o grande jornalista Paiva Netto, porque ele mantinha na* Gazeta, *diariamente, na terceira página, uma coluna, e ele realmente era um grande profissional, um grande jornalista".*

no, mesmo quando ateu: o sentido de Religiosidade, que se expressa das mais variadas formas altruísticas. Para além do debatido determinismo histórico[12], trata--se, acima de tudo, do Determinismo Divino[13], de que nos falava Alziro Zarur. Antes que fatalmente a Ciência conclua em laboratório a perenidade da Vida, cumpre à Religião, jogando no lixo preconceitos e tabus milenares, **não temer falar, com maior objetividade, sobre o prosseguimento do Espírito após a morte**, mas concomitantemente **pesquisar o Mundo Invisível para valer**.

---

[12] **Determinismo histórico** — De acordo com o ***Oxford Dictionary of Media and Communication***: *"1– A crença de que os processos históricos têm certa inevitabilidade, com base em algum fator fundamental. Sua aplicação varia de um fatalismo pessimista que nega a liberdade humana de escolha (o que o 'determinismo suave' permite) até a noção iluminista otimista menos rígida do progresso como algo inevitável (...). 2– (relativismo histórico). A visão de que nossas ideias são determinadas pela nossa situação histórica"* (tradução livre).

[13] **Nota de Paiva Netto**

Determinismo Divino — No *Livro de Deus* (1982), registrei a resposta de Zarur à seguinte pergunta que lhe foi feita:

***"P** — Se tem de acontecer tudo o que está profetizado na Bíblia (Antigo e Novo Testamentos), o senhor não acha que isso prova a ausência do livre-arbítrio?*

***Zarur** — Bem a propósito, trago-lhes este trecho da Proclamação da Boa Vontade, que abria, nos primórdios da LBV, a Campanha da Boa Vontade no rádio: Os fatalistas, com o seu derrotismo permanente, estão completamente enganados. Existe, na verdade, o destino ou determinismo, como consequência do passado de cada criatura: mas há, sempre, o livre-arbítrio, que Deus garante a cada um de Seus filhos. Portanto, qualquer infeliz pode mudar o seu destino com Boa Vontade, que é o princípio da verdadeira Paz. Cada um é senhor do seu destino".*

O espírito de Religiosidade sobrevive à descrença dos Irmãos céticos e, o que é mais difícil, ao desserviço dos mistificadores.

Levar, pois, a todas as nações a mensagem da Política de Deus, impressa em nossos livros, nunca de maneira imperativa, é tarefa urgente, porquanto **ela é a Política para o Espírito Eterno do ser humano**. É responsabilidade milenar-histórica.

São palavras do Cristo, no Evangelho, segundo Mateus, 24:13 e 14:

> 13 *Aquele, porém, que perseverar até o fim, esse será salvo.*
>
> 14 *E este Evangelho do Reino será pregado em todo o mundo, para testemunho a todas as nações. Só então virá o fim.*

Que Deus abençoe, com graça e inteligência plenas, todos os que estão a Seu divino serviço na Religião de Deus, do Cristo e do Espírito Santo, o Amor Universal!

Breve, compreenderão em profundidade de conhecimento espiritual a envergadura da tarefa que vieram realizar no planeta, que será elevado à categoria de orbe de regeneração. Por isso, **coração nenhum deve esfriar nesta Seara de Paz e Boa Vontade**.

A Terra será o novo paraíso perdido

Quem perseverar na tarefa confiada por Jesus não terá de erguer, pesaroso, sua cabeça, pelos milênios vindouros, exilado[14] em planos de luta e dor. Nem será uma Alma distante dos corações e dos ambientes queridos, a procurar no céu entre as estrelas a amada Terra, transformada, então, para multidões de Espíritos que a ela não fizeram jus, no novo paraíso perdido. Esses Espíritos vagarão em noites e noites de doloroso degredo em mundos e dimensões ainda desconhecidos, até o dia em que, após muito sofrimento, merecerão retornar ao antigo ninho terrestre, que haviam tratado com desprezo.

[14] **Exílio em outros orbes** — É uma triste realidade já ocorrida com as Almas recalcitrantes na maldade, banidas de mundos felizes para o nosso planeta. Sugerimos a leitura do adendo "Espíritos exilados na Terra", que você encontra no segundo volume das *Sagradas Diretrizes Espirituais da Religião de Deus, do Cristo e do Espírito Santo* (1990), do mesmo autor desta obra. Acesse www.PaivaNetto.com/livros ou ligue 0300 10 07 940.

O espírito de Religiosidade sobrevive à descrença dos Irmãos céticos e, o que é mais difícil, ao desserviço dos mistificadores. Levar, pois, a todas as nações a mensagem da Política de Deus, impressa em nossos livros, nunca de maneira imperativa, é tarefa urgente, porquanto ela é a Política para o Espírito Eterno do ser humano. É responsabilidade milenar-histórica.

O equilíbrio como objetivo

Partes de 1 a 4

O mundo físico não mais evoluirá sem o auxílio flagrante do Mundo Espiritual. Eis o grande ensinamento que as nações aprenderão no transcurso do terceiro milênio.

O sentido lato de cidadania

O amadurecimento crescente de um povo, que está descobrindo os seus direitos de cidadão, ainda que tardiamente, porquanto mais de dois séculos após a Revolução Francesa (1789), o fará finalmente concluir que nenhum país pode, na verdade, desenvolver seus talentos se continuar subsistindo como uma vasta senzala de senhores e escravos, ou fechar-se feito uma ostra xenófoba ou abrir-se de forma temerária, a ponto de perder sua identidade, sua soberania.

A compreensão das massas ir-se-á maturando até que entendam **o valor da cidadania, no sentido lato**, pois não é suficiente considerar o cidadão apenas no seu contexto físico, mas também no **espiritual**, porque qualquer componente dos grupos humanos é, em resumo, formado por corpo e **Alma. Afinal somos na origem Espírito.** Eis o sentido completo de cidadania, que não pode admitir tão só o analfabetismo das letras humanas, como igualmente a ignorância dos assuntos espirituais.

O desconhecimento dessa realidade sobre a qual acabamos de discorrer favorece a incrementação das ações causadoras da fome, do desemprego, do sectarismo, do frio ideal individualista, isto é, ególatra, a promoção do escárnio com os que sofrem na sociedade[1], porque riqueza e pobreza situam-se dentro do ser humano. Exteriorizá-las, ou não, depende da mentalidade e de fatores culturais (no futuro próximo, marcadamente espirituais), que precisam ser exercitados. Essa é uma situação que não afeta unicamente o Brasil, é mundial: durante gerações foi-se oferecendo à grande parte das crianças e dos jovens pouco mais que lixo. Depois, há quem se surpreenda com o resultado obtido por tão funesta sementeira, a cultura do crime, que se compraz no conflito entre povos ou mesmo no seio das famílias, verdadeiras guerras civis não declaradas, da qual a mocidade é a principal vítima, a causar outras tantas em todas as classes.

— O Primeiro Anjo tocou a trombeta, e houve saraiva e fogo de mistura com sangue, e foram ati-

---

[1] **Cidadania no sentido lato: corpo e Alma, cidadania completa** — *Vide Sagradas Diretrizes Espirituais da Religião de Deus, do Cristo e do Espírito Santo* (1990), volume 2 — "Até onde vão os governos", de autoria de Paiva Netto.

rados à terra. Foi, então, queimada a terça parte da terra, e das árvores, e também toda grama verde [a infância e a mocidade].

(Apocalipse de Jesus, 8:7)

Não basta levantar o vidro do carro[2]. É suicídio desviar a atenção dos fatos. Nunca foi eficiente esconder, conforme se fixou no imaginário popular, a cabeça na areia, como o avestruz[3] e deixar o restante do corpo para fora.

Estamos corpo, mas somos Espírito

Urge, com presteza, mudar a mentalidade que entroniza o delito como exemplo, a exploração como meta, a apatia diante do erro como "boa" acomodação

---

[2] **Não basta levantar o vidro do carro** — Referência do autor ao fotografar uma triste realidade que ocorre no Brasil e em diversos países, mundo afora: o carro para em um semáforo, e logo acorrem a ele pessoas desprovidas de recursos, muitas vezes crianças, solicitando alguma esmola. Daí ser tão importante instituições como a Legião da Boa Vontade. Com a sua ajuda, a LBV ampara, desde a infância, a população tão sofrida. Você ajuda. A LBV faz! Acesse www.lbv.org.br

[3] **Nota de Paiva Netto**

Posição do avestruz — Justiça seja feita, embora muitos pensem que essa ave oculte a cabeça na areia ao primeiro sinal de perigo, pesquisadores do assunto afirmam que ela não se esconde, mas, sim, se protege de duas maneiras. Primeira: ao colocar o pescoço e a cabeça no chão, melhor percebe as vibrações do movimento de um possível predador. Segunda: ao permanecer nessa posição, fica parecida com um arbusto, enganando assim, camuflada, prováveis perseguidores.

da existência, para que alcancemos uma ordem social justa. Esta, produto da ação decisiva de comunidades eficazes, fraternalmente combativas, e de um governo, seja qual for, que tenha decididamente como objetivo fazer progredir a população de seu país. Tudo isso, antes que grande parte dela morra ou seja, quase isso, pela subnutrição física ou mental, pela desesperança que lhe aponta, muitas vezes, como solução à violência. Entretanto, sob qualquer pretexto, jamais devemos abrir mão do auxílio magnânimo dos Amigos do Mundo Espiritual Supremo, os quais muitos apropriadamente chamam de Anjos Guardiães, daí a Revolução Mundial dos Espíritos de Luz[4].

Aliás, na verdade, **concreto é o Espírito,** não querendo afirmar que o corpo, sua vestimenta, deva ser criminosamente desprezado. Ensinam os mais velhos que "saco vazio não se põe de pé". Tenhamos, pois, **o equilíbrio como objetivo**. Contudo, a Alma não pode ser, de maneira alguma, menosprezada, porquanto, para argumentar, podemos dizer — **estamos corpo, mas somos Espírito**. A nação que compreender e administrar esta Verdade empolgará e governará o mundo. A própria Ciência o proclamará. Depois de Einstein, onde se escondeu a matéria? Com certeza,

---

[4] **Revolução Mundial dos Espíritos de Luz I** — Leia mais sobre o trabalho dos Espíritos da Luz, os Anjos Guardiães, no livro *Os mortos não morrem* (2018). Acesse www.PaivaNetto.com/livros ou ligue 0300 10 07 940.

será a **Grande Reforma** de todos os conceitos humanos, porquanto está em marcha a Revolução Mundial dos Espíritos[5] — anunciada desde 1953 pelo saudoso fundador da LBV, Alziro Zarur —, expressão à qual acrescentei "de Luz", pois essa Revolução surgiu para iluminar o Espírito Eterno do ser humano, esclarecendo a todos que o **Mundo Espiritual não é uma abstração**. Dizia o proclamador da Religião Divina:

> — *O segredo para o governo dos povos, nesta transição apocalíptica, é a integração da humanidade de baixo com a Humanidade de Cima*[6]*, evidentemente que sob o critério do Mandamento Novo do Cristo, que se encontra no Evangelho, segundo João, 13:34 e 35: "Amai-vos como Eu vos amei. Somente assim podereis ser reconhecidos como meus discípulos, se tiverdes o mesmo Amor uns pelos outros".*

---

5 **Revolução Mundial dos Espíritos de Luz II** — *Vide* "O Direito à luz da Vida Eterna", constante deste livro.
Revolução Mundial dos Espíritos de Luz III — Leia "O Mundo Invisível é invisível, mas existe", p. 134 deste livro.

6 **Humanidade de baixo e Humanidade de Cima** — Outros esclarecimentos nos livros de Paiva Netto: *As Profecias sem Mistério* (1998), capítulo "Os Profetas e o Fim dos Tempos (I)"; "Quanto à abrangente missão do Templo da Boa Vontade", segundo volume das *Sagradas Diretrizes Espirituais da Religião Deus, do Cristo e do Espírito Santo* (1990); e *Os mortos não morrem* (2018). Acesse www.PaivaNetto.com/livros ou ligue 0300 10 07 940.

O mundo físico não mais evoluirá sem o auxílio flagrante do Mundo Espiritual[7]. Eis o grande ensinamento que as nações aprenderão no transcurso do terceiro milênio.

O outro lado da moeda

Napoleão Bonaparte

O outro lado da moeda não é nada apreciável: o clamor do desespero acumulado durante séculos, pronto a explodir. Não é sem propósito esta meditação de **Bonaparte** (1769-1821):

— *Cada hora perdida na juventude é uma possibilidade de infortúnio na idade adulta.*

Ora, isso também se aplica às nações que nascem, crescem, tornam-se maduras, quando colherão o que houverem plantado nas fases anteriores, ou não, se não souberem, mais que honrá-lo, sublimar seu patrimônio espiritual, humano e social[8]. Eis o desafio

---

[7] Essa realidade é exposta em um marcante pensamento do saudoso Legionário da Boa Vontade dr. **Osmar Carvalho e Silva** (1912-1975), registrado por meio de uma mensagem espiritual psicografada por **Chico Periotto**, em 6 de junho de 1992, em Figueira da Foz, Portugal: *"O nosso trabalho depende da dedicação de vocês, mas o sucesso de vocês depende do nosso apoio"*.

[8] **Nota de Paiva Netto**

Honrar e sublimar o patrimônio de um povo — Para desenvolvê-lo não basta instruir, educar; é necessário espiritualizar as massas. Eis a misa ser vencido no campo da Educação: o de aliar a Instrução à Espiritualidade Ecumênica. Nós, Legionários da Boa Vontade, Cristãos do Novo Mandamento, Amigos de Jesus, temos plena certeza de que o Evangelho e o Apocalipse oferecem uma estrutura espiritual, psíquica e ética para que ocorra essa transmudação, cuja hora é chegada, mais que isso, urgentíssima.

Daí ter discorrido, em entrevista que concedi ao renomado jornalista **Ibrahim Sued** (1924-1995)[9], sobre a Pedagogia inovadora que aplicamos na Legião da Boa Vontade, alinhando a ética ao ensino para a formação do Cidadão Planetário. Para as crianças até 10 anos desenvolvemos a Pedagogia do Afeto, e, voltada à Educação de adolescentes e adultos, a Pedagogia do Cidadão Ecumênico. Apresento, a seguir, trechos do que disse em resposta à arguição do saudoso Ibrahim, naquela ocasião:

---

são da LBV: Promover Desenvolvimento Social, Solidário e Sustentável, Educação e Cultura, Arte e Esporte, com Espiritualidade Ecumênica, para que haja Consciência Socioambiental, Alimentação, Segurança, Saúde e Trabalho para todos, no despertar do Cidadão Planetário.

[9] **Ibrahim Sued** — É considerado o pioneiro do colunismo social no Brasil. Alguns anos depois de lançar-se no jornalismo impresso, ampliou sua coluna, passando a focalizar assuntos de interesse nacional e internacional. A entrevista com o Presidente da LBV foi a terceira grande e última reportagem do gênero realizada por Ibrahim, em sua longa e vitoriosa carreira.

Última entrevista de Ibrahim

Ibrahim Sued — *Sei que a Legião da Boa Vontade tem uma linha pedagógica inovadora. Qual é a fórmula da LBV para resolver o problema da Educação no Brasil?*

Paiva Netto — Antes de tudo, aplicar o nem sempre devidamente valorizado Amor. Na definição de **Laura**, mãe do enfermeiro **Lísias**, personagens do livro *Nosso Lar*[10], é:

> — *o pão divino das almas, o pábulo sublime dos corações.*

Ora, meu caro Ibrahim, o que mais se vê por aí é o resultado da carência dele. Nada mais pedagógico do que o Amor Fraterno, conquanto justo e enérgico. Naturalmente, o Amor não pode ser confundido com conivência no erro, pois existem aqueles que consideram que amar é concordar em tudo, até com o que estiver errado. Todavia, é justamente o contrário, mas sabendo-se, com generosidade, corrigir a pessoa em sua falta, mesmo que com ponderado rigor. (...) Aristóteles advertia que

> — ***todos quantos têm meditado na arte de governar o gênero humano acabam por se con-***

[10] ***Nosso Lar*** — Obra de **André Luiz** (Espírito), na psicografia de **Chico Xavier** (1910-2002).

vencer de que a sorte dos impérios depende da educação da mocidade.

Mas onde começa a verdadeira Educação? (...) Na Pedagogia da Legião da Boa Vontade, que prega a Sociedade Solidária Altruística Ecumênica, visamos formar o Cidadão Ecumênico, ou seja, o ser humano que transcende a mera competência, visto que muita gente tida como tal está levando o mundo a uma situação de calamidade e perigo. **O Cidadão Ecumênico é o cidadão solidário, portanto não egoísta.** É aquele que não se deixa seduzir pelo fanatismo, porque entende que não faz sentido odiar em nome de Deus, que é Amor. Enfim, é o que sabe respeitar a sagrada criatura humana sem preconceitos e sectarismos. **O que é ético não pode acovardar-se.** Quando o território não é defendido pelos bons, os maus fazem "justa" a vitória da injustiça. (...)

Na verdade, meu caro Ibrahim, o que a LBV propõe é um extenso programa de **Reeducação**. E é o que vimos realizando dentro de nossas possibilidades, procurando despertar o interesse de tanta gente idealista, que, como nós, **não acredita na fatalidade de destinos condenados à desgraça, por questões sociais, políticas, religiosas, étnicas...** Além disso, nada se constrói firmado em recalques. Essa ação permanente da Legião da Boa Vontade pela reeducação do povo muito impressionou o jornalista **Gilberto Amaral**, de Brasília, a ponto de ter declarado no *Correio Braziliense*:

— A Legião da Boa Vontade dá uma clara e evidente demonstração ao país de como educar, principalmente os mais humildes.

Reconhecimento internacional à Pedagogia da LBV

Diversos educadores norte-americanos estiveram no Brasil para conhecer os trabalhos realizados pela Legião da Boa Vontade. Entre eles, **Joan Beisel**, da Secretaria de Educação de Nova York, responsável pelo programa *United Youth International*, dirigido às escolas públicas de Ensino Médio dos EUA. Beisel, que possui mais de 30 anos de experiência em um dos melhores sistemas de ensino do mundo, comentou:

— O que encontrei na LBV foram crianças satisfeitas e tranquilas. Nas escolas americanas trabalhamos com informações racionais, fatos e detalhes. Lá, os professores voltam sua atenção apenas para as provas, a carreira profissional, e não para os sentimentos do coração. Eis a grande diferença da LBV.

Outra delegação dos Estados Unidos, composta de 35 pessoas, entre empresários, líderes comunitários, educadores, administradores, atores e profissionais liberais, também veio ao país para conhecer a Legião da Boa Vontade.

O grupo foi ao Instituto de Educação da LBV, na capital paulista, localizado na Avenida Rudge, 700, Bom Retiro, tel.: (11) 3225-4500, que atende crianças, jovens e adultos. Entusiasmada com a visita, a contadora **Martha Monné** afirmou:

> — *Fiquei impressionada com o laboratório de informática, a limpeza das dependências e o cuidado demonstrado no tratamento dos bebês. Com uma diferença: as escolas nos Estados Unidos são boas, mas lhes falta algo... Aqui há mais amor.*

Para **Rebecca Doggett**, coordenadora da Superintendência das Escolas Públicas de Newark, Estado de Nova Jersey,

> — *quanto mais cedo se trabalha com a criança e seus pais, mais oportunidades há de desenvolvê-la integralmente. E isso vai influenciar eternamente a vida dessas crianças, pois elas estão sendo preparadas para serem cidadãos produtivos.*

Dra. Linda Caldwell Epps, vice-presidente da Faculdade Bloomfield, salientou que,

> — *apesar de esses pequeninos serem muito carentes, recebem da LBV um tratamento admirável.*

Por fim, **Rama Vernon**, escritora e presidente da organização *Women of Vision*, afirmou que a Legião da Boa Vontade é o lugar do futuro e o trabalho realizado precisa ser levado para todo o mundo.

— *Em minhas viagens nunca tinha visto uma Instituição como esta. Este é um modelo para ser conhecido nos diversos países do mundo. Gostaríamos de ter um exemplo como esse em todos os Estados Unidos. Aqui, na LBV, as crianças são saudáveis, felizes e muito bem assistidas, tanto material como espiritualmente. Essa espiritualidade é o componente-chave para a verdadeira felicidade e para criar um paraíso na Terra. Hoje, chorei muito, não de tristeza, mas de alegria, por ver que projetos maravilhosos são patrocinados pelo povo em prol das futuras gerações.*

Também a dra. **Irene Almeida**, líder da comunidade luso-americana do Estado de Nova Jersey, nos Estados Unidos, e assessora do chefe do executivo do Condado de Essex, sr. **James Treffinger**, convenceu-se de que o trabalho realizado pela LBV na Educação é essencial:

— *Fiquei bastante sensibilizada com o projeto educacional da Legião da Boa Vontade. Nos Estados Unidos, falei com pessoas ligadas à LBV, mas não pensei que fosse algo tão grande. Os programas são magníficos, a assistência prestada pelos professores...*

tudo é feito com extremo Amor, carinho e o máximo cuidado para com as crianças. O que mais me chamou a atenção foi o Amor das crianças e a maneira como estão sendo ensinadas.

A dra. Irene Almeida veio ao Brasil especialmente para nos entregar a importante *Proclamação* de Nova Jersey, prêmio outorgado pelo Senado e pela Assembleia Geral daquele Estado, além do Poder Executivo de Essex, em reconhecimento aos serviços prestados pela Legião da Boa Vontade dos Estados Unidos, do Brasil e de Portugal. Deixou-nos muito honrados o fato de a dra. Irene ter se deslocado dos EUA ao Rio Grande do Sul, no Lar e Parque da LBV[11], para trazer-nos, pessoalmente, as homenagens.

Durante sua passagem pelo país, ela conheceu ainda o Instituto de Educação da LBV, na capital paulista, e representou a América do Norte durante o II Encontro sobre Lusofonia, promovido pela Legião da Boa Vontade, no Parlamento Mundial da Fraternidade Ecumênica, em Brasília/DF, na Quadra 915 Sul, tel.: (61) 3114-1070.

Duas semanas mais tarde, a dra. Irene Almeida levou o testemunho do que viu e sentiu na LBV a Washington, em reunião convocada pelo então presidente nor-

[11] Hoje, Centro Comunitário de Assistência Social Alziro Zarur: Rodovia RS 30, km 19. Parada 119 — Guabiroba. Telefone: (51) 3487-2600.

te-americano, **Bill Clinton**, preocupado com a crescente onda de violência nas escolas daquela nação.

Sob qualquer pretexto, jamais devemos abrir mão do auxílio magnânimo dos Amigos do Mundo Espiritual Supremo, os quais muitos apropriadamente chamam de Anjos Guardiães, daí a Revolução Mundial dos Espíritos de Luz. Aliás, na verdade, concreto é o Espírito, não querendo afirmar que o corpo, sua vestimenta, deva ser criminosamente desprezado. Ensinam os mais velhos que "saco vazio não se põe de pé". Tenhamos, pois, o equilíbrio como objetivo.

Jesus – a opção excelente

Jesus, o Grande Estadista da humanidade — porque Ele não está submetido a nenhum grupamento humano, por mais respeitável que seja —, é divinamente superior a qualquer pensador terrestre[12]. E continua sendo, para todos, **a opção excelente**, porquanto Sublime Educador das nações. Que potência maior do que a Sua Divina Luz?

A Fé remove montanhas

(Evangelho, segundo Lucas, 17:5 e 6; e Mateus, 17:20)

5 *Disseram-Lhe os Apóstolos: Jesus, aumenta a nossa fé!*

[12] ***Jesus, o Libertador Divino*** — Obra literária de Paiva Netto, que convidamos você a fraternalmente ler. Acesse www.PaivaNetto.com/livros ou ligue 0300 10 07 940.

6 Respondeu-lhes o Senhor: Se tiverdes fé do tamanho de um grão de mostarda, direis a este monte: — Sai daqui e lança-te ao mar. E assim acontecerá. Nada vos será impossível.

Ora, com Fé (Espiritualidade Ecumênica) e conhecimento (Educação e Instrução), afastaremos do nosso caminho quaisquer estorvos. Devemos permanecer alertas a tudo, até mesmo para o fim ou para tão extremas transformações dos regimes políticos e sociais, como os conhecemos, por força das — para muitos — surpreendentes mudanças econômicas.

Sugestão para as universidades, cartilha para os políticos e os economistas

Quando proferi, na série "O Apocalipse de Jesus para os Simples de Coração", palestra que denominei "A Política da Caridade Completa", durante a qual falei sobre Reeducação[13], Saúde e União das Duas Humanidades, ponderei que a LBV acerta ao empenhar-se nesse rumo — e tantos proclamam ser ela um ótimo paradigma —, seguindo esta orientação evan-

---

[13] **Cruzada de Reeducação Geral** — Uma das Sete Cruzadas da Religião Divina, que são: Cruzada do Novo Mandamento de Jesus, Cruzada de Reeducação Geral, Cruzada Salvemos Vidas, Cruzada de Religiões Irmanadas, Cruzada de Oração e Vigilância, Cruzada de Redenção Espiritual da humanidade e Cruzada do Amor Universal, pela Paz Mundial.

gélica de Jesus a Simão Pedro, o Grande Pescador da Galileia: ***"Apascentai!"*** Quer dizer, educai, curai; portanto, socorrei, protegei. Deveis esclarecer os que precisam das luzes culturais; contudo, também das divinas. Senão, o Cristo não nos teria advertido:

> — *Buscai primeiramente o Reino de Deus e Sua Justiça, e todas as coisas materiais* [portanto, humanas e sociais] *vos serão acrescentadas* (Boa Nova, segundo Mateus, 6:33).

Esse versículo bíblico foi denominado pelo Irmão Zarur de ***"A Fórmula Urgentíssima de Jesus"*** e por mim de **A Fórmula Urgentíssima Econômica do Cristo**. Estamos sempre nos valendo dessa lição, tendo em vista a riqueza incomensurável que o Provedor Celeste tem para oferecer aos seres humanos, de modo que possa vir a ocorrer tão sonhada transformação de que o mundo precisa. O Espírito do Cristo, que trouxe tão extraordinário ensinamento, é que de fato realizará a gigantesca transformação social de que as nações carecem, porque isso ocorrerá por intermédio da influência luminosa do Plano Espiritual, onde se encontra o Seu Reino, que ao toque da **Sétima Trombeta** descerá à Terra (Apocalipse, 11:15):

> — *O Sétimo Anjo tocou a trombeta, e se ouviram no Céu grandes vozes, dizendo:* ***O reino do mundo***

***se tornou de nosso Deus e do Seu Cristo**, e Ele reinará pelos séculos dos séculos.*

E essa Fórmula Urgentíssima Econômica do Cristo deveria ser a primeira grande lição a ser ministrada nas universidades do mundo e a cartilha dos políticos e dos economistas: antes de tudo, o conhecimento do Poder de Deus e Sua Justiça incorruptível, porquanto todas as coisas de que carecemos serão concedidas àqueles que se empenharem em aprender judiciosamente os Divinos Carismas. Estes, que conduzem a Terra pelo espaço e que permitem a nossa existência sobre o seu solo, a despeito de pátrias, povos, etnias, religiões, regimes sociais, políticos e econômicos. Há uma Ciência Superior ao saber terreno, que, se analisada e levada a sério, nos abrirá as portas de todas as fortunas, iluminadas também pela libertação que promana do Espírito. Então, seremos senhores das riquezas, e não infelizes escravos delas, vilmente dispostos a mantê-las, mesmo sobre a derrota de multidões. E para os que se esmeram em **enganar a justiça humana**, fica-lhes a advertência de que **ninguém escapa do Tribunal Divino**. Daí a importância do fomento do estudo criterioso do Espírito (que somos nós) e do significado das Leis de Deus, que cobrarão os atos de cada existência, não obrigatoriamente apenas após a morte.

Ora, "ninguém fica para semente", nem monarcas, presidentes, religiosos, ateus, políticos, cientistas, economistas, artistas, ricos ou pobres.

Pessoa alguma tem poder perene, somente momentos de poder, dos quais prestará severas contas à própria consciência, se a tempo descobrir que a possui, às massas revoltadas ou, o que é infalível, a Deus.

> [21] *Naquele dia, o Senhor castigará, no Céu, as hostes celestes, e os reis da Terra, na Terra.*
>
> [22] *Serão ajuntados como presos em masmorra, e encerrados num cárcere, e castigados depois de muitos dias.*
>
> (Livro do Profeta Isaías, 24:21 e 22)

Ninguém, todavia, será julgado por ser rico ou pobre, poderoso ou fraco, mas pelas qualidades do coração e pelo bom uso dos talentos que possuir e empregar em benefício da coletividade. **É preciso ser solidário**, para que um dia a pessoa não se descubra submetida à solidão forçada, mesmo em meio a multidões.

É inadiável, pois, uma **ligação maior com o Mundo Espiritual, com Deus, com o Cristo e com o Espírito Santo** (constituído pelos luminares do Plano ainda invisível). Isso não é história da carochinha, não! Como a maioria não a experimenta ou, supersticiosamente, teme essa confraternização com os Poderes

Superiores[14], o planeta continua bastante perturbado. Se não se corrigir pelo Amor, a Mestra Dor, inevitavelmente, oferecerá a lição pertinente.

Os frutos bons do Espírito

Somente os frutos bons do Espírito poderão transformar o quadro execrável, até agora tenazmente sustentado pela insensatez humana. Por isso, **reformar o ser humano com o Evangelho e o Apocalipse, naturalmente que consoante a visão solidária do Cristo, é a primeira e urgente metamorfose**. Prova disso é o que foi registrado por Mateus nas suas anotações sobre as Palavras do Divino Chefe, capítulo 7, versículo 12:

> — *Tudo quanto quereis que os homens vos façam, fazei-o vós também a eles, porquanto esta é a Lei e os Profetas.*

Cabe aqui, para reflexão, este pensamento de **Bernard Shaw** (1856-1950):

---

[14] **Confraternização com os Poderes Superiores** — Leia "Quanto à abrangente missão do Templo da Boa Vontade", no segundo volume das *Sagradas Diretrizes Espirituais da Religião de Deus, do Cristo e do Espírito Santo* (1990).

— O progresso é impossível sem mudanças, e aqueles que não são capazes de mudar sua própria mente não podem mudar nada.

Jesus, o Grande Estadista da humanidade — porque Ele não está submetido a nenhum grupamento humano, por mais respeitável que seja —, é divinamente superior a qualquer pensador terrestre. E continua sendo, para todos, a opção excelente, porquanto Sublime Educador das nações.

O equilíbrio como objetivo – parte 3

O Brasil nasceu para iluminar o mundo

Nesta vida, na altura dos meus 20 anos, numa mensagem dirigida à Juventude Legionária — intitulada "Receita de um jovem para os jovens", anteriormente citada por mim nesta obra —, visto que era o responsável pelo Departamento Infantojuvenil da LBV, escrevi que o Brasil surgira não para dominar o mundo, mas para iluminá-lo (*Gazeta de Notícias*, RJ, 15/10/1961). Duvidar de tão supino labor para sua gente é menosprezar sua notável capacidade de sobrevivência, de criatividade e de realização. O problema deste país não é bem seu **povo**. Este, como que num planejamento malévolo, **vem sendo tangido, como gado, para um Armagedom doméstico de destruição de suas qualidades natas** de **alegria**, de **bom humor**, de **crença no futuro**, de **superação** dos mais difíceis obstáculos **pela Fé, pela Esperança, pelo trabalho**. É como se houvesse uma determinação sinistra de lhe arrancar as qualidades de espírito, ao mesmo tempo que lhe são negadas as verdadeiras condições para mostrar a sua poderosa competência, a fim de cumprir a sua esplêndida destinação.

Diante dessa convergência de atos insidiosos contra ele, que vem pontuando a nossa História, apresenta-se à lembrança aquela famosa piada (isso mesmo, piada!), que alguns estudiosos, por certa época aclamados como notáveis, tais como **Oliveira Viana** (1883-1951), consideravam coisa séria: a de que não poderia surgir uma grande civilização nas regiões tropicais, não apenas pela rudeza climática, mas também pela formação étnica "inferior" de suas populações.

Nunca admiti tão extravagante absurdo de êmulos do racista **Conde de Gobineau** (1816-1882) — embaixador da França no Brasil nos tempos de **Dom Pedro II** (1825-1891), de quem curiosamente foi amigo —, que, por motivos vários, inclusive mesquinhos, tornou-se um difamador de nosso país, a ponto de escrever um ensaio contra a sua gente. Conta-se que todo o seu delírio teria sido ampliado em razão de uma bolachada que recebera, numa festa, no Rio de Janeiro, por causa de certo atrevimento que tomara contra uma dama num baile da Corte.

Ora, ainda na mensagem que escrevi à Juventude Ecumênica da Boa Vontade de Deus, em 1961, entediado com essas doutrinas pseudocientíficas, que marcante prestígio tiveram sobre o pensamento social brasileiro, convocava os Jovens de Boa Vontade a sacudir dos ombros tão abomináveis conceitos, porque, dizia, **na LBV, moços, Jesus os aguarda com as ferramentas do progresso**.

Um povo desconhecido será chamado

Todas as nações têm a sua hora destacada na História da humanidade.

O Brasil bem pode ser o povo, naquela época desconhecido, anunciado na Profecia do Tibete, que viria a ser mandado ao nosso orbe. Mas não unicamente o Brasil físico, como também sua parte **ainda** invisível aos nossos olhos materiais, constituída pelos seres que formam a Pátria Espiritual que nos cerca[15], os quais alguns chamam de Anjos Guardiães.

O tempo mostrará que o Brasil, "Coração do Mundo e Pátria do Evangelho-Apocalipse", é um passo à frente do que, até hoje, foi entendido como nação, porque ele compreenderá e, por isso, preconizará a realidade que é o **cidadão completo**, formado de corpo, mas igualmente de Espírito em plena atividade, e não como uma coisa simbólica e nem bem definida. Eis a Cidadania do Espírito! Para explicar e viver essa compreensão nova do que seja o cidadão integral (corpo e Espírito), construímos o Templo da Boa Vontade — a

---

[15] **Pátria Espiritual que nos cerca** — Na Epístola de Paulo aos Hebreus (12:1), o Apóstolo dos Gentios afirma que *"estamos cercados por uma multidão de testemunhas invisíveis"*.

Pirâmide das Almas Benditas, a Pirâmide dos Espíritos Luminosos — e o Parlamento Mundial da Fraternidade Ecumênica, o ParlaMundi da LBV.

Da Profecia do Tibete

(Profecia do Rei do Mundo feita em 1890)

— *(...) Sobre a Terra tombarão a noite e a morte. (...) Então enviarei um povo presentemente desconhecido, cuja mão forte arrancará as más ervas da loucura e do vício; e conduzirá os que permanecem fiéis ao espírito do homem, na batalha contra o mal. E fundarão uma Vida Nova sobre a Terra,* ***purificada pela morte das nações*** *(...).*

(O destaque é meu.)

Há também no livro do Profeta Isaías, 55:4 a 6, referência ao surgimento de uma nação desconhecida, para exercer determinada função estabelecida por Deus:

4 *Eis que eu o dei por testemunho aos povos, como príncipe e governador deles.*
5 *Eis que chamarás a uma nação que atualmente não conheces, e uma nação que nunca te conheceu correrá para junto de ti, por amor do Senhor, teu Deus, e do Santo de Israel, porque este te glorificou.*
6 *Buscai o Senhor enquanto se pode achar, invocai-O enquanto está perto.*

No concernente à **morte das nações**, pelos atos de seus habitantes e não em virtude de uma decisão arbitrária de Deus, consideremos o que também vaticinaram:

I) Isaías, no seu Livro, no Antigo Testamento, 24:3, 5, 12, 13 e 20:

A ruína dos transgressores

3 *A terra será de todo devastada e totalmente saqueada, porque o Senhor é quem proferiu esta palavra.*

5 *Na verdade a terra está contaminada* ***por causa dos seus moradores*** [desse modo, não por causa de Deus], *porquanto transgridem as leis, violam os estatutos e quebram a aliança eterna.*

12 *Na cidade, reina a desolação, e a porta está reduzida a ruínas.*

13 *Porque será na terra, no meio destes povos, como o varejar da oliveira e como o rebuscar, quando está acabada a vindima.*

20 *A terra cambaleia como um bêbado e balanceia como rede de dormir; a sua transgressão pesa sobre ela, ela cairá e jamais se levantará.*

II) Apocalipse, 6:12, 14 e 17:

O Sexto Selo

12 *Vi quando o Cordeiro de Deus abriu o Sexto*
Selo, e eis que sobreveio grande terremoto. (...)
14 *E o céu recolheu-se como um pergaminho quan-*
do se enrola. Então, todos os montes e ilhas foram
movidos dos seus lugares.
17 *(...) Quem poderá sobreviver?*

III) Apocalipse, 16:17 a 20:

O Sétimo Flagelo[16]

17 *Então, derramou o Sétimo Anjo a sua taça pelo*
ar, e saiu grande voz do Templo, do lado do trono,
dizendo: Está feito!
18 *Logo sobrevieram relâmpagos, vozes e trovões, e*
ocorreu grande tremor de terra, como nunca houve
igual desde que há gente sobre o mundo, tal foi o
terremoto, forte e grande.
19 *E a grande cidade se dividiu em três partes*[17], ***e***
caíram as cidades das nações*. E lembrou-se Deus*

---

[16] **O Sétimo Flagelo** — No Sexto Flagelo, o versículo 16, imediatamente anterior ao Sétimo Flagelo, apresenta ao leitor o **Armagedom**, daí toda a agitação que se vê em seguida: *"Está feito!"*

[17] **Nota de Paiva Netto**

"E a grande cidade se dividiu em três partes" — Essa passagem tem a ver com os três poderes preconizados por **Montesquieu** (1689-1755), para as sociedades em geral, no seu livro *O Espírito das Leis* (1748): Executivo, Legislativo e Judiciário, que não ficarão à parte das profundas

da grande Babilônia para dar-lhe o cálice do vinho do furor da Sua ira.

[20] *Toda ilha fugiu, e os montes não foram achados.*

Deus não se compraz na impunidade

Logo se comprova que a Lei Divina não é cúmplice das ações malfazejas. Isso a diferencia infinitamente do trato que os homens ditos "espertos" sempre procuram fazer dos estatutos humanos, visando à impunidade, não apenas passageira, mas se possível institucionalizada, em que indignamente se castigam os justos, enquanto os malfeitores, de uma forma ou de outra, são poupados. Não é o que se vê, demasiadas vezes, pelo mundo, até que os homens probos, vencendo inumeráveis ciladas, reajam e deem um basta aos flibusteiros de todas as épocas?

Por isso, os que persistem nos caminhos do Bem poderão alegrar-se com a vitória da Justiça:

---

transformações anunciadas por Jesus no Apocalipse. Reformado o ser humano, tudo o que ele tocar sofrerá o efeito de sua Alma reformada. Leia sobre o assunto na revista JESUS ESTÁ CHEGANDO! e no meu livro *Apocalipse sem Medo* (2000). Também o ouça na série "O Apocalipse de Jesus para os Simples de Coração", na Super Rede Boa Vontade de Rádio (boavontade.com/radio).

A alegria dos justos

(Isaías, 24:14 a 16)

14 *Eles levantam a voz e cantam com alegria; por causa da glória do Senhor, exultam desde o mar.*

15 *Por isso, glorificai ao Senhor no Oriente e, nas terras do mar, ao nome do Senhor Deus.*

16 *Dos confins da terra ouvimos cantar: Glória ao Justo! (...)*

Responsabilidade e livre-arbítrio

Como pregou Alziro Zarur (no Rio de Janeiro, Brasil, em 28 de junho de 1975):

— *Somente pela pureza do coração nos candidataremos à permanência na Terra.*

Ora, acima de tudo, devemos cumprir a Vontade de Deus, que é Amor e, igualmente, Justiça, porquanto **amar é também tomar atitude, dizer não, impedir a desgraça** (...). O povo precisa libertar-se da propaganda enganosa, da *pornovisão* aviltante e outros males que ignoram o Espírito, deseducam as crianças, abandonam os idosos, escarnecem da sociedade, que anda, como nunca, meio sem rumo. Perdeu os seus antigos parâmetros e ainda não encontrou os novos, o que certamente tão cedo não conseguirá, se continuar fazendo, como criatura, tábula rasa do seu generoso Criador, que às vezes **parece** injusto aos Seus analistas apressados. Na verdade, Ele apenas está respeitando o **livre-arbítrio** dos seres humanos, povos e nações, os quais, por sinal, fazem muita questão dele, querendo tirar-lhe proveito, mas, de preferência, sem assumir nenhuma responsabilidade pelo seu uso. Basta ver o estado atual do mundo. Por isso, agora, mais do que nunca, brilha no céu da imensa comunidade humana aquele ensinamento basilar do Livro das Profecias Finais:

> — *E repete o Cristo: Eis que venho sem demora, e comigo está o galardão que tenho para retribuir a cada um* ***segundo as suas próprias obras*** (Apocalipse, 22:12).

Domínio cultural para escravização da mente

Depois, não adianta ficar perguntando o que está acontecendo, quando todo mundo o sabe. Por exemplo: o efeito avassalador dos nem sempre justos interesses sociais, econômicos e financeiros de alguns, provocando, como primeira providência, o domínio cultural para sustentar a escravização da mente de multidões incontáveis, sem, hoje, a necessidade de um só tiro, de preferência — isso, claro, na visão deles...

De maneira alguma somos xenófobos. Seria uma grande tolice. Entretanto, há nações que precisam aprender a defender-se espiritual, moral e culturalmente. As que, pelos tempos, souberam fazer isso tornaram-se fortes.

Contudo, diante da apatia de tantos, ou da sufocação de admiráveis esforços de outros — a quem certos elementos criam os mais inacreditáveis obstáculos —, onde a surpresa? Se, no Apocalipse (16:16), encontramos:

> — *E os ajuntaram num lugar que em hebraico se chama Armagedom.*

O tempo mostrará que o Brasil, "Coração do Mundo e Pátria do Evangelho-Apocalipse", é um passo à frente do que, até hoje, foi entendido como nação, porque ele compreenderá e, por isso, preconizará a realidade que é o cidadão completo, formado de corpo, mas também de Espírito em plena atividade, e não como uma coisa simbólica e nem bem definida. Eis a Cidadania do Espírito!

O equilíbrio como objetivo – parte 4 (final)

Almas livres em Deus

Minhas Amigas e meus Irmãos, minhas Irmãs e meus Amigos, a bandeira que nos inspira é pregar a Palavra de Deus, não a nossa, porque as Almas estão sequiosas do conhecimento dos Assuntos Divinos. Nas *Sagradas Diretrizes Espirituais da Religião de Deus, do Cristo e do Espírito Santo*, volume 1 (1987), expresso o que defendo desde a década de 1960: **se os governos do mundo inteiro, num ato milagroso, resolvessem todos os problemas sociais de seus povos, as massas continuariam insatisfeitas, porque não somos apenas cérebro, estômago, sexo**; todavia, algo mais: muito mais, **somos Espírito!** E este tem aspirações situadas além das do corpo. Somos também sentimento refinado, vontade de descobrir novos campos, novas eras, novas dimensões. **Somos Almas livres em Deus e não admitimos algemas.** Amamos a liberdade e certamente a conquistaremos à medida que a respeitarmos, contribuindo para o bem de nossos semelhantes com a construção de uma Sociedade Solidária realmente Altruística Ecumênica.

Aliás, há muitos anos cheguei a afirmar e já trouxe aqui, referindo-me à Democracia, ser ela o regime da responsabilidade. O seu sentido mais elevado encontra-se no Evangelho de Jesus, a Boa Nova do Divino Condutor do planeta Terra. E podemos dizer: Coautor deste orbe. **Deus é a Origem de todo o Bem**, de tal forma que nos cumpre meticulosamente dissecar Seus Ensinamentos, de modo que saibamos, em Espaço e Tempo Divinos, desfrutar Sua Sabedoria, magnificência que abarca o Universo. **Jesus é UM com Ele.** Podemos testemunhar a Sua excelsa influência no surgimento desta casa que habitamos, no relato de João, o Evangelho Iniciático, capítulo 1, versículos de 1 a 3:

> — *No princípio era o Verbo, e o Verbo estava com Deus, e* ***o Verbo era Deus****. O mundo* [o planeta Terra] *foi feito por Ele. Tudo foi feito por Ele. Nada do que se fez foi feito sem Ele, Cristo Jesus.*

Ali comprovamos como Jesus formou este corpo celeste, que é a nossa moradia comum, e como a Sua Misericórdia permite que vivamos nele. No entanto, ingratamente o maltratamos, como ainda fazemos no tocante, por exemplo, à água, sem a qual não podemos viver. Com negligência, continuamos profanando-a, como se quiséssemos decretar, nós mesmos, a nossa morte coletiva.

Que acabará sobrevindo?

O precioso líquido em forma potável se tornará, por sua rareza causada pela insanidade humana, mais um grave fator de guerra. Entretanto, nada temamos. Sirvamos ao Criador por intermédio de Suas criaturas. Por quê?! Porque, como revela João no versículo 4 do capítulo primeiro, referindo-se a Jesus, repetimos, que é UM com o Pai:

> — *A vida está Nele, e a vida é a Luz do mundo.*

E o que acontece quando a Luz se apresenta?

O versículo 5 do mesmo capítulo do Evangelho responde:

> — *A Luz resplandece nas trevas, e as trevas não podem prevalecer contra ela.*

Seguros estamos na Divina Segurança das seguras mãos de Jesus.

O Apocalipse é Luz

Por isso, esse nosso afinco em analisar com vocês, os Simples de Coração, o Evangelho e o Apocalipse.

Porque, como, em certa ocasião, declarou o inesquecível dr. **Bittencourt Sampaio** (1834-1895), **o discípulo vê a Luz do Mestre, segue-a. E isso lhe basta.**

O Apocalipse também é Luz, pois nos apresenta a resplendente Nova Jerusalém, que desce do Alto, um Novo Céu e uma Nova Terra. **É Deus fazendo novas todas as coisas** (Apocalipse, 21:5). **O Livro Final das Profecias Bíblicas nos traz, como o Evangelho, conforto ao nosso coração.** E, obrigatoriamente, diante de tantas insânias ainda perpetradas por muita gente neste mundo, o alertamento preciso para a nossa sobrevivência, como o faz aqui nas trombetas, com relação às poluições provocadas pelos seres humanos contra os meios hídricos planetários:

A Terceira Trombeta[18]

(Apocalipse, 8:10 e 11)

10 O Terceiro Anjo tocou a trombeta, e caiu do Céu sobre a terça parte dos rios e sobre as fontes das águas uma grande estrela ardendo como tocha.

11 O nome da estrela é Absinto, e a terça parte das águas se converteu em absinto, e muitos dos homens morreram por causa dessas águas, ***porque se tornaram amargosas.***

---

18 **A Terceira Trombeta** — Comparar com o Terceiro Flagelo (Apocalipse, 16:4 a 6).

O Evangelho e o Apocalipse não são letra morta. Apenas é indispensável um pouco que seja de humildade para entendê-los, por isso estão sendo pregados aos Simples de Coração.

O Apocalipse também é Luz, pois nos apresenta a resplendente Nova Jerusalém, que desce do Alto, um Novo Céu e uma Nova Terra. É Deus fazendo novas todas as coisas (Apocalipse, 21:5).

O Israel de Deus

(Povos, multidões, nações e línguas no Apocalipse de Jesus)

A visão do livro selado com Sete Selos e a do Cordeiro de Deus

5:9 *e entoavam um novo cântico, dizendo:*
Digno és, Senhor, de tomar o livro e de desatar-lhe os Selos, porque foste morto e com o Teu sangue compraste para Deus os que procedem de ***toda tribo, e língua, e povo e nação*** *(...).*

A Visão dos Glorificados

7:9 *Depois destas coisas* ***olhei, e eis grande multidão que ninguém podia enumerar, de todas as nações, tribos, povos e línguas,*** *em pé diante do trono e diante do Cordeiro de Deus, trajando vestiduras brancas, com palmas nas suas mãos.*

A Primeira Voz

14:6 *Vi outro Anjo voando pelo meio do Céu, tendo um Evangelho eterno para pregar aos que se assentam* ***sobre a Terra, e a cada nação, e tribo, e língua e povo*** *(...).*

Jesus, o Autor do Apocalipse, fala, em vários momentos, por intermédio de João Evangelista, nas enormes proporções dos acontecimentos profetizados, como registramos anteriormente, com forte impacto e repercussão para todo o mundo existente, Terra e Céu. Outro exemplo ilustrativo, que carrega bastante simbolismo, encontramos na narrativa sobre a grande meretriz assentada sobre muitas águas.

A descrição da grande meretriz

17:1 *Então veio um dos Sete Anjos que têm as sete taças e falou comigo, dizendo: Vem cá, e eu te mostrarei a condenação da grande meretriz que* ***se acha sentada sobre muitas águas.***

O que são essas muitas águas? O próprio Apocalipse responde no capítulo 17, versículo 15: são povos, multidões, nações e línguas.

— *Falou-me ainda o Anjo: As águas que tu viste, onde a meretriz está assentada, são povos, multidões, nações e línguas.*

Profeta Miqueias

O **Profeta Miqueias**, no capítulo 5, versículo 8 do seu Livro, no Antigo Testamento da Bíblia Sagrada, revela:

> — *E os restos de **Jacó** estarão entre todas as nações. No meio de muitos povos, como um leão entre os animais do bosque (...).*

Ora, essas relíquias de Jacó não podem ser um povo apenas, por melhor que seja, porquanto toda a humanidade é Criação Divina. Por que então privilégio? Esses restos de Jacó serão salvos e terão a fortaleza de leões ferozes no meio dos animais do bosque, porquanto quem está com Deus — e com Jesus, o **Leão da tribo de Judá** (Apocalipse, 5:5) —, se torna invencível. É evidente, pois, que existe o **Israel de Deus** formado, no Espaço Invisível, pelos Espíritos evoluídos, acima de etnias e crenças religiosas; e, na Terra, por judeus e gentios, por circuncisos e incircuncisos. Trata-se do **Israel Universal**, citado por Paulo Apóstolo, posto que, já naquele tempo, ele buscava pregar não apenas aos círculos judaicos e dizia na Carta aos Gálatas, capítulo 6, versículo 15:

> — *Pois nem a circuncisão é coisa alguma, nem a incircuncisão, mas sermos nós nova criatura* [diante de Deus, é claro].

Na Religião do Amor Universal, temos homens circuncidados e incircuncidados, isto é, alguns de quem foi retirado o prepúcio, outros que o têm. Isso era uma lei antiga, respeitada por **Abraão**, que visava, segundo intérpretes, principalmente à higiene, porque aqueles povos viviam em áreas desérticas quentíssimas, favorecendo a putrefação. Depois, com o passar do tempo, tal costume transformou-se num sinal de distinção para os hebreus. Ficou de tal forma marcado na tradição, principalmente na dos sacerdotes que consideravam a circuncisão um sinal da preferência de Deus para com aquele povo, que influenciou a mente ortodoxa de homens esclarecidos como o **Apóstolo Tiago**, a ponto de quase provocar uma cisão no Cristianismo nascente, nos embates surgidos entre ele e Paulo. Se não fosse o espírito conciliador de Pedro[1], a Obra de Jesus teria sofrido grave prejuízo. Também por esse motivo, consideramos Pedro, o Príncipe dos Apóstolos, juntamente a Paulo, o Apóstolo dos Gentios, precursores do Ecumenismo Irrestrito de Jesus, pregado pela Religião de Deus, do Cristo e do Espírito Santo. Ao primeiro,

Abraão

Apóstolo Tiago

[1] **Pedro, o Apóstolo da conciliação** — *Vide* o terceiro volume das *Sagradas Diretrizes Espirituais da Religião de Deus, do Cristo e do Espírito Santo* (1991).

o Divino Mestre entregou a missão de congregar os componentes de Seu Rebanho Ecumênico, ao dizer-lhe por três vezes seguidas:

> 15 *E, depois de terem jantado, disse Jesus a Simão Pedro: Simão, filho de* ***Jonas****, tu me amas mais do que estes? E ele respondeu: Sim, Senhor, Tu sabes que eu Te amo. Disse Jesus a Pedro: Então,* ***apascenta as minhas ovelhas****.*
>
> 16 *E tornou a dizer-lhe uma segunda vez: Simão, filho de Jonas, tu me amas? Respondeu-lhe Simão: Sim, Senhor, Tu sabes que eu Te amo. E Jesus lhe respondeu:* ***Apascenta as minhas ovelhas****.*
>
> 17 *E disse-lhe Jesus uma terceira vez: Simão, filho de Jonas, Tu me amas? Já entristecido Simão Pedro, por lhe ter dito a terceira vez Jesus: Simão, tu me amas? Disse-lhe: Senhor, Tu sabes tudo, Tu sabes que eu Te amo. E Jesus respondeu-lhe:* ***Apascenta as minhas ovelhas****.*
>
> (Evangelho, segundo João, 21:15 a 17)

Ovelhas que, repetimos, encontram-se nos mais variados redis espirituais e humanos, conforme promessa de Deus a Jacó, na sua visão da escada:

> ***— A tua descendência será como o pó da terra****; tu te estenderás para o Ocidente e para o Oriente, para o Norte e para o Sul. Em ti e na tua descendên-*

cia ***serão abençoadas todas as Famílias da Terra*** (Livro de Gênesis, 28:14).

Conforme explanei nas *Sagradas Diretrizes Espirituais da Religião de Deus, do Cristo e do Espírito Santo*, volume 2 (1990), esse versículo significa que Deus não tem privilegiados. Falando a um hebreu, não se esquecia dos gentios: *"todas as Famílias da Terra"*. Eis aqui a justificativa para o gigantesco trabalho dos Apóstolos Pedro e Paulo de levarem ecumenicamente o Cristianismo nascente além das fronteiras hebreias.

Irmãos, Irmãos, Irmãos!

Ora, o povo hebreu era o povo escolhido, àquela altura, por se tratar de uma nação monoteísta. Mas hoje muitos o são também. O povo escolhido de agora, o Israel de Deus, o Rebanho Ecumênico de que fala Jesus, está entre Irmãos judeus, Irmãos árabes, Irmãos sul e norte-americanos, Irmãos russos, Irmãos franceses, Irmãos cubanos, Irmãos chineses, Irmãos esquimós, Irmãos italianos, Irmãos negros, Irmãos brancos, Irmãos amarelos, Irmãos indígenas, Irmãos mestiços, entre Irmãos ateus-materialistas e Irmãos religiosos, entre Irmãos capitalistas e Irmãos comunistas, como nos versos de Zarur no seu "Poema do Ecumenismo Total". Sim: Irmãos, Irmãos, Irmãos, que vão, mesmo que a duras penas, amadurecendo, até que toda a humanidade possa dar-se as mãos, antes que se destrua a si mesma. Sabemos que as perversas desigualdades ainda são grandes, que o desamor campeia, que muitas nações só reconhecem os seus próprios interesses, que há fanatismos, racismos, covardia e ganância. Mas reconhecemos também que milhões alimentam a decisão de se tornarem aríetes para romper antigas barreiras que vêm impedindo um progresso mais humano. Para esses denodados batalhadores, a Mensagem de Jesus aos fiéis da Igreja em Éfeso (Apocalipse, 2:1 a 7), ao mesmo tempo de conforto e alertamento:

Carta do Cristo à Igreja em Éfeso

1 Ao Anjo da Igreja em Éfeso escreve:

Estas coisas diz Aquele que conserva na mão direita as sete estrelas e que anda no meio dos sete candeeiros de ouro:

2 Conheço as tuas obras, assim o teu labor, como a tua perseverança, e que não podes suportar os maus, e que puseste à prova os que a si mesmos se declaram apóstolos e não são, e os achaste mentirosos;

3 e tens perseverança, e suportaste provas por causa do meu nome, e não te deixaste esmorecer.

4 Tenho, porém, contra ti que abandonaste a tua Primeira Caridade.

5 Lembra-te, pois, de onde caíste, arrepende-te e volta à prática das primeiras obras. Senão, virei a ti e moverei do seu lugar o teu candeeiro, caso não te arrependas.

[6] *Mas isto tens de bom: detestas as obras dos nicolaítas, as quais eu também desprezo.*

[7] *Quem tem ouvidos de ouvir ouça o que o Espírito diz às Igrejas do Senhor. Ao vencedor darei a comer os frutos da Árvore da Vida Eterna que se encontra no paraíso de meu Deus.*

Cada um é que se torna escolhido

É necessário sublimar a violência em energia transformadora para o Bem, é urgente **desarmar os corações**[2]. Estou demonstrando com isso que, em todos os rebanhos, os incircuncisos e os circuncidados, quer dizer, os Irmãos judeus e os Irmãos gentios, irão se eleger ao Reino Divino pelos seus atos, pois a preferência quem a faz para a salvação somos nós mesmos. Jesus diz que a cada um sempre será concedido de acordo com os bons frutos que produzir[3].

Agora, de volta à Carta de Paulo aos Gálatas, capítulo 6, mas ao versículo 16:

---

[2] **Desarmar os corações** — Leia em *Jesus, a Dor e a origem de Sua Autoridade — O Poder do Cristo em nós* (2014), do escritor Paiva Netto, o subtítulo "Desarmar os corações — Por uma Cultura de Boa Vontade e Paz, nascida em Jesus". Adquira pelo *site* www.PaivaNetto.com/livros ou ligue 0300 10 07 940.

[3] ***"A cada um de acordo com as suas obras"*** — Jesus (Mateus, 16:27; e Apocalipse, 22:12) — Também encontramos semelhante referência a essa passagem bíblica no Livro de **Jó**, 34:11: *"Pois Deus retribui ao homem segundo as suas obras"*.

> — *E a todos quantos andarem de conformidade com esta regra* [que não leva em consideração ser o homem circuncidado ou não, porque somos todos filhos de Deus em busca da renovação diária Nele], *paz e misericórdia sejam sobre eles e sobre o* ***Israel de Deus*** [isto é, toda a humanidade, formada de circuncisos ou não, como era decididamente defendido pelo ecumenista Paulo de Tarso].

O Israel de Deus está no mundo visível e no ainda Invisível, onde acham-se dispersadas, aos bilhões, as ovelhas de Jesus à ansiosa espera da pregação do Evangelho-Apocalipse, em Espírito e Verdade, à luz do Novo Mandamento do Cristo — *"Amai-vos como Eu vos amei. Somente assim podereis ser reconhecidos como meus discípulos, se tiverdes o mesmo Amor uns pelos outros"* (Evangelho, segundo João, 13:34 e 35). São multidões de circuncidados e de incircuncidados, aguardando o soar das nossas trombetas, que têm de vibrar na correta frequência para conduzi-las ao Sublime Pastor. São as ovelhas de Jesus espalhadas pelos rebanhos humanos e espirituais, nesta dimensão e em outras, prontas para ingressar no redil do Amigo Celeste. Há dois milênios o Divino Chefe proclamou a ordem de evangelizar e *apocaliptizar* o orbe até que formemos na Terra o Israel de Deus, que já se encontra pronto no Céu, conforme disposto na Proclamação do Apocalipse, por intermédio da qual Zarur, convém recordar, advertia:

— Meus Irmãos, o Rebanho Único de Jesus não ***está formado*** *no Evangelho que vocês leram, mas* ***no Apocalipse*** *que vocês não entenderam.*

O Israel de Deus está no mundo visível e no ainda Invisível, onde acham-se dispersadas, aos bilhões, as ovelhas de Jesus à ansiosa espera da pregação do Evangelho-Apocalipse (...). São multidões de circuncidados e de incircuncidados, aguardando o soar das nossas trombetas, que têm de vibrar na correta frequência para conduzi-las ao Sublime Pastor.

Os 144 mil do Apocalipse
O número-qualidade

Então ouvi o número dos que foram selados, que era cento e quarenta e quatro mil, de todas as tribos (...).
(Apocalipse de Jesus, 7:4)

Muita gente se desespera ao ouvir falar nos 144 mil salvos do Apocalipse, pois pensa que está perdida e lamenta:

— *É um número tão pequeno de salvos!...*

Cento e quarenta e quatro mil é o número daqueles que, de geração em geração, são destacados pelo Cristo para a grande tarefa missionária de levar a Sua Boa Nova ao mundo. Eles são o suprassumo espiritual da espécie humana, tendo em vista que há muito mais que 144 mil atuando por Jesus no planeta. Os mais adiantados, os 144 mil, Ele distribui em todas as religiões, porque a mensagem não precisa ser flagrantemente Dele para que seja cristã[1]. **Jesus dirige-se a todas as consciências, pois Sua linguagem é a da Fraternidade real.** Quem não precisa dela? Eis por que sempre surgem na humanidade verdadeiros luminares, impulsionando-a vigorosamente ao progresso. Foi o Cristo Planetário, o Verbo de Deus, quem mandou **Moisés, Josué, Santo Agostinho, Lutero, Melanchton, Erasmo, Bahá'u'lláh, Zoroastro, Einstein, Maria Montessori, Beethoven, Michelangelo, Zamenhof, Stravinsky, Sócrates, Platão, Hipácia, Kardec, Roustaing, Muhammad, Avicena, Maimônides, Lao-tsé, Confúcio, Buda, Zarur, Vivekananda, Spinoza,** os **Curie, Florence Nightingale, Helena Blavatsky, Lao-tsé, Francisco de Assis, Teresa d'Ávila, Jinnah, Gandhi, Mandela, Luther King Jr., João XXIII, Teresa de Calcutá, Antonio de Pádua, Anchieta, Jean de Bolais, Onisaburo, Bezerra de Menezes, Zilda Arns, Zumbi, Mãe Canô, Irmã Dulce, Mãe Menininha do Gantois, Flexa Dourada, Arariboia, Chico Xavier** e tantos outros, até mesmo **Marx**, para sacudir o capitalismo selvagem e levá-lo, pelo temor do adversário ideológico, a humanizar-se. No mundo, não há donos da Verdade. Não pensem que o planeta seja "terra de ninguém". **Há Homem ao leme: é Jesus!**

---

[1] *Vide* "Todas as criaturas e religiões são evidentemente cristãs", nesta obra.

Vemos, então, no capítulo 7, os 144 mil escolhidos das doze tribos de Israel. Já expliquei que, em termos proféticos, Israel não se restringe à nação hebraica. Por que só os Irmãos judeus estariam salvos? Os Irmãos árabes, não? Irmãos judeus, muçulmanos, católicos, protestantes, espíritas, umbandistas, candomblecistas, capitalistas, comunistas, ateus, budistas, hinduístas, bramanistas, xintoístas, todos podem estar incluídos entre os salvos, pois Deus vai nos julgar pelas nossas obras.

Muita gente tornou-se ateia por causa dos erros e abusos religiosos. Por isso, aquela minha antiga afirmação: **a falência religiosa gerou o ateísmo**. Mas para confortar todos os que se esforçam e querem sobrepor-se aos próprios dramas e auxiliar tantos no mundo, convido-os a dirigirem sua atenção para o versículo 9, no capítulo 7 do Apocalipse, o mesmo que trata dos 144 mil selados, que estudaremos no subtítulo "A Visão dos Glorificados".

O "deus" malvado criado pelos seres humanos

Sabiamente dizia Zarur:

> *— Deus criou o ser humano de tal forma que ele só pode ser feliz praticando o Bem.*

Ora, como iria então o Pai Celeste praticar o mal, criando bilhões e bilhões de Espíritos para habitarem o planeta Terra e depois privilegiar apenas 144 mil?! Em linguagem estatística esse número é igual a zero, diante de tantos bilhões. Esse "deus" seria mau, incoerente, inconsequente, criado à imagem e semelhança dos homens. Não é o Deus Divino que o saudoso fundador da LBV canta no seu magnífico poema[2], o Pai Celestial que não se alegra com a miséria de ninguém, já que Ele não nos criou para que sejamos desamparados, infelizes. No livro do Profeta Isaías, 49:15, encontramos uma passagem que muito bem ilustra esta verdade:

> — *Pode uma mulher esquecer-se daquele que amamenta? Não ter ternura pelo fruto de suas entranhas? E mesmo que ela o esquecesse, Eu* [o Senhor] *não te esqueceria nunca.*

O Deus Mestiço

Ah! o deus antropomórfico! Por esta visão, alguns dizem ser ele semita, anglo-saxão (bem branquinho) ou negro. Ah! o deus antropomórfico! Diante disso, somos levados a inferir, em se tratando do Criador de todas as criaturas, do alto de suas humanas barbas

---

[2] **"Poema do Deus Divino", de Alziro Zarur** — *Vide* o terceiro volume das *Sagradas Diretrizes Espirituais da Religião de Deus, do Cristo e do Espírito Santo* (1991).

brancas, ser ele mestiço. A mestiçagem é que singulariza a "raça pura": a terrena. O resto é conversa de doido que arrasta, por motivos também **étnicos**, o mundo à guerra, e cada uma mais cruel que a outra. Na verdade, só há uma raça: a Raça Universal dos Filhos do Deus Divino, Mãe-Pai Celestial, não aquele outro, criado à imagem e semelhança do ser humano falível. **Deus não é o falibilíssimo Júpiter!**[3]

A Visão dos Glorificados

— *Depois destas coisas olhei, e eis grande multidão que ninguém podia enumerar, de todas as nações, tribos, povos e línguas, em pé diante do trono e diante do Cordeiro de Deus, trajando vestiduras brancas, com palmas nas suas mãos.*

(Apocalipse de Jesus, 7:9)

Aí está: são infinitamente mais do que 144 mil os salvos. Cada geração espiritual de "144 mil escolhidos" por merecimento próprio, pelas Boas Obras praticadas pela Fé Realizante em Deus, entre as miríades de miríades dos chamados[4], já fez parte dos 144 mil apoca-

---

[3] **Deus não é o falibilíssimo Júpiter** — Leia o subtítulo de mesmo nome no livro *Tesouros da Alma* (2017), de Paiva Netto. Adquira o seu exemplar pelo *site* www.PaivaNetto.com/livros ou ligue 0300 10 07 940.

[4] Disse Jesus, na parábola das bodas: *"Muitos são os chamados, mas poucos os escolhidos"* (Evangelho, segundo Mateus, 22:14).

lípticos, em duas, três ou mais gerações humanas, pois reencarnaram tantas vezes quantas necessárias. Deram a serviço do Cristo Ecumênico, o Divino Estadista, na Terra lições específicas às criaturas. **Esse número significa qualidade** conseguida por esforço próprio de cada um no exercício de seu livre-arbítrio. Somente 144 mil quantitativamente salvos seria privilégio odioso da parte de um Deus que é Amor.

Quanto ao Sexto Selo, que veremos na sequência, ele é tremendo, porque demonstra o que receberão, por sua própria semeadura, os hipócritas. Sobretudo, aqueles convocados por Deus e que de modo infeliz descumprem os Seus solidariamente civilizatórios preceitos.

Cento e quarenta e quatro mil é o número daqueles que, de geração em geração, são destacados pelo Cristo para a grande tarefa missionária de levar a Sua Boa Nova ao mundo. Eles são o suprassumo espiritual da espécie humana, tendo em vista que há muito mais que 144 mil atuando por Jesus no planeta.

Ao abrir os Selos, Jesus revela nossa intimidade

O Sexto Selo

(Apocalipse do Cristo, 6:12)

— *Vi quando o Cordeiro de Deus abriu o Sexto Selo, e eis que sobreveio grande terremoto. O sol se tornou negro como um saco de crina, a Lua toda como sangue.*

Isso é muito sério. **Precisamos estar sempre espiritual e moralmente fortalecidos para que possamos resistir a todos esses acontecimentos que já estão ocorrendo e que já se deram na História do mundo, em várias ocasiões.** Somos julgados toda vez que nos despimos da vestimenta carnal; aquilatados pela nossa própria consciência. É essa dor íntima que mais fere os que bradam: ***"Quem poderá sobreviver?"*** Não adiantou a eles se esconderem sob as pedras ou nas cavernas dos montes (Apocalipse, 6:16 e 17). **Quem pode**

se ocultar da própria consciência se não corrigir os seus passos? Somente o conhecimento espiritual — tão bem simbolizado pela Água da Vida Eterna que Jesus, o Cristo Ecumênico, o Estadista Celeste, nos oferta no Último Livro do Cânone Sagrado (capítulo 21) — pode nos livrar dos tormentos da Alma:

> 5 *Então, Aquele que está assentado no trono disse: Eis que faço novas todas as coisas. E acrescentou: Escreve, porque estas palavras são fiéis e verdadeiras.*
> 6 *Disse-me ainda: Tudo está feito. Eu sou o Alfa e o Ômega, o Princípio e o Fim. Eu a quem tem sede darei de graça a beber da* ***Fonte da Água da Vida Eterna****.*
> 7 *O vencedor herdará estas coisas, e Eu lhe serei Deus e ele me será filho.*

Ao saciarmos a sede de nosso Espírito com esse líquido precioso, nos libertamos de nós mesmos, do egoísmo que tanto mal nos faz; da maldade que acompanha os passos de tanta gente neste mundo; da ganância que destrói não somente as matas, mas assassina as populações das grandes cidades por força da poluição gerada por um progresso em que o lucro de poucos é alcançado em cima do prejuízo de multidões. Mas acontece que agora a agressão que se faz tem expansão global. **Aumentada a miséria e a pobreza na Terra, comprometeremos a estabilidade**

do mundo[1]. Sobretudo, em continentes considerados perdidos, como preconceituosamente andaram dizendo da África. Esses fatos nos remetem àquele ensinamento do Educador Celeste sobre a rocha firme na qual devemos fundamentar nossa existência:

Os dois fundamentos

(Evangelho, segundo Lucas, 6:46 a 48)

[46] *Por que me chamais: "Senhor, Senhor!", e não fazeis o que Eu vos mando?*

---

[1] **A imigração em massa para os países** — Já pudemos ler em capítulos anteriores que o escritor Paiva Netto propõe que nos integremos no Espaço-Tempo de Deus, pois assim *"nos tornamos a própria Profecia"*. E aqui temos um exemplo disso: em sua pregação fraterna sobre os alertamentos celestes, no final dos anos 1980 e início de 1990, ele se referiu ao fato de que, aumentada a miséria e a pobreza na Terra, comprometeríamos a estabilidade do mundo. A Europa e os Estados Unidos, que vivem há alguns anos uma enorme onda de migração econômica, têm sido palco da ascensão de movimentos xenófobos, o que traz profundas implicações geopolíticas e riscos crescentes à segurança internacional. A chegada dessas grandes quantidades de imigrantes vem também influenciando os costumes e as relações econômicas locais. E isso está se estendendo por todos os continentes. O autor, que costuma dizer que *"não existem departamentos estanques no mundo"*, denuncia o fenômeno crescente da globalização da miséria e, por isso, a contrapõe, desde o fim da década de 1970, com a **Globalização do Amor Fraterno**, tese inclusive encaminhada por ele à ONU em publicação traduzida para diversos idiomas dirigida aos participantes da Reunião de Alto Nível (*High-Level Segment* 2007) do Conselho Econômico e Social (Ecosoc), órgão das Nações Unidas, no qual a LBV possui *status* consultivo geral. Você pode acessá-la pelo portal www.boavontade.com.

47 *Todo aquele que vem a mim e ouve as minhas palavras e as põe em prática, Eu vos mostrarei a quem é semelhante.*

48 *É semelhante a um homem que edifica uma casa, à qual deu profundos alicerces e cavou, e abriu bem fundo, e pôs os fundamentos sobre a rocha; e, quando veio uma enchente de águas, deu impetuosamente a inundação sobre aquela casa, e não pôde movê-la, porque estava fundada sobre rocha.*

Se não levarmos em consideração esse sério alertamento corremos o risco de, na primeira procela, sermos arrastados pela inundação.

O Forte Terremoto e a metamorfose do Sol e da Lua

O Sexto Selo anuncia grande terremoto.

Não me refiro somente ao geológico. É, também, o abalo nas tradições, nas instituições, nas situações e nos paradigmas considerados irremovíveis.

Onde está o poder dos poderosos?

Um dia, a humanidade toda bradará isso, porque esse poder se terá desfeito, ***"o sol haverá se tornado negro como um saco de crina****, e a lua toda como sangue..."* (Apocalipse, 6:12). Quer dizer, **o que hoje é brilhante, expressivo, desaparecerá, virará pó**, pois

a fonte de luz de uma civilização egoísta se apagará. Quando o Amor não consegue realizar a sua tarefa, a Mestra Dor se apresenta.

A História está repleta de exemplos de que, no plano das formas, nada é inamovível. Vejam o caso dos Impérios Romano, Babilônico, Assírio, Espanhol, Português, Inglês e tantos outros que desapareceram. O Sol se apaga, a Lua se transforma em sangue de dor. As estrelas que caem do céu sobre a Terra não são esses mastodontes, digamos assim, que orbitam pelo Universo; **mas representam poderes que se desfazem**.

Que tal permanecermos no caminho estreito da porta estreita, conforme convida-nos fraternalmente o Divino Mestre, em Seu Santo Evangelho, segundo Mateus, 7:13 e 14?:

> [13] ***Entrai pela porta estreita***; *porque larga é a porta e espaçoso o caminho que conduz à perdição, e são muitos os que entram por ela.*
> [14] *Estreita, porém, é a porta e apertado* ***o caminho que conduz para a Vida Eterna****, e são poucos os que acertam com ela.*

Ela abre para nós toda a Sabedoria Divina, proporcionando-nos a libertação espiritual que tanto almejamos.

Jesus abre os Selos

Trazemos o Universo dentro de nós mesmos.

Os **Selos** significam principalmente a **intimidade conflagrada do ser humano**.

Ora, temos em nosso íntimo o céu e, enquanto não evoluirmos, o inferno também. **Tudo ocorre primeiramente no interior das criaturas.**

Jesus vai abrindo os Selos do Livro e as Profecias vão surgir, resultantes dos pensamentos e das ações espirituais e humanas. Afinal de contas, somos aquilo que pensamos, falamos e realizamos. As nações na Terra e no Mundo dos Espíritos são consequência de nossos acertos e loucuras. **As trombetas que logo vêm** em seguida apenas **tocarão os acordes compostos pelas atividades iluminadas ou trevosas** de nossas Almas. Como escreveu Zarur, e citamos anteriormente:

> — *A Lei Divina, julgando o passado de homens, povos e nações, determina-lhes o futuro.*

Nesse caso, por que nos queixarmos do Apocalipse? **Quem o escreveu fomos nós mesmos com os nossos atos.** Ainda bem que a Misericórdia Divina sobrepõe-se sempre aos erros humanos. De outra forma, o mundo já teria implodido há muito tempo pela arrogância de certos loucos que andam por aí. Bem a propósito, estas palavras do rei guerreiro e poeta, no Primeiro Livro de Crônicas, 21:13:

— *Davi respondeu a Gade: "Estou numa grande aflição... Ah! Que eu caia nas mãos do Senhor, pois imensa é Sua misericórdia, mas não caia na mão dos homens!"*

Cuidado com o mau uso do seu livre-arbítrio

Se no céu da nossa intimidade ocorre um violento terremoto, o sol interior igualmente se torna negro como um saco de crina, e a lua íntima toda como sangue (Apocalipse, 6:12). O nosso universo particular fica conturbado. Quem sofre com isso? A humanidade. A culpa não é do Apocalipse. Pelo contrário, ele fraternalmente se dá ao trabalho de nos avisar: **cuidado com o mau uso do seu livre-arbítrio, lembre-se sempre de que existe a Lei do Retorno sobre nossos atos.**

O exemplo do ferro

Para facilitar o entendimento de meu raciocínio, utilizo o exemplo bem popular do ferro de passar roupa. Se, em vez de segurá-lo pelo cabo, você encostar sua mão na chapa quente, vai se queimar. A culpa é do ferro? Não! É exclusivamente sua. Assim ocorre com a Lei Divina tão bem explicitada no Livro da Revelação Final.

Não há um fato sequer da nossa tormenta espiritual e humana que não tenha consequência. **O furor dos sentimentos é que provoca toda essa tribulação narrada no Sexto Selo**, e vejam que **essas tormentas selavam o Livro. Logo, aquilo que está dentro dele é resultado da angústia ou da fortaleza que habita nossa Alma. Exercitemos nosso otimismo realista e nossa perseverança em Jesus**, pois como encontramos em Provérbios, 10:16:

> — *A obra do justo conduz à Vida, mas o trabalho do perverso leva ao pecado* [à sua destruição].

Os Selos, como um todo, simbolizam a intimidade dos seres espirituais e humanos sendo exposta. E **quem possui Poder e Autoridade Espiritual para abrir os Selos**[2] **é o Cristo de Deus**. Por isso, Ele **está revelando à humanidade aquilo que ela cultiva no coração, para que possa vir a redimir-se de sua ignorância**. As pessoas procuram esconder suas infrações, mas **o Divino Médico intervém clinicamente** na intimi-

---

[2] **Poder e Autoridade Espiritual para abrir os Selos** — Apocalipse, 5:5 — *"(...) Eis que o Leão da tribo de Judá, a Raiz de Davi,* ***pela Sua vitória alcançou o poder de abrir o livro e os seus Sete Selos*** **[Ele é o Cristo de Deus]***"*.

dade das criaturas e as manifesta, como está fazendo com os seres da Terra e do Céu da Terra. Portanto, não adianta mentir-Lhe. A Sua providência médica é para que não haja o apodrecimento final do valioso corpo chamado humanidade.

Em nossa intimidade escrevemos as páginas do nosso destino

Breve será de conhecimento de todos os fatos íntimos de cada criatura do Mundo Espiritual e do Material, até por causa do desenvolvimento impressionante da tecnologia. Hoje, de um satélite na órbita deste planeta, pode-se fotografar a placa de um carro transitando na Terra. Que tal vivermos às claras?

Observem que o julgamento dos povos, que é dinâmico, isto é, vem se desenrolando no transcorrer dos séculos, é anunciado quando Jesus desata o Sétimo Selo, no capítulo 8 do Apocalipse.

O Sétimo Selo
Os Sete Anjos com as suas Trombetas

1 Quando o Cordeiro de Deus abriu o Sétimo Selo, fez-se grande silêncio no Céu por cerca de meia hora.

2 Então vi os Sete Anjos que se acham em pé diante de Deus, e lhes foram dadas sete trombetas.

3 Veio outro Anjo e ficou de pé junto ao altar, com um incensário de ouro, e lhe foi dado muito incenso

para oferecê-lo com as orações de todos os Santos so-
bre o altar de ouro que se acha diante do trono;
4 *e da mão do Anjo subiu à presença de Deus o*
fumo do incenso, com as orações dos Santos.
5 *E o Anjo tomou o incensário, encheu-o do fogo do*
altar e o atirou à Terra. E houve trovões, estrondos,
vozes, relâmpagos e um grande terremoto.
6 *Então os Sete Anjos que tinham as Sete Trombe-*
tas prepararam-se para fazê-las tocar.

A essa altura, abre-se o Livro e ocorre o silêncio no Céu por cerca de meia hora. Tudo o que está profetizado como fatos sociais, políticos, guerreiros, científicos, econômicos etc., já estava antes escrito nos Selos por nós mesmos, pelo bom ou mau desempenho de nosso livre-arbítrio. Não por Deus.

Nós, seres espirituais e humanos, gravamos com a nossa intimidade, faltosa ou luminosa, as páginas do nosso próprio destino. A Intervenção Divina, quando se manifesta, o faz em benefício das criaturas.

"Não há segurança fora de Deus"

Quando **o Cristo** abre o Sétimo Selo, **faz o ser humano revelar-se**, expor a sua última podridão ou sua mais divina qualidade. Depois, vêm as consequências, pois o silêncio no Céu é justamente aquele suspense intermediário que antecede os acontecimentos mais graves que são, em última análise, a execução da sentença prolatada pela própria humanidade para o seu Julgamento Final. Basta abrir os jornais, as revistas, navegar pela internet, ver televisão, ouvir rádio, sair às ruas... É o reino da violência a que estamos assistindo, em que ninguém tem mais garantia. Tantos se cercam de grades fortes, mas os assaltos prosseguem, os assassinatos multiplicam-se. Tudo continua incerto. Por quê?! Porque **não adiantam altos muros pretensamente intransponíveis para nos proteger da terrível coação que vem de fora, visto que o perigo pode encontrar-se dentro de nossas fronteiras**, porquanto está havendo uma implosão dos lares com a desagregação da família, que, com urgência, precisa de assistência espiritual. Agora, como nunca, é flagrante a veracidade desta afirmativa de Zarur, sobre a qual devemos constantemente refletir:

— ***Não há segurança fora de Deus.***

Tudo o que está narrado nos Selos vai acontecendo na Política, na Religião, na Filosofia, na Ciência, na Economia, na Arte, no Esporte, enfim, em todos os campos da vida humano-socio-espiritual, pois, reforçamos, somos aquilo que pensamos, falamos e, consequentemente, realizamos. Os seres humanos haviam fechado o Livro, para manter tudo escondidinho: roubando, matando, caluniando, dilapidando. Mas não adianta, visto que Jesus desata os Selos. Daí são expostos os resultados das mazelas da sociedade, mas também de suas virtudes.

A Verdade, por mais que doa, nos faz crescer. E os seres terrestres da mesma forma são capazes de feitos extraordinários, de atos dos mais incríveis sacrifícios, de renúncias incontáveis, de capacidades renovadoras incomensuráveis, de rasgos de Fraternidade históricos.

Evangelista Lucas

Portanto, somos filhos e filhas de Deus em incessante progresso, no caminho da realização como gente e, antes de tudo, Espírito. Não foi à toa que Jesus afirmou no Evangelho, segundo **Lucas**, 21:18 e 19:

> 18 *Não há um fio de vosso cabelo que caia sem que Deus saiba.*
>
> 19 *Na vossa perseverança, salvareis as vossas Almas.*

Os Selos, como um todo, simbolizam a intimidade dos seres espirituais e humanos sendo exposta. E quem possui Poder e Autoridade Espiritual para abrir os Selos é o Cristo de Deus. Por isso, Ele está revelando à humanidade aquilo que ela cultiva no coração, para que possa vir a redimir-se de sua ignorância.

O Apocalipse está em todos os livros sagrados

Já explicamos que o Apocalipse, por significar Revelação, está presente em toda a Escritura Sagrada, a partir da Gênese Mosaica. E, por sinal, lanço uma arguição aos que o consideram um livro apócrifo: se a Revelação está em toda a Bíblia Sagrada, seria então toda ela apócrifa?! Agora vamos mais longe: não somente o Cristianismo anuncia o Fim dos Tempos, contudo a maioria das crenças de uma forma ou de outra o faz. Essa etapa crucial da evolução do planeta se dá, antes de tudo, no interior das criaturas, estejam onde estiverem. Uma vez que, em suas propostas originais, se preocupam com a Alma humana e a sua destinação, as religiões dedicam-se ao estudo — aberta ou veladamente — do Fim dos Tempos. **O Apocalipse está,** portanto, **presente em todos os Livros Sagrados da Terra. O entendimento dessa verdade derruba o privilégio odioso de que a salvação foi designada por Deus a este ou àquele povo esco-**

lhido, tão cheio de defeitos ou qualidades quanto os demais. Tornamo-nos preferidos, todos nós, seja qual for nossa maneira de encarar a existência ou a inexistência de Deus, à medida que praticamos o Bem, sem o qual sociedade alguma poderá livrar-se da violência, pois *"a cada um será dado de acordo com as suas obras"* (Apocalipse, 22:12). Praticar o Bem é inclusive promover Desenvolvimento Social, Solidário e Sustentável, Educação e Cultura, Arte e Esporte, com Espiritualidade Ecumênica, para que haja Consciência Socioambiental, Alimentação, Segurança, Saúde e Trabalho para todos, no despertar do Cidadão Planetário.

Os fundadores das religiões, cada um a seu modo, citam o Juízo Final. Eis um luminoso exemplo encontrado na 99ª Surata do Alcorão Sagrado, do **Profeta Muhammad** (570-632) — *"Que a Paz e as Bênçãos de Deus estejam sobre ele!"*

> — *Quando a terra executar o seu tremor predestinado, e descarregar os seus fardos, o homem dirá: Que ocorre com ela? Nesse dia, ela declarará as suas notícias, porque o teu Senhor lhas terá revelado. Nesse dia, os homens comparecerão (de seus túmulos*[1]*), em massa, para que lhes sejam mostradas as suas*

[1] ***... de seus túmulos*** — Algumas traduções do Alcorão Sagrado se utilizam dessa expressão.

obras. Quem tiver feito o bem, quer seja do peso de um átomo, vê-lo-á. E quem tiver feito o mal, quer seja do peso de um átomo, vê-lo-á.

Educação, Espiritualidade Ecumênica, Segurança

O Apocalipse é o Altruísmo de Deus para com os Seus filhos. Ele é uma das potentes bases da civilização nova. Também dele se levanta a estrutura sobre a qual se apoiará o mundo e a sistemática que brevemente irá gerir o desenvolvimento dos povos e conduzirá as nações ao seu glorioso destino. Com ele o fundamento das relações internacionais deixará de ser a grosseira disputa econômica e territorial, a hegemonia do poder pela força, porque, como se encontra nos versículos 9 e 10 do capítulo 13 do Livro das Profecias Finais:

> 9 *Se alguém tem ouvidos de ouvir, ouça.*
> 10 *Se alguém leva para cativeiro, para cativeiro vai. Se alguém matar à espada, necessário é que seja morto à espada. Aqui está a perseverança* [a paciência] *e a fidelidade* [a certeza] *dos Santos de Deus.*

"Se alguém matar à espada, necessário é que seja morto à espada". Certos estudiosos pretendem que Jesus, com essa afirmação, esteja sacramentando a pena de morte. Ora, isso é um disparate! Trata-se de uma in-

terpretação absurda, porque o Divino Mestre, no Seu Evangelho, segundo Mateus, 5:44, manda amarmos até mesmo os nossos inimigos. O Apocalipse refere-se a mecanismo da Divina Lei Universal da Reencarnação. Nada mais, nada menos.

Por sinal, quando na década de 1980 defendi, na *Folha de S.Paulo*, a prática do altruísmo nas relações humanas e sociais, um amigo meu, que admiro, questionou de sua parte:

> — *Como política ou mesmo economia com altruísmo? Isso não existe.*

Contudo, é desse sentimento salutar que mais rapidamente se desenvolve a consciência espiritual e humana dos indivíduos. Hoje, todos sentem a necessidade do altruísmo nas mais diversas áreas do saber. A falta dele gera essas convulsões sociais, guerras entre países, as civis, em todo o mundo. E aqui está, no Apocalipse, a forma de se fazer essa transformação sem abalos e sem sangue.

Então, comecemos ontem!

Muito mais se gastasse com Educação, Cultura e Alimentação, iluminadas pela Espiritualidade Superior, melhor Saúde teriam os indivíduos, portanto, maior disposição para o Trabalho, menores seriam os gastos com segurança, entre tantos outros resultados benéficos.

— *Ah! é esforço para muito tempo?!*

Então, comecemos ontem! Senão, as barreiras no mundo, que estão ruindo, darão passagem ao contágio da desilusão que atingirá toda a Terra.

Na esfera climática, por exemplo, já ocorre isso: a poluição das grandes nações afeta todo o orbe, independentemente de fronteiras. No campo social, iremos cada vez mais assistir a fato semelhante, no sentido contrário. Roma, com toda a sua potência, não pôde conter a invasão dos povos que antes dominara, exercendo com maestria o insidioso dividir para reinar: *"Divide et impera"*, mais tarde preceituado por **Maquiavel** (1469-1527).

De nossa parte, sempre pugnaremos pela **UNIÃO!** Como registrei em minha obra *A Missão dos Setenta e o "lobo invisível"* (2018), durante décadas, no *Programa Boa Vontade* (PBV)[2], bradei e ainda brado aos corações que nos queiram ouvir, principalmente nestes gravíssimos momentos que vivenciamos no planeta Terra, esta assertiva do saudoso Irmão Zarur:

---

2 ***Programa Boa Vontade* (PBV)** — Sob o comando de Paiva Netto, teve início em 1º de junho de 1983, pela Rede Bandeirantes de Televisão — Band. Hoje, a palavra de Paiva Netto pode ser acompanhada pela Boa Vontade TV (BoaVontade.com/TV — YouTube.com/BoaVontadeTV — Oi TV — canal 212 — Net e Claro TV — canais 196 e 696).

— *O Brasil* [e hoje dizemos: e o mundo] *precisa, agora mais do que nunca, da união de todos os seus filhos!*

Eu lhe peço permissão para completar: **em torno de Jesus!**

O Apocalipse é o Altruísmo de Deus para com os Seus filhos. Ele é uma das potentes bases da civilização nova. Também dele se levanta a estrutura sobre a qual se apoiará o mundo e a sistemática que brevemente irá gerir o desenvolvimento dos povos e conduzirá as nações ao seu glorioso destino.

Identidade e artimanhas do dragão

O dragão é a antiga serpente que na aparência pôs-se a descansar sobre a areia do mar (Apocalipse, 12:18), depois de perseguir a mulher que deu à luz um varão, por intermédio do qual

> — *(...) veio a Salvação, o Poder, o Reino do nosso Deus e a autoridade do Seu Cristo, pois foi expulso o acusador de nossos irmãos, o mesmo que os acusa de dia e de noite, diante do nosso Deus* (Apocalipse, 12:10).

Já explicamos que, se nos integrarmos no Dia do Senhor, ou seja, no Espaço e no Tempo de Deus, passando a vivenciar a Profecia em nós, compreenderemos que a Profecia é instantânea em Espaço e Tempo de Deus, o eterno presente: não há dia nem há noite, como na Nova Jerusalém, pois a Luz que há de brilhar, e desde sempre brilha na Jerusalém Celestial, é Jesus, *"o Sol da Caridade"*, conforme o Irmão Zarur sabiamente O definia.

O estudo do Apocalipse de Jesus para os Simples de Coração realizará esse milagre, quando todos registrarmos a sua **Frequência Divina** em nossos Espíritos: trata-se de uma questão de sintonia.

Frequência Divina, Profecias e a Volta de Jesus

E o que o dragão mais deseja é plantar a semente da dúvida nos corações, tal qual aqueles que desavisadamente zombavam da Volta Triunfal de Jesus, conforme denunciou Pedro Apóstolo, na já citada Segunda Epístola, 3:1 a 13:

> [1] *Amados, esta é, agora, a segunda epístola que vos escrevo; em ambas, procuro despertar com lembranças a vossa mente esclarecida,*
> [2] *para que vos recordeis das palavras que, anteriormente, foram ditas pelos Santos Profetas, bem como do mandamento do Senhor e Salvador, ensinado pelos vossos Apóstolos,*
> [3] *tendo em conta, antes de tudo, que, nos últimos dias, virão escarnecedores com os seus escárnios, andando segundo as próprias paixões*
> [4] *e dizendo: Onde está a promessa da Sua vinda? Porque, desde que os pais dormiram, todas as coisas permanecem como desde o princípio da criação.*

Vejamos a explicação que o Príncipe dos Apóstolos apresenta:

> 5 *Porque, deliberadamente, esquecem que, de longo*
> *tempo, houve céus bem como terra, a qual surgiu da*
> *água e através da água pela Palavra de Deus,*
> 6 *pela qual veio a perecer o mundo daquele tempo,*
> *afogado em água.*
> 7 *Ora, os céus que agora existem e a terra, pela*
> *mesma palavra, têm sido entesourados para fogo, es-*
> *tando reservados para o Dia do Juízo e destruição*
> *dos homens ímpios.*
> 8 *Mas, amados, não ignoreis uma coisa:* ***um dia***
> ***para o Senhor é como mil anos, e mil anos, como***
> ***um dia que já passou****.*
> 9 ***O Senhor não retarda a Sua promessa, ain-***
> ***da que alguns a tenham por demorada; mas é***
> ***longânimo para convosco, não querendo que***
> ***ninguém se perca, senão que todos cheguem ao***
> ***arrependimento.***
> 10 *O Dia do Senhor virá, entretanto, como ladrão,*
> *no qual os céus passarão com estrepitoso estrondo e*
> *os elementos aéreos se desfarão abrasados; também a*
> *Terra e as obras que nela existem serão atingidas.*
> 11 *Visto que todas estas coisas hão de ser assim des-*
> *feitas, deveis ser como aqueles que* ***vivem em santo***
> ***procedimento e piedade,***

12 ***esperando e apressando a vinda do Dia de Deus****, por causa do qual os céus, incendiados, serão desfeitos, e os elementos abrasados se derreterão.*
13 *Nós, porém, segundo a Sua promessa,* ***esperamos novos Céus e nova Terra, nos quais habita a Justiça****.*

Não podemos querer enquadrar grandezas infinitas em porções finitas de compreensão. **O cumprimento das Profecias de Deus não depende das contingências humanas, todavia operam primeiro em mais elevada dimensão, pois provêm de uma esfera cuja frequência é outra.** Os zombeteiros de plantão infelizmente raciocinam em uma frequência materialíssima, portanto não se permitem sintonizar a **Frequência Celeste**. Logo, em termos sociais, não podem entendê-la.

Recorro ao capítulo "Frequência Divina", que publiquei em minha obra *Jesus e a Cidadania do Espírito* (2001), sendo fruto de uma palestra de improviso durante Cruzada do Novo Mandamento de Jesus no Lar, transmitida pela Super Rede Boa Vontade de Comunicação (rádio, TV e internet), em 5 de fevereiro de 2004. Evidenciei que a vida, para os que têm *"olhos de ver e ouvidos de ouvir"*, é uma conquista diária, seja no corpo ou no Espírito. É como se fora uma boa orquestra que a gente ouve, não se cansa e se empolga ainda mais. A cada bela interpretação, é possível identificar novas tonalidades de determinados instrumentos, ou outras que não captara antes e algumas nuanças que apenas notará mais tarde. A apreciável melodia é a mesma, exatamente a que estava ali, na partitura, você, porém, não distingue, de uma vez, toda a singeleza ou majestade. Do mesmo modo se dá nas questões espirituais. **À medida que o ouvido acessa a Frequência Divina, mais se deleita com a estrutura melódica.** É o que sucede no âmbito das **realizações proféticas**, porquanto **provêm de tempo-espaço mais refinado que o nosso antiquado conceito de espaço-tempo**, tão tardo, tão sorneiro...

Sendo assim, pode causar uma espécie de ansiedade e/ou angústia não ver acontecimentos previstos se dando no plano material. Isso por termos como base nossos sentidos físicos, que — à espera de eventos espetaculares, tal qual os imaginamos — nos levam a crer que os vaticínios não passavam de embuste. No entanto, **os fatos divinos profetizados estão ocorrendo em Frequência Supina, vistos pelos Simples de Coração ao situarem-se no Dia do Senhor. Em Deus está a simplicidade de todas as coisas que precisam ocorrer.**

Os rebanhos humanos tornam-se joguetes da grande serpente

Saberemos, por exemplo, que o dragão, também chamado satanás, vai tomando as formas que quiser, e os rebanhos humanos, na sua parte de Babilônia, em outras palavras, sua parcela não apreciável, tornam-se joguetes dele. Como ainda

— *Os filhos do mundo são mais perspicazes do que os filhos da Luz* (Evangelho, segundo Lucas, 16:8),

vão aqueles cumprindo a sua tarefa de, até mesmo, cruéis cobradores cármicos. Assim, em determinado momento da História, o grupo tal reveste-se da figura da besta, da *"grande prostituta"*, em outra ocasião é determinada ideologia. Mas é tudo um novo disfarce do dragão, que lhes dá sua voz e aparente autoridade, no afã iníquo, todavia inócuo, de destruir a Obra Divina.

No capítulo 13 do Apocalipse, vemos a existência da besta que emerge do mar e da besta que surge da terra, mas são ambas simples projeção da grande serpente, mentirosa desde o princípio, como disse Jesus, no Seu Evangelho, consoante João, 8:44. O Divino Mestre foi sacrificado (perseguido pela serpente) desde a fundação do mundo (Apocalipse, 13:8), porque aceitou Sua própria imolação quando assumiu a tarefa de criar o planeta Terra (Evangelho, segundo João, capítulo 1). Eis também por que o Cristo Ecumênico, o Divino Estadista, tem a Suprema Autoridade para advertir:

— *Aquele que pega do arado e olha para trás não é digno de me seguir* (Evangelho, segundo Lucas, 9:62).

Insídia do dragão confunde intérpretes

Certos intérpretes do Apocalipse (hoje em dia há até mesmo Irmãos ateus interessados em sua leitura) deixam-se, de vez em quando, confundir por satanás (isto é, o erro), que está irado:

> — *(...) satanás desceu até vós, cheio de grande cólera, sabendo que lhe resta pouco tempo* (Apocalipse, 12:12).

Observem que as bestas não são intrinsecamente este ou aquele poder, esta ou aquela fatia humana eternamente, pois, se houve, segundo o critério de alguns, o tempo de apontá-las como tal, pela necessidade de se fixar certos fatos da Profecia nos acontecimentos históricos, agora é a hora de desmascarar o grande dragão. E igualmente é o momento de todos procurarmos, unidos, batalhar para resolver as dificuldades que perturbam a uns mais que outros de tempos passados até os atuais. Entretanto, nesta época de quedas de fronteiras, marcadamente as econômicas, ninguém ficará a salvo do que possa vir a ocorrer, mesmo nos pontos mais distantes, e não apenas pela ameaça do mau uso do poderio atômico, aparentemente cada vez menos possível de ser desencadeado pelo fim da guerra fria (estávamos em 1991). Ledo engano! Sempre chamo a atenção de que isso pode significar que vem uma outra quentíssima por aí. Esse perigo não cessou e há outros maiores, como o terrorismo biológico. Só não vê quem não quer. Diante disso, o caminho da Fraternidade Ecumênica, fartamente pregado por Jesus, também no Apocalipse, irá se tornando a opção divinamente adequada, exposta por Isaías, 11:1 a 10:

O reinado pacífico do Rebento de Jessé

1 *Do tronco de Jessé sairá um rebento, e das suas raízes, um renovo.*
2 *Repousará sobre ele o Espírito de Deus, o Espírito de sabedoria e de entendimento, o Espírito de conselho e de fortaleza, o Espírito de conhecimento e de temor do Senhor.*
3 *Deleitar-se-á no temor do Senhor; não julgará segundo a vista dos seus olhos, nem repreenderá segundo o ouvir dos seus ouvidos;*
4 *mas julgará com justiça os pobres e decidirá com equidade a favor dos pacíficos da terra; ferirá a terra com a vara de sua boca e com o sopro dos seus lábios matará o perverso.*
5 *A justiça será o cinto dos seus lombos, e a fidelidade, o cinto dos seus rins.*
6 *O lobo habitará com o cordeiro, e o leopardo se deitará junto ao cabrito; o bezerro, o leão novo e o animal cevado andarão juntos, e um pequenino os guiará.*

7 A vaca e a ursa pastarão juntas, e as suas crias juntas se deitarão; o leão comerá palha como o boi.
8 A criança de peito brincará sobre a toca da áspide, e o já desmamado meterá a mão na cova do basilisco.
9 Não se fará mal nem dano algum em todo o meu santo monte, porque a terra se encherá do conhecimento do Senhor, como as águas cobrem o mar.
10 Naquele dia, recorrerão as nações à raiz de Jessé que está posta por estandarte dos povos; a glória lhe será a morada.

Melhor que irresponsavelmente não construamos o que o mesmo Profeta anuncia no versículo 3, capítulo 24 do seu livro no Antigo Testamento da Bíblia Sagrada:

> *— A Terra será de todo devastada e totalmente saqueada (...).*

A opção é nossa.

Enquanto muitos se acusam, satanás ganha terreno

O dragão tenta causar o maior estrago possível, pois *"satanás está desesperado, por saber que lhe resta pouco tempo"* (Apocalipse, 12:12). Conforme consta de tantas profecias, a exemplo da Profecia de Fátima, segundo alguns intérpretes, ele busca se instalar, insidiosamente, até mesmo nos altos escalões de todas as áreas do saber humano, mas ele não é elas. Elas é que em certos momentos podem estar sintonizadas nele. De igual modo, todas podem se livrar de sua nefasta influência[1].

O dragão é pérfido, astucioso. Por isso é que a besta que emerge do mar *"é semelhante a leopardo"* (Apocalipse, 13:2). Ele se infiltra em determinado grupo, passa para outro e vai fazendo emergir as partes de Babilônia que todos podem possuir em seus corações, porque são compostos, na Terra, por criaturas humanas, portanto, falíveis. Então, enquanto alguns acusam aquele ou outro coletivo, que, durante parte da História, poderia abrigar a besta (uma ou outra), ela já se encontraria em lugar diferente. Enquanto alguns se fixam perigosamente em acusações intolerantes a este ou àquele rebanho, a esta ou àquela ideologia, a esta ou àquela facção política, a esta ou àquela escola filosófica, como se elas fossem capazes de arrasar a Obra de Deus,

---

[1] **Defesa espiritual** — Para se aprofundar no assunto, leia *A Missão dos Setenta e o "lobo invisível"* (2018), livro do escritor Paiva Netto em que nos convida a estudar, versículo a versículo, "A Missão dos Setenta Discípulos de Jesus" (Evangelho, segundo Lucas, 10:1 a 24). Nele, denuncia a ação do "lobo invisível", o espírito obsessor, que a tantas tragédias vem arrastando indivíduos, famílias, sociedades, governos, países. Essas e outras obras podem ser adquiridas pelo *site* www.PaivaNetto.com/livros ou ligue 0300 10 07 940.

estaremos (desculpem a expressão) "comendo mosca". A serpente, mentirosa desde o princípio (Evangelho, segundo João, 8:44), vai agindo em qualquer lugar, na terra e no mar, em que somente um ou vários elementos lhe deem oportunidade para manifestar-se. Ela se disfarça como quer, mas é sempre a serpente: guerra de todos os tipos, avidez, medo, poder, desilusão, tecnologia afastada da ética, tudo que oprime o ser humano, a falta de compaixão. Depois que determinados setores cumprem o objetivo que desejava, ela se retira deles (ou lá permanece em estado potencial) e desloca-se cavilosamente para adiante: distrair a atenção do mundo, para dominá-lo:

> — *(...) semelhante a leopardo* [insídia]*: porém, seus pés, como de urso* [firmeza], *e sua boca, como de leão* [voracidade]. *E lhe deu o dragão o seu poder, o seu trono e grande autoridade* [para um limitado período histórico].
>
> (Apocalipse, 13:2)

É oportuno recordar aqui uma instigante afirmativa de Alziro Zarur:

> — *O próximo e último Armagedom* (Apocalipse, 16:16) *terá origem racial-religiosa.*

A serpente disfarçada

Vemos então satanás (o desamor em marcha), em forma de besta, infiltrar-se, sem que muitos percebam, nos sucessivos movimentos humanos que surgem, digamos para argumentar, com o fito de combater reais ou pretensos erros de outros precedentes. Na verdade, ele quer é perseguir os fiéis do Filho Varão (Jesus) que reencarnam no catolicismo, no Protestantismo, no Judaísmo, no Islamismo, no Espiritismo, nas Religiões de Matriz Africana, no Budismo, no Hinduísmo, no Bramanismo, até mesmo (por que o espanto?) no ateísmo etc. Ora, há gente boa, solidária, generosa, benfazeja, cordial, em toda parte. Essa perseguição da serpente se dá contra a ação pertinaz daqueles simbolizados no número místico 144 mil que se encontram nos diversos credos, porque **a Deus não interessam as etnias ou as crenças deles, mas, sim, as criaturas** que os constituem, **integradas** — pronunciemos com eloquência — **no Bem solidário, de coração aberto e Alma limpa**! Isso é o que temos de fazer frutificar nos nossos corações, de forma que haja compreensão, respeito, que promove a união de esforços, senão o que acabaremos promovendo, mais dia, menos dia, será a ruína da nossa única, insubstituível moradia: a Terra.

E, como nos alerta o livro de Provérbios, 11:29:

— *Aquele que destruir sua própria casa herdará o vento (...)* [isto é, ficará ao léu].

Enfim, o que quer a trindade do mal (satanás, anti-Cristo e falso profeta), com sua mobilidade e disfarces incessantes, pelo mundo? Simplesmente isto: o Armagedom, que, ecumenicamente unidos, devemos batalhar para impedir.

O Sexto Flagelo

(Apocalipse, 16:12 a 16)

12 *Derramou o Sexto Anjo a sua taça sobre o gran-*
de rio Eufrates, cujas águas secaram para que se pre-
parasse o caminho dos reis que vêm do lado do nasci-
mento do sol, o Oriente.
13 *Então vi sair da boca do dragão, da boca da*
besta e da boca do falso profeta três espíritos imundos
semelhantes a rãs;
14 *porque estes são espíritos de demônios, operadores*
de sinais, e se dirigem aos reis do mundo inteiro, com
o fim de ajuntá-los para a peleja do grande dia do
Deus Todo-Poderoso.
15 *(Eis que venho como vem o ladrão. Bem-aven-*
turado aquele que vigia e guarda as suas vestes, para
não andar nu, e não se veja a sua vergonha.)
16 *E os ajuntaram num lugar que em hebraico se*
chama Armagedom.

Ora, fica claro que a serpente quer a destruição de todos, até mesmo daqueles que fanaticamente vivem brigando por causa de Religião. Para esses incorrigíveis só um Armagedom, mesmo! O ruim é que ele, infelizmente, nunca é restrito, e não queremos tragicamente morrer em consequência de intolerantes crônicos, arrastando o mundo a um atraso inimaginável.

A besta que emerge do mar e a que surge da terra recebem do dragão o seu trono, a sua autoridade e o seu poder de proferir blasfêmias: duas grandezas iguais a uma terceira são iguais entre si. Elas aparecem em diversos lugares para cumprir tarefas desagregadoras e vão se deslocando por todo o mundo, levando confusão, desânimo e distração. Por isso, no tocante à besta, não é certo ficar intolerantemente acusando alguém ou algo de ser alguma delas. Além de fazer parte da estratégia ardilosa de satanás para a perdição das Almas, essa forma de pensamento resultou em todas as barbaridades ocorridas no campo religioso, social, político, científico etc. Não podemos pensar assim. Senão, cairemos naqueles antigos labéus: *"Eu sou de Deus, você é do diabo"*. E aí, pronto! É o vale-tudo de que a humanidade está se cansando. Não foi à toa que Zarur ponderava:

> — *O maior criminoso do mundo é aquele que prega o ódio em nome de Deus.*

É sempre bom lembrar.

Ora, é isto que quer a serpente. Como vencer a sua cavilosidade? Entrando em sintonia com Deus, que é Amor, e que por isso está acima de todas as diferenças humanas. E superar definitivamente esse estado de coisas, primeiro dentro de cada um de nós, exige persistência, paciência, habilidade e o indispensável Amor (não o confundir com covardia, omissão, ociosidade). Como prometeu Jesus no Evangelho, segundo Mateus, 24:13:

> — *Aquele que perseverar até o fim será salvo.*

O significado do ouro refinado, das vestiduras brancas e do colírio

O Divino Amigo ainda nos ofertou o Seu Santo conselho em Sua Carta à Igreja em Laodiceia:

> 18 *Aconselho-te que de mim compres ouro refinado pelo fogo para te fazeres realmente rico e trajares vestiduras brancas, a fim de que não seja manifesta a vergonha da tua nudez, e colírio para ungires os teus olhos, a fim de que vejas com perfeição.*
> 19 *Aqueles a quem amo, repreendo e castigo. Sê, pois, zeloso, e arrepende-te.*
>
> (Apocalipse, 3:18 e 19)

Aqui uma breve explicação que fiz aos ouvintes da Super Rede Boa Vontade de Rádio, por telefone, diretamente de Brasília/DF, em 21 de setembro de 1994, uma quarta-feira:

"Aconselho-te que de mim compres ***ouro refinado*** *pelo fogo"*, quer dizer, **aquele valor espiritual**, moral que você conquista com seu próprio esforço e perseverança, o fortalecimento de caráter. **Ouro refinado** pelo fogo da luta, da vitória contra a dor.

"Para te fazeres realmente rico e trajares ***vestiduras brancas****"*, que são as Boas Obras, o bom comportamento, a ajuda ao semelhante, é a **vestimenta da Alma iluminada pela prática da Caridade**.

"A fim de que não seja manifesta a ***vergonha da tua nudez****"*, porque, **se não fizermos o Bem**, em determinada hora, a **nossa nudez** será mostrada. Mas que nudez é essa? Vão arrancar a nossa roupa? Não! **Vamos aparecer como realmente somos**, portanto qualquer falta de caráter, de Caridade, de Amor será exposta.

"E colírio para ungires os teus olhos, a fim de que vejas com perfeição". Esse colírio são os ensinamentos de Jesus para que vejamos tudo dentro da correção crística. Ele abre a nossa visão ao Mundo Espiritual Elevado, de onde procedem as decisões corretas. Dessa maneira, seguimos pelas seguras sendas, livres dos tropeços que se opõem ao êxito da jornada do ser reencarnante. **Ao aplicarmos esse colírio, os olhos do Espírito nos revelam a nossa Agenda Espiritual.**

"Aqueles a quem amo, repreendo e castigo. Sê, pois, zeloso, e arrepende-te". Significa, e aqui usamos uma linguagem popular, de fácil entendimento: "Dê um jeito na sua vida, rapaz! Dê um jeito na sua vida, moça!" E o mesmo vale para o adulto, o ancião...

— *Ah! eu faço escondido e ninguém sabe.*

Quem disse? Deus sabe, Jesus sabe, o Espírito Santo sabe, o seu Anjo Guardião sabe! Pior: Você sabe! Está ciente que errou, que fez errado. Como é que vai se esconder ali, aqui e acolá? E não adianta colocar um sorriso no rosto, boca larga, aquela coisa toda, por pura aparência! Lá dentro está a sua consciência dizendo: *"É, fulano, fulana, ninguém sabe, **mas você sabe**"*. Não há pior punição do que essa, não é?

Ademais, como fiz constar em *A Esperança não morre nunca* (2020), **a Vida é uma constante prestação de contas ao tribunal da consciência, do qual ninguém escapa, mesmo que não o revele**. É necessário enfatizar que, **em consonância ao Amor de Deus, permanece igualmente a Justiça Celeste**. **A suprema redenção** exige da criatura reabilitada pelo Amor Divino a devida **correspondência em atitudes**. De outra forma, seria a glorificação da impunidade.

A Religião Divina e a Potência do Amor Fraterno

A Religião de Deus, do Cristo e do Espírito Santo veio à Terra para preparar os caminhos da Volta Triunfal do Cristo de Deus e, com a Sublime Claridade do Evangelho-Apocalipse, em Espírito e Verdade, à luz do Novo Mandamento de Jesus, ajudar a despir satanás, espiritual e moralmente, do seu disfarce. Isso significa dizer: colaborar com todos em prol da espiritualização das multidões, de modo que as criaturas de Deus possam vir a se **conciliar em Seu Santo Nome, que é Amor**. A recompensa para a desumanidade é a desumanidade, estopim para qualquer Armagedom. Entretanto, como escrevi, no ano de 1987, em *Reflexões e Pensamentos — Dialética da Boa Vontade*:

Nada há mais potente e objetivo do que o Amor Fraterno. É superior ao poder de todas as armas. E nas horas de crise, dos mais admiráveis modos, ele se revela, dando continuidade à vida, renovando, reformulando, transformando, revolucionando, regenerando com base nas melhores qualidades do Espírito Eterno do ser humano. **A vitória do erro é episódica.**

A perseguição da serpente se dá contra a ação pertinaz daqueles simbolizados no número místico 144 mil que se encontram nos diversos credos, porque a Deus não interessam as etnias ou as crenças deles, mas, sim, as criaturas que os constituem, integradas — pronunciemos com eloquência — no Bem solidário, de coração aberto e Alma limpa! Isso é o que temos de fazer frutificar nos nossos corações, de forma que haja compreensão, respeito, que promove a união de esforços (...).

A abominação da desolação no lugar santo

Os Tempos chegaram! Os sinais estão aí para quem quiser vê-los. Há muito temos analisado a profecia da abominação desoladora no lugar santo. No Sermão Profético, Jesus utiliza-se do vaticínio de Daniel (11:31 e 12:11) no Antigo Testamento, para anunciar os fatos derradeiros do ciclo apocalíptico que se encerra (Evangelho, segundo Mateus, capítulo 24):

> [15] *Quando, pois, virdes a abominação da desolação de que falou o Profeta Daniel, no lugar santo (quem lê entenda — qui legit, intelligat),*
> [16] *então, os que estiverem na Judeia fujam para os montes (...).*

Nunca como agora a abominação desoladora do dragão atacou tanto o ser humano. **Que lugar mais santo no mundo pode existir além da intimidade das criaturas de Deus, o coração, o cérebro, a Alma das pessoas?**

Paulo Apóstolo, que aprendeu com Jesus, afirmou que somos o Templo do Deus Vivo (Primeira Epístola aos Coríntios, 3:16 e 17):

> 16 *Não sabeis vós que sois o Templo do Deus Vivo e que o Espírito de Deus vivo habita em vós?*
> 17 *Se alguém destruir o Templo do Deus Vivo, Deus o destruirá; porque o Templo do Deus Vivo, que sois vós, é santo.*

O Divino Mestre já nos revelou que, dentro em breve, Deus não mais será adorado em templos de pedra, feitos pelas mãos humanas. Ele mesmo disse à mulher samaritana, ao lado do poço de Jacó:

> 23 *Mas a hora vem, e já chegou, em que os verdadeiros adoradores adorarão o Pai em Espírito e Verdade, porque são estes que o Pai procura para Seus adoradores.*
> 24 *Deus é Espírito; e importa que os Seus adoradores O adorem em Espírito e Verdade* (Evangelho do Cristo, segundo João, 4:23 e 24).

Ora, nunca esse templo interior de cada um de nós foi tão assolado e profanado. Parte dos meios de comunicação, por exemplo, está sendo utilizada para mais confundir a humanidade... Há quem defenda que a televisão, o rádio, a internet e a imprensa estão atrasados quanto aos costumes humanos. Há também quem diga que *"eles não têm obri-*

gação de educar", e existem os que consideram que cultura é unicamente a tarefa de mostrar quem foi **Wagner, São Tomás de Aquino, Aristóteles, Gêngis Khan, Tamerlão, Átila**, os chefes religiosos, os líderes políticos e tantos outros! Da forma que tudo isso é apresentado não passa muitas vezes de simples instrução... **E a Cultura Espiritual?** Não somos apenas matéria; mas, antes de tudo, Espírito. Se ele for retirado, sobrará somente o cadáver. O mesmo se dá com a sociedade. Por isso, preconizamos a urgência de promover, não nos cansamos de bradar, Desenvolvimento Social, Solidário e Sustentável, Educação e Cultura, Arte e Esporte, com Espiritualidade Ecumênica, para que haja Consciência Socioambiental, Alimentação, Segurança, Saúde e Trabalho para todos, no despertar do Cidadão Planetário. Mas reforço: tudo isso com **a Espiritualidade**, que é, por exemplo, a sintonia apurada com os Espíritos Superiores, nossos Anjos Guardiães, que existem em refinadas dimensões ainda invisíveis à nossa visão material limitada.

Grave compromisso da comunicação social

Estando a esfera social e humana transpondo graves atribulações, de modo geral, é preciso que — assim como procuramos fazer com a Super Rede Boa Vontade de Comunicação[1] (rádio, TV, internet e publicações), que leva

---

1 **Super Rede Boa Vontade de Comunicação** — Formada pela Boa Vontade TV, pela Super Rede Boa Vontade de Rádio, pelo portal BoaVontade.com, pelo *blog* Paiva Netto, pelo portal ReligiaodeDeus.org, pelo aplica-

ao ar uma programação que apresenta, de forma fraterna, as Lições Ecumênicas de Jesus, promovendo Educação e Cultura com Espiritualidade Ecumênica — os veículos de comunicação se reúnam para que, sem prejuízo da liberdade de expressão, se encontre novos meios de dar ao povo algo melhor, de maneira que a vida não piore insuportavelmente. Não somos puritanos, mas devemos ter bom gosto. Por trás de tudo, o que pode estar? Drogas, prostituição, pedofilia, efebofilia, a exploração do ser vivente por formas inconcebíveis. Também considero que nada há mais belo do que o corpo humano. Mas daí para o abuso grosseiro existe uma distância muito grande. Não há um ato que não tenha consequência, sobretudo, quando atinge o coletivo. O dia em que qualquer povo quiser acabar com o cinismo, assim fatalmente acontecerá. Entretanto, ele muitas vezes não percebe a força que tem. Por isso, há tempos digo que, **enquanto não prevalecer o ensino eficaz por todos os de bom senso almejado, qualquer nação padecerá cativa das limitações que a si mesma se impõe.**

As nações também vomitam

Os mentores do ilusionismo, que derramam um certo encanto sobre as multidões, apresentam tudo de modo

---

tivo Boa Vontade *Play* e pelas revistas BOA VONTADE e JESUS ESTÁ CHEGANDO! Para outras informações, acesse www.boavontade.com ou consulte a última página desta obra.

a distrair, belo, iluminado, cheio de cores. Mas e depois? Como já lhes disse num artigo, publicado na *Folha de S.Paulo*, em 4 de outubro de 1987: **As nações também vomitam**[2] (...). E dessa maneira será até que todos assimilem e habituem-se a este fato: **a democracia é o regime da responsabilidade.** Não me canso de proclamar. Mas esse vômito se dá por meio de convulsões íntimas e sociais violentíssimas, quando se descobre o engodo. Aí é aquela avalancha de sofrimento. São os períodos de purgação do carma coletivo, que levam em conta ainda o que poderá ocorrer, num crescendo, com os seres da Terra. Obviamente que por consequência dos seus próprios atos, resultante da milenar desatenção daqueles que, podendo ajudar, até mesmo em posições de influência e poder, ignoram as massas populares.

A Mídia da Boa Vontade e o Império do Novo Mandamento de Jesus

Comunicar, meus Irmãos, comunicar, minhas Irmãs. **Eis a nossa finalidade neste mundo!, ó jovens midiáticos de Jesus!** Sim, difundir a vinda para todo o sempre do Reino de Deus à Terra, com a consolidação do **Império do Novo Mandamento de Jesus nos corações**, ao soar da Sétima Trombeta. **Só a Ordem Su-**

[2] **As nações também vomitam** — Leia o subtítulo de mesmo nome no livro *Apocalipse sem Medo* (2000), de Paiva Netto.

prema do Cristo é capaz de promover o erguimento das Almas que, sem rumo, lançam este orbe para o precipício. Mas o Cristo Ecumênico, o Divino Estadista, é o Supremo Comandante e está ao leme. Conduzirá a todos os que Nele depositam operosa Fé ao seguro porto, o porto da Paz!

E esta trombeta — Instrumento Divino de Comunicação intra-mundos — voltou a tocar a 21 de outubro de 1989, quando da inauguração do Templo da Boa Vontade:

> — *O Sétimo Anjo tocou a trombeta, e se ouviram no Céu grandes vozes, dizendo:* ***O reino do mundo se tornou de nosso Deus e do Seu Cristo, e Ele reinará pelos séculos dos séculos****. (...) Mas nos dias da voz do Sétimo Anjo, quando ele estiver para tocar a trombeta,* ***cumprir-se-á então o mistério de Deus****, conforme Ele anunciou aos Seus servos, os Profetas* (Apocalipse, 11:15 e 10:7).

O nosso trabalho está clarissimamente apresentado nessas duas passagens do Apocalipse: **o Céu revela o Mistério de Deus aos seres humanos**, derruba as barreiras mais bem estruturadas pela ignorância espiritual, que havia neste mundo, a separá-lo do Outro, o real — Invisível, mas autêntico, concretíssimo e unicíssimo. Avante, pois, à proclamação da União das Duas Humanidades!

Geração humana e Geração Espiritual

Em verdade, em verdade vos digo que não passará esta geração sem que todas essas coisas aconteçam.
Jesus (Marcos, 13:30; e Mateus, 24:34)

Muita gente não entende essa célebre advertência do Cristo, contida no Seu Sermão Escatológico[1] no Santo Evangelho, também conhecido como Sermão do Fim do Mundo. Preferimos dizer Sermão do Fim dos Tempos, porque o planeta não vai acabar. Vai extinguir-se a civilização da rapina e do ódio. Você duvida? É claro que não estamos afirmando que a simples passagem para o terceiro milênio vai transformar tudo repentinamente. **Leibniz** (1646-1716), conhecido filósofo alemão, dizia, com muita propriedade:

[1] **Sermão Escatológico ou Sermão do Fim dos Tempos** — Evangelho de Jesus, segundo Mateus, capítulo 24; Marcos, capítulo 13; e Lucas, capítulo 21.

— *Natura non facit saltus*[2] (A Natureza não dá saltos).

Entretanto, muita coisa vai mudar, paulatinamente para melhor, desde que cada um faça, com persistência, a sua boa parte. Até hoje grande parcela da humanidade não quer saber do caminho do Amor de Deus; e quando se expulsa esse Sublime Sentimento a Mestra Dor se apresenta para o seu trabalho corretivo. É o que já está ocorrendo. (...)

Mas voltando ao ponto de partida, muitos acham ilógico o vaticínio de Jesus, porque nem todos aqueles fatos profetizados por Ele se deram por completo, e, no entanto, aquela geração da Sua época já morreu!... Ocorre, porém, que, **assim como existe a geração física, há também a espiritual** — grupamento enorme de Espíritos que vão reencarnando dentro de um perfeito Plano de Deus. O que o Divino Mestre afirmou é que aquelas Almas que estavam com Ele, incluídos os que O auxiliaram na missão de implantar o Cristianismo na Terra, não passariam sem que tudo aquilo que Ele profetizou acontecesse.

---

2 ***"Natura non facit saltus"*** — O pensamento de Leibniz também é encontrado da seguinte forma: *Natura non facit saltum.* A variação de ortografia (*saltus* e *saltum*) exibe uma mera diferença numeral, porque, em latim, o substantivo ***saltus*** — que significa "salto" — pertence à quarta declinação. Assim, seu singular acusativo é ***saltum*** (salto), enquanto seu plural é ***saltus*** (saltos).

Sabemos que Ele não voltou ainda sobre as nuvens, e a guerra total e final, em que nenhuma nação ficará neutra, não se deu até o presente momento. E nem queremos que tal conflito ocorra. Aqueles Espíritos contemporâneos do Cristo vieram reencarnando em várias gerações humanas, dentro de uma grande Geração Espiritual. São os que estão amadurecendo neste período de dois mil anos, até que sejam elevados a uma condição em que não necessitem mais renascer na Terra. Aí muitos deles reencarnarão[3] em outros orbes mais adiantados, e os que não forem aprovados por terem abusado do livre-arbítrio renascerão, recebendo uma nova oportunidade de ajustes, em planetas ou dimensões mais atrasados:

> — *A cada um de acordo com as suas próprias obras* (Apocalipse de Jesus, 22:12).

É por isso, também, que, no primeiro volume das *Sagradas Diretrizes Espirituais da Religião de Deus, do Cristo e do Espírito Santo* (1987), explicamos que a Terra é curso primário[4].

---

3 ***"Aí muitos deles reencarnarão"*** — Saiba mais a respeito do assunto no capítulo "Profeta Isaías, Apocalipse e Lei de Causa e Efeito (VII)", no subtítulo "Zarur, Nostradamus e o Monstro", da obra *Jesus, o Profeta Divino* (2011).

4 ***"A Terra é curso primário"*** — Leia o subtítulo de mesmo nome no primeiro volume das *Sagradas Diretrizes Espirituais da Religião de Deus, do Cristo e do Espírito Santo* (1987), de Paiva Netto.

A piedade dos Espíritos de Luz

Mas, como em tudo existe exceção, há Espíritos iluminados, bondosos ao extremo, que voltam à crosta planetária por pura opção. Podendo escolher não mais por aqui regressar, voluntariamente se oferecem em sacrifício, cumprem missões dolorosíssimas, numa abnegação que somente Deus poderá recompensar. Eles ajudam na evolução daquelas Almas que se precipitam diariamente nas sarjetas do erro. E há também aquelas que acorrem às multidões encarceradas nas regiões de sofrimento no Mundo Invisível. É o caso de **Maria Santíssima**. Não há exagero algum quando Zarur a denominou *"Mãe Universal da Cristandade"*. Ela, com suas legiões amorosas, ampara inumeráveis Irmãs e Irmãos infelizes. Um exemplo desse heroico trabalho da Mãe de Jesus, Mãe Cósmica da humanidade, podemos ler nesta narrativa do Espírito Irmão Flexa Dourada, pela psicofonia do Sensitivo Cristão do Novo Mandamento Chico Periotto, em 1º de setembro de 2018, na cidade do Rio de Janeiro/RJ, Brasil:

> *Que mulher forte, hein?! Que mulher forte! Não vejam Maria como uma mulher estática, jamais. O Irmão de Paiva sabe bem disso. Fez as músicas da "Ave, Maria!", dedicando ao coração dela.* ***É uma mulher altamente combativa.*** *Tem na Alma tudo de que precisa para ajudar as regiões espiritualmente*

mais baixas, os umbrais[5]. ***E ela comanda Espíritos fortes!***

Quando dizemos que ela é protetora dos que sofrem, isso é a plena realidade. *Ela é a protetora que* ***representa o Cristo nessas horas de dificuldade do Espírito. O Espírito está caído naquelas regiões dos vales dos suicidas, dos vales dos homicidas, no Mundo Espiritual, e ela está lá, com a sua tropa toda, espalhando Luz, tentando recuperar as Almas.*** *E consegue! Consegue recuperar muita gente, muitos Espíritos, porque o arrependimento também existe.*

Não que Deus vá aliviar a prova, porque, se a pessoa errou, vai pagar. Para isso, Ele estabelece essas regiões, mas há um momento em que aparece o caminho para a Luz, o Espírito não vai ficar eternamente naquele fogo devastador. É só ler os livros espirituais aí para ver como essas regiões são importantes no resgate dos erros. E quantos Espíritos vão subir, vão se elevar!

---

5 **Nota de Paiva Netto**

Umbral — Em minha obra *A Missão dos Setenta e o "lobo invisível"* (2018), escrevi: Segundo nos relata o Espírito André Luiz, em *Ação e Reação*, *"situado entre a Terra e o Céu,* [o Umbral] *é dolorosa região de sombras, erguida e cultivada pela mente humana, em geral rebelde e ociosa, desvairada e enfermiça"*. É onde o Espírito, pelo sofrimento provocado por ele mesmo, revê os erros que praticou e se prepara para novas oportunidades de crescimento espiritual. A existência do Umbral é mais generosa do que a ideia do inferno eterno, porque aquele propicia nova oportunidade ao infrator; este, não. O nobre Irmão dr. Bezerra de Menezes faz sempre questão de salientar: ***"Umbral também é Caridade"***.

Hosanas aos Espíritos do Bem, Almas Benditas da Boa Vontade de Deus, na Terra e no Céu da Terra! Salve, Maria Santíssima, Mãe de Jesus!

Há Espíritos iluminados, bondosos ao extremo, que voltam à crosta planetária por pura opção. Podendo escolher não mais por aqui regressar, voluntariamente se oferecem em sacrifício, cumprem missões dolorosíssimas, numa abnegação que somente Deus poderá recompensar. Eles ajudam na evolução daquelas Almas que se precipitam diariamente nas sarjetas do erro.

A morte da "morte"

Derrubar as bastilhas da morte e compreender a realidade da Vida Eterna é fundamental para o amplo entendimento do sentido da Profecia.

Chamo a atenção daqueles que me acompanham neste estudo para a análise criteriosa dos versículos, transcritos a seguir, do Apocalipse de Jesus e o do Seu Santo Evangelho, segundo João, em que **vemos o inacreditável acontecer: a morte da "morte"**. Não é o desaparecimento dela como desejam alguns, até bem-intencionados, que pensam eternizar a vida material na conservação do corpo perecível, congelado, como ambiciona a criônica[1]. Nem mesmo como ainda é o entendimento de respeitáveis Irmãos que se comprazem gravitando em

[1] **Criônica** — É o processo de preservação em baixas temperaturas de seres humanos e animais. A ambição da técnica é a conservação do corpo físico até que surja a cura de determinada enfermidade que o fez perecer. Então, conforme seus defensores, por não perder as suas propriedades físicas, o corpo seria, pela elevação da temperatura, "ressuscitado", curado e retornaria à vida comum. Controversas, as tecnologias de reanimação futura assumidas pela criônica ainda são hipotéticas e não muito conhecidas ou reconhecidas. Os Estados Unidos possuem em suas leis regulamentação do congelamento de humanos. Apenas podem ser criopreser-

torno de teorias materialistas de concepção e fim do corpo perecível. Para alguns, o término da existência física decreta a cessação de tudo, esquecidos de que **o Espírito antecede o soma e prossegue vivo** depois que este se desfaz. Mas **a morte da "morte"**, *"o último inimigo a ser vencido"*, na visão inspirada do Apóstolo dos Gentios (Primeira Epístola aos Coríntios, 15:26), **está sentenciada no Apocalipse e no Evangelho**, levando todos à compreensão de que a existência das criaturas de Deus é eterna e que ***"não há morte em nenhum ponto do Universo"***, como ensinava Zarur. **Quanto mais espiritualmente nos esclarecemos, mais a derrotamos.**

Morrerá a "morte" que sustentava o reino infeliz da ignorância espiritual em toda a Terra.

Agora, os seres humanos começam a saber por que vivem, morrem, reencarnam e que **os mortos não morrem**! Daí a já mencionada Revolução Mundial dos Espíritos de Luz em marcha, anunciada, em 1953, por Alziro Zarur. E tenho afirmado que não é possível concretizá-la escondendo os Espíritos. Eis o objetivo de colocar à disposição deles os potentes microfones da Super Rede Boa Vontade de Rádio e da Boa Vontade TV; os espaços nas nossas publicações e nos nossos portais na internet; enfim, para sempre trazerem os seus fraterníssimos recados.

→ vados os corpos que legalmente são atestados mortos. Do contrário, se incorreria em assassinato ou suicídio.

Mas vamos a alguns versículos bíblicos que levam a "morte" a óbito.

O Juízo de Deus

Apocalipse, 20:13 e 14

[13] *E o mar deu os mortos que estavam nele. A mor-*
te e o além entregaram os mortos que neles havia. E
foram julgados, um por um, segundo as suas obras.
[14] *Então, a morte e o inferno foram lançados para*
dentro do lago do fogo. E esta é a segunda morte, o
lago do fogo.

Novo Céu, Nova Terra e Nova Jerusalém

Apocalipse, 21:4, 5 e 6

[4] *E Deus lhes enxugará dos olhos toda lágrima, não*
haverá mais morte, não haverá mais luto, não ha-
verá mais pranto, nem gritos, nem dor, porque as
primeiras coisas passaram.
[5] *Então Aquele que está assentado no trono disse:*
Eis que faço novas todas as coisas. E acrescentou: Es-
creve, porque estas palavras são fiéis e verdadeiras.
[6] *Disse-me ainda: Tudo está feito. Eu sou o Alfa e*
o Ômega, o Princípio e o Fim. Eu a quem tem sede
darei de graça a beber da Fonte da Água da Vida
Eterna.

A ressurreição de Lázaro

Evangelho, segundo João, 11:25 a 27

25 *Disse Jesus* [a **Marta**, irmã de **Lázaro**, que Ele, pouco depois, tiraria da morte]*: Eu sou a Ressurreição e a Vida. Quem crê em mim, ainda que morra, viverá;*

26 *e todo o que vive e crê em mim não morrerá eternamente. Crês nisto?*

27 *Sim, Senhor, respondeu ela, creio que Tu és o Cristo, o Filho do Deus Vivo, que havia de vir ao mundo.*

"A morte é um boato"[2]

Tantas vezes tenho-lhes recordado que o grande equívoco da humanidade é pensar que a morte acaba com tudo[3]. Pelo contrário, como afirma São Francisco de Assis, Patrono da Legião da Boa Vontade, na sua famosa prece,

— *é morrendo que nascemos para a Vida Eterna.*

Diante disso, **o suicídio é um tremendo erro**. Aquele que tira a própria vida se descobre mais vivo do que

---

[2] Tese defendida por Alziro Zarur.

[3] **O grande equívoco da humanidade** — Título que integra o primeiro volume das *Sagradas Diretrizes Espirituais da Religião de Deus, do Cristo e do Espírito Santo* (1987), de autoria de Paiva Netto.

nunca do Outro Lado da existência e com muito mais problemas do que antes, porque o **seu Espírito não morre**, e ele assim **continua vivo, bem vivo**![4]

Lago do fogo: o remorso

Acerca do *"lago do fogo"*, citado no versículo 14 do capítulo 20 do Apocalipse, trata-se do remorso, porque esse, sim, é uma morte dorida para a consciência culpada.

Deus não quer a perdição de ninguém

A Bíblia, que traz em si mesma a mensagem confortadora de um Deus que é Amor, não pode ser interpretada pelo prisma do recalque e, muito menos, do ódio, como tantas vezes já ocorreu. Os terríveis resultados para os povos são do conhecimento de todos.

Por isso, convém recordar estas palavras do Texto Sagrado, no Novo e no Antigo Testamento:

Evangelho, segundo João, 12:47

— *Disse Jesus: se alguém ouvir as minhas palavras e não as guardar, Eu não o julgo, porque não vim para julgar o mundo, e sim para salvá-lo.*

---

[4] **Nota de Paiva Netto**

Vide o Evangelho de Jesus, segundo Marcos, 12:27: *"Deus não é Deus de mortos, mas de vivos. Por não crerdes nisso, errais muito"*. Na realidade, repetimos, os mortos não morrem.

Evangelho, segundo Lucas, 19:10

— Porque o Filho de Deus veio buscar e salvar o que estava perdido.

Profeta Oseias, 6:6

— Pois misericórdia quero, e não sacrifício, e o conhecimento de Deus, mais do que holocaustos.

Ora, a partir dessas revigorantes leituras, o que devemos aprender é que **nós mesmos podemos construir o nosso destino**. Por isso mesmo citamos, anteriormente, nesta obra, o pensamento do saudoso Irmão Alziro Zarur, durante a Proclamação da Boa Vontade:

> *— Qualquer infeliz pode mudar o seu destino com Boa Vontade, que é o princípio da verdadeira Paz. Cada um é senhor do seu destino.*

O proclamador da Religião Divina, contudo, estava se referindo à Boa Vontade de Deus, não à dos homens imperfeitos. Logo, convém que saibamos, com humildade, ouvir os conselhos da Mãe-Pai Universal que é Amor (Primeira Epístola de João, 4:8). Jamais daquele outro, o antropomórfico, isto é, criado pelo ser humano faltoso à sua imagem e semelhança, que ainda fomenta o fanatismo, a ira, o racismo e outros preconceitos, as perseguições, os radicalismos, que promovem o desespero pelo mundo. Todas essas aberrações do bicho-homem, com a Boa Vontade decidida, devemos tenazmente combater.

Estratégia da Sobrevivência

Jesus, o Supremo Criador da Economia da Solidariedade Espiritual e Humana, nos apresenta a Divina Lei da Sociedade Solidária Altruística Ecumênica. A ordem do Cristo foi ***"amai-vos"***, e não armai-vos:

> — *Novo Mandamento vos dou: amai-vos como Eu vos amei. Somente assim podereis ser reconhecidos como meus discípulos, se tiverdes o mesmo Amor uns pelos outros. Não há maior Amor do que doar a própria vida pelos seus amigos. Porquanto, da mesma forma como o Pai me ama, Eu também vos amo. Permanecei no meu Amor* (Evangelho, segundo João, 13:34 e 35; e 15:13 e 9).

Queda das fronteiras e caminhos tortos

Assiste-se, hoje mais do que nunca, a quedas de fronteiras de todos os tipos. Realmente, isso é um fato inarredável como ocorreu com a Primeira (a do carvão) e a Segunda (a da eletricidade) Eras Industriais, que, afinal, trouxeram grandes benefícios. A questão é valermo-nos desse fenômeno social, a fim de conquistar os melhores proveitos para o povo, e não contra o povo. Costumo dizer que vivemos a época do **integra ou desintegra**. Já que os religiosos demoram a realizar, como é do seu dever, a integração sublimada pelo Amor, os negociantes o vão fazendo, o que é parte também de um determinismo econômico, mesmo que aos trancos e barrancos. O comércio possui a sua destacada função social. Falta-lhe, porém, o alto sentido do espírito de Caridade tão exaltado pelo Apóstolo Paulo, em sua imorredoura Carta dirigida aos Coríntios, sintetizado neste versículo:

> — *Agora, pois, permanecem a Fé, a Esperança e a Caridade; destas três, porém* ***a maior é a Caridade*** (Primeira Epístola aos Coríntios, 13:13).

Ou o ser humano aprende a linguagem do coração e faz dela poderoso instrumento de reforma humana, social e política, ou os efeitos da globalização irão se voltar até contra os que dela têm tirado proveito. Se as fronteiras do mundo estão desabando, até agora em maior prejuízo dos pobres, chegará o momento em que ninguém ficará a salvo em "torres de marfim" do avanço dos desprotegidos da Terra. (...)

Em meu ensaio *O Capital de Deus*, pondero, acerca do tema, que — **para superar esse estado de coisas, quebrar essa estrutura alienada de progresso de destruição** — é preciso que todos se unam, religiosos e ateus, para o encontro das soluções que se mostram urgentes. Daí pregarmos, na Religião de Deus, do Cristo e do Espírito Santo — a Quarta Revelação —, o **Ecumenismo dos Corações**[5], do respeito mútuo, a partir do qual desponta campo fértil para **o entendimento**. Afirmo há tantos anos e publiquei em *Reflexões da Alma* (2003): **O coração torna-se mais propenso a ouvir quando o Amor é o fundamento do diálogo**[6].

---

[5] **Ecumenismo dos Corações** — Leia "Os Quatro Pilares do Ecumenismo", no capítulo 18 de *Jesus, a Dor e a origem de Sua Autoridade — O Poder do Cristo em nós* (2014), ou no primeiro volume das *Sagradas Diretrizes Espirituais da Religião de Deus, do Cristo e do Espírito Santo* (1987), do mesmo autor desta obra. Adquira pelo *site* www.PaivaNetto.com/livros ou ligue 0300 10 07 940.

[6] Este pensamento de Paiva Netto, constante de *Reflexões da Alma* (2003), foi destacado pelo ex-presidente do Tribunal de Contas da União (TCU), ministro **Valmir Campelo**, que, depois de ler esta obra, escreveu ao autor, fazendo a seguinte análise: *"No momento em que o mundo é palco de tantos atos de violência e desamor e as criaturas humanas se fecham, amedrontadas, no casulo do egoísmo, ou da individualidade, **o livro*** **Reflexões da Alma** ***chega como um refrigério,*** *oferecendo maravilhosas lições de Paz, União e Solidariedade. Cada mensagem é um estímulo à cuidadosa reflexão sobre o poder e a paciência **a fim de que a humanidade alcance a sua maturidade espiritual.** Na página 85, há um belo exemplo dessa observação, quando o inspirado escritor afirmou que **'O coração torna-se mais propenso a ouvir quando o Amor é o fundamento do diálogo'.** (...) Transmito-lhe meus efusivos parabéns, augurando-lhe votos de que continue a realizar **esse importante trabalho em prol da evolução espiritual da humanidade.** Com meu cordial abraço, ministro Valmir Campelo — Presidente".* A obra ultrapassou a marca de mais de 550 mil exemplares vendidos, tendo sido lançada em Portugal, pela Editora Pergaminho; editada em espanhol, pela Editora Dunken; e para a língua internacional esperanto, além de suas versões digitais disponíveis pela Amazon, Apple, Kobo, Copia, Barnes & Noble, entre outras grandes redes. (Os destaques são dos editores.)

Acima de tudo, há que vigorar a Fraternidade Real, de que falava Zarur no seu poema de mesmo nome. **Essa Fraternidade é capaz de congregar os adversos** e fazer surgir **de seus paradoxos saídas para os problemas que estão sufocando a humanidade, pois, sempre gosto de repetir, realmente há muito que aprender uns com os outros**.

Por sinal, diante das transformações econômicas, consequentemente sociais, resultantes do avanço extraordinário da tecnologia, até mesmo o conceito de nação vê-se ameaçado a ser revisto.

Deus respeita o livre-arbítrio humano, cujo *hobby* ainda é desenvolver-se por linhas tortas. Mas, conforme antigo adágio popular, a despeito da tortuosidade dos atos humanos, Ele sempre acaba escrevendo certo (mesmo que por linhas vistas como acidentadas). É lamentável que a constante falta de Humanidade para com ela mesma provoque tantas vítimas no processo de desenvolvimento, o qual, se não existisse, estaríamos vivendo a era primitiva do ser humano.

Em todo esse processo espiritualmente revolucionário, a Fraternidade, a Generosidade e a Solidariedade pouquíssimas vezes são lembradas. Dia virá, porém, em que cessará a institucionalização do fanatismo e da avidez, e **as Leis do Amor serão a constituição natural do mundo**. **Quando?** Ora! Depende unicamente de nós! **O caminho?** A opção também é nossa: **o do progresso pela sabedoria, que é a inteligência que**

constrói com o Bem, ou pelas transformações dramáticas, regidas pela Mestra Dor. A escolha, portanto, continua sendo nossa. Então, de que reclamamos? Ora, *"tomemos tenência"*, como diziam os mais velhos, e nos corrijamos, tenhamos coragem no Bem, e as coisas melhorarão. É questão de iluminar a mentalidade das gentes, porque o ensinamento é de Jesus:

A parábola da candeia

33 *Ninguém, depois de acender uma candeia, a põe em lugar escondido, nem debaixo do alqueire, mas no velador, a fim de que os que entram vejam a luz.*
34 *São os teus olhos a lâmpada do teu corpo; se os teus olhos forem bons, todo o teu corpo será luminoso; mas, se forem maus, o teu corpo ficará em trevas.*
35 *Repara, pois, que a luz que há em ti não sejam trevas.*
36 *Se, portanto, todo o teu corpo for luminoso, sem ter qualquer parte em trevas, será todo resplandecente como a candeia quando te ilumina em plena luz* (Evangelho, segundo Lucas, 11:33 a 36).

O resultado das obras na Terra e no Céu da Terra

O Apocalipse mostra-nos as trajetórias escolhidas, na Terra e no Céu da Terra, respectivamente, e suas consequências. E resume:

22:12 E repete o Cristo: Eis que venho sem demora, e comigo está o galardão que tenho para retribuir a cada um ***segundo as suas obras****.*

14:13 Então, ouvi uma voz do Céu, que me dizia: Escreve: Bem-aventurados os mortos que, desde agora morrem no Senhor. Doravante, diz o Espírito, que descansem das suas fadigas, ***pois as suas obras os acompanham****.*

Zarur destacava que o Planejamento Divino é superior ao planejamento humano. Diante disso, ao término desses acontecimentos, que nos parecem longos, apesar de que Deus nos pode surpreender, haverá, como afirma o Profeta Divino em Seu Evangelho, segundo João, 10:16:

— (...) um só Rebanho para um só Pastor.

Apocalipse – o canto da Esperança

O Universo de Deus é a mais bela partitura jamais criada. Com as "participações" de um **Bach** (1685-1750), em suas obras da mais alta Espiritualidade; de um **Häendel** (1685-1759), com seus inspirados Oratórios; de um **Erik Satie** (1866-1925), com seu humor musical; de um **Debussy** (1862-1918), nas horas de maviosidade; de uma **Germaine Tailleferre** (1892-1983), com suas obras musicais explorando novas técnicas; de um **Berlioz** (1803-1869) e sua *Sinfonia Fantástica*; de um **Villa-Lobos** (1887-1959), nas ardentes *Bachianas Brasileiras*; de uma **Florence Price** (1887-1953), que rompeu as algemas do preconceito ao se tornar a primeira mulher afro-americana a ser reconhecida como compositora sinfônica e a primeira a ter uma obra tocada por uma grande orquestra; de um **Mahler** (1860-1911), com sua complexidade harmônica e tonal; de um **Schönberg** (1874-1951), em sua linguagem dodecafônica; de um **Beethoven** (1770-1827), em suas arquitetônicas Sinfonias; de um **Verdi**

(1813-1901) e de um **Puccini** (1858-1924), em suas formidáveis Óperas; do cozinheiro **Rossini**[1] (1792-1868); de um **Carlos Gomes** (1836-1896), com sua inspirada *Il Guarany*; de um alegre e divinal **Mozart** (1756-1791); de um **Chopin** (1810-1849), em seus Noturnos encantadores; de um **Wagner** (1813-1883), com o brilho de suas audaciosas harmonias e modulações constantes; de um **Brahms** (1833-1897), em sua magistral *Terceira Sinfonia*; de um **Francisco Braga** (1868-1945), em seus poemas sinfônicos; de um **Alberto Nepomuceno** (1864-1920), com a *Suíte Brasileira*; do padre **José Maurício** (1767-1830), com suas belas obras sacras; de um **Claudio Santoro** (1919-1989), com sua vibrante *Sinfonia da Paz*; de uma **Chiquinha Gonzaga** (1847-1935) que revelava em sua música a alma do povo mais simples; de um **César Franck** (1822-1890), com sua harmonia cromática, colorida; de um **Bruckner** (1824-1896), com sua *Oitava Sinfonia*, a Apocalíptica; e ainda de um **Tchaikovsky** (1840-1893), com seus formidáveis balés; de um **Dvořák** (1841-1904), e a esplêndida *Sinfonia do Novo Mundo*; de um **Grieg** (1843-1907), com a agradabilíssima *Suíte Peer Gynt*; de um **Sibelius** (1865-1957), com o encantador *Cisne de Tuonela;* de uma **Clara Schumann** (1819-1896), prodigiosa pia-

---

[1] **O cozinheiro Rossini** — O compositor possuía também renome como cozinheiro e os seus jantares eram muito famosos.

nista e compositora; e de **Guiomar Novaes** (1894-1979), uma das maiores instrumentistas do mundo... E assim prossegue **a Divina Partitura do Compositor do Universo: Deus**!

A Esperança não morre nunca!

No início da década de 1980, ao assistir, na televisão, a um moço dizer ter perdido a fé no futuro, me veio à mente esta inspiração: **A Esperança não morre nunca!**[2] Não me considero poeta. Mas tomei da caneta e ousei estes simples e despretensiosos versos, depois musicados pelo maestro legionário **Vanderlei Alves Pereira**:

A Esperança
não morre nunca!
Nunca!
Não morre, não!
Pois, como a Vida,
que é eterna,
mãe tão fraterna,
pode morrer?!
Não, não morre
nunca!

2 Publicado pela primeira vez no livro *Reflexões e Pensamentos — Dialética da Boa Vontade*, do escritor Paiva Netto, lançado em 1987.

Não morre, não,
a Esperança no coração!

A Esperança é Jesus!

E se você quer cantá-la e com ela alegrar-se, aí vai na página a partitura musical. **A grande mensagem do Apocalipse de Jesus é de Esperança de dias melhores que levem à sobrevivência a humanidade**, apesar dos enormes perigos que, por ela criados ou piorados, a cercam.

> — *Então Aquele que está assentado no trono disse: Eis que faço novas todas as coisas. E acrescentou: Escreve, porque estas palavras são fiéis e verdadeiras* (Apocalipse, 21:5).

Baixe o leitor *QR Code*,
fotografe o código
e assista ao clipe da
música.

A Esperança não morre nunca

Letra: Paiva Netto

Música: Vanderlei Pereira

Vencer com Jesus o Armagedom!

Partes de 1 a 5

Revista JESUS ESTÁ CHEGANDO!
Atalaia de Deus

Antes de percorrer com todos vocês essa Preciosidade dos Universos que é o texto sagrado do Apocalipse de Jesus (na íntegra), gostaria de lhes trazer palavras de improviso que proferi durante duas importantes reuniões administrativas ocorridas nos dias 1º e 13 de março de 2018. Nelas, tratei — com Cristãos do Novo Mandamento, Amigos de Jesus, do Brasil e do exterior — sobre a urgência do ritmo, cada vez maior, da propagação do Santo Evangelho e do Apocalipse Redentor do Divino Taumaturgo. Na ocasião, completava meu 77º aniversário, razão pela qual agradeci as efusivas manifestações de corações tão generosos que se encontravam presentes. Essas palestras, pela importância dos assuntos que tratamos acerca das Profecias de Deus, se tornaram o editorial da edição 131 (abril de 2018) do vitorioso periódico de difusão da Divina Mensagem da Cruz: JESUS ESTÁ CHEGANDO! A revista cumpre o seu magistral papel de atalaia, a começar pelo anúncio do Segundo Advento de nosso Mestre Amado, já estampado em seu belo título.

Jesus – Divino Medicamento diário

Minhas Irmãs e meus Amigos, minhas Amigas e meus Irmãos, é um prazer imenso estar aqui com vocês para falar sobre o Divino Poder do Pai Celestial, porque a Religião de Deus, do Cristo e do Espírito Santo é essa sublime autoridade em marcha, cujo propósito não é atemorizar ninguém nem conflitar com qualquer outra louvável tradição religiosa. Pelo contrário. Sua função primordial é servir, firmada nos Quatro Pilares do Ecumenismo, aos povos da Terra.

Os Quatro Pilares do Ecumenismo[1]

Ecumenismo Irrestrito;
Ecumenismo Total;
Ecumenismo dos Corações; e
Ecumenismo Divino.

No primeiro volume das *Sagradas Diretrizes Espirituais da Religião de Deus, do Cristo e do Espírito Santo* (1987), discorremos amplamente sobre esses fundamentos doutrinários.

O meu muito obrigado aos Cristãos do Novo Mandamento do Celeste Educador, Amigos de Jesus, por todas as carinhosas manifestações, por meio de cartazes, *e-mails*, cartas, músicas, vídeos, saudando os meus 77 anos de vida. Há várias delas aí! É bom ver o entusiasmo de todos vocês. Trabalhando pelo Cristo, só temos motivos para estar felizes. Nessas horas de profunda alegria e de progresso espiritual pujante, o maior prêmio, o melhor presente de aniversário que eu poderia desejar é vê-los e sentir essa ambiência de Fé Realizante no Cristo, como neste momento ocorre.

---

[1] **Os Quatro Pilares do Ecumenismo** — As expressões **"Ecumenismo Irrestrito"** e **"Ecumenismo Total"** são criações de Alziro Zarur (1914-1979) explicitadas por Paiva Netto; **"Ecumenismo dos Corações"** e **"Ecumenismo Divino"** são definições de Paiva Netto e por ele elucidadas.

Jesus é o meu Divino Medicamento diário. É Ele quem me dá forças para avançar sempre, sempre e sempre!

Receita de sucesso: Fé inabalável no Cristo

É aquilo que já lhes contei: muitas personalidades influentes deste país me perguntam como consigo ir adiante com essas imensas Obras de Boa Vontade? Constantemente recomendo a todos: **Fé em Jesus! Fé em Jesus! Fé em Jesus**!

Estou me referindo à **Fé Realizante** que nos une; à **Fé** aliada às Boas Obras; à **Fé** que nos leva ao desenvolvimento espiritual e material; à **Fé** que nos impulsiona; à **Fé** que nos alimenta; à **Fé** que nos anima o coração e a Alma.

Zarur e "A Fórmula Urgentíssima de Jesus"

Disse o Cristo, ao que o Irmão Zarur chamou de *"A Fórmula Urgentíssima de Jesus"*:

> — *Buscai primeiramente o Reino de Deus e Sua Justiça, e todas as coisas materiais* [portanto, humanas e sociais] *vos serão acrescentadas* (Evangelho, segundo Mateus, 6:33).

A Fórmula Urgentíssima Econômica do Cristo

Acerca de tão importante Lei da Economia Celeste, escrevi em ***Tesouros da Alma*** (2017):

Quando nos dispusermos a meditar sobre essa **Fórmula Urgentíssima Econômica do Cristo**, estaremos nos integrando na **Competência de Deus**, criaturas Dele que somos. Tudo o que se relaciona com produção e distribuição equânime de renda está nessa *"Fórmula Urgentíssima de Jesus"*. (...)

* * *

A guerra nos bastidores das nações

Se estivermos em permanente contato com os bons Espíritos, tudo se tornará feliz à nossa volta. É isso que justifica essas minhas décadas no trabalho das Santas Casas de Deus, as Instituições da Boa Vontade[2]. E o compromisso espiritual traçado no Plano Invisível é tão forte, tão antigo, que o Poder Superior logo me aproximou do saudoso Irmão

[2] **Instituições da Boa Vontade (IBVs)** — Formadas pela Legião da Boa Vontade (LBV); pela Religião de Deus, do Cristo e do Espírito Santo; pela Fundação José de Paiva Netto; pela Fundação Boa Vontade; e pela Associação Educacional Boa Vontade.

Alziro Zarur, fundador dessa Divina Seara. Eu tinha apenas 15 anos de idade.

Guardemos esse espírito de paz, de felicidade, porque as coisas na Terra ficarão muito ruins. Os Espíritos de Luz estão nos alertando insistentemente sobre o desenrolar dos fatos e temos publicado suas advertências[3] na gloriosa revista JESUS ESTÁ CHEGANDO! Um bom exemplo está nas palavras do dr. **Bezerra de Menezes** (Espírito), proferidas em 24 de fevereiro de 2018, por intermédio do Sensitivo Cristão do Novo Mandamento Chico Periotto:

Dr. Bezerra de Menezes

Horas mais duras da humanidade

O mundo caminha para um embate muito grande, mas os que trabalham por Jesus sentirão um conforto especial nessas horas mais duras da humanidade.

Não podemos evitar o caos. ***Não podemos retirar as provas*** *daqueles que estão reencarnados e daqueles que estão do lado de cá, no Mundo Espiritual.* ***Mas o conforto e o apoio divino jamais faltarão*** *àqueles que estão trabalhando por Nosso Senhor Jesus Cristo na Terra.*

[3] (...) ***"temos publicado suas advertências"*** — Leia, nas diversas edições de JESUS ESTÁ CHEGANDO!, as seções "Voltamos!" e "Salve, Jesus!"

Por isso, o convite, a convocação, o apelo dos que estão no Espaço aos que estão na Terra: oração, vigilância, perseverança em Deus, no Cristo e no Espírito Santo e o entusiasmo divino, unidos ao trabalho especial de pregar a Volta de Jesus, nosso Mestre Amado.

Vivemos momentos dramáticos na humanidade: aparência de paz, e a guerra sendo construída nos bastidores. *Todos estão absolutamente alertados.*

Os antídotos *capazes de nos livrar das dores de uma hecatombe: a* ***oração*** *e o* ***trabalho****, perseverando sempre.*

Vocês repararam que há anúncios de armamentos poderosíssimos, além de tantas ameaças de guerra comercial, cibernética...? As notícias indicam que estamos diante de uma nova corrida armamentista sem precedentes. Os seres humanos demonstram que não almejam verdadeiramente a Paz e vão, em silêncio, se armando até os dentes.

Vencer com Jesus o Armagedom! – parte 2

"Esses acontecimentos não nos pegarão desprevenidos"

O saudoso proclamador da Religião de Deus, do Cristo e do Espírito Santo, Alziro Zarur, numa histórica pregação da década de 1950, afirmou:

> — *Não adianta combater efeitos. O indispensável é eliminar a causa que gera esses efeitos que desgraçam o Brasil. E já estamos preparando o Brasil para enfrentar os fatos terríveis, apocalípticos, que vêm de fora para dentro e de cima para baixo.* ***Esses acontecimentos não nos pegarão desprevenidos*** *(...).*

O que me faz lembrar de outra assertiva do Irmão Zarur, que o dr. Bezerra, nosso querido amigo e médico do Mundo da Verdade, repete de vez em quando:

— Nenhum Legionário de Deus será apanhado de surpresa! Nenhum Cristão do Novo Mandamento de Jesus, da Religião de Deus, do Cristo e do Espírito Santo será apanhado de surpresa!

Isso porque estão sendo fartamente avisados. E é com esse espírito que nos move, que *"tiraremos"* o Armagedom *"de letra"*, como dizem os futebolistas! Por isso, os meus cuidados com vocês. Quero-os todos na carne para poder enfrentar comigo a Grande Tribulação e o terrível Armagedom! **E vencer com Jesus! Vencer, vencer e vencer!**

Aliás, na *"Ave, Maria!"* que dediquei ao povo de Minas Gerais, eu os convido a isso:

Maria e a LBV, o seu Sagrado Manto

Santa Maria,
Com teu manto cobrirás
De muita Paz,
De muito Amor,
Minas Gerais!

Baixe o leitor *QR Code*, fotografe o código e assista ao clipe da música.

Manto Sagrado,
Que é a LBV:
Divino Amor,
Que Zarur veio nos trazer!

Espalharás, por toda a parte,
A tua Luz.
Então, teremos tua Paz nos corações:
Nos livrarás de todas as tribulações!
E, por Jesus, vamos vencer o Armagedom!

(...)

E com Jesus, vamos vencer o Armagedom!
Com Jesus! Com Jesus! Com Jesus!

Zarur: *"O Brasil vai receber impactos diretos dos acontecimentos"*

Numa reunião na cozinha da casa do dr. **Humberto Leite de Araújo** (1902-1984), quantas coisas o saudoso fundador da LBV revelou acerca desses acontecimentos! Eu tinha 18, 19 anos. Mas, um dia, poderei contá-las a vocês. De muitas delas já vimos tratando, a fim de que estejam aptas ou aptos a suplantar as dores que virão sobre a Terra, em razão da recalcitrante maldade humana.

Dr. Mario da Cruz

Quando o Irmão Zarur, numa madrugada memorável de agosto de 1962 — dirigindo-se a mim, ao veterano Legionário da Boa Vontade de Deus dr. **Mario da Cruz** (1925-2012) e a outros Irmãos Legionários, que também se encontram na Pátria Espiritual — começou a discorrer sobre esses assuntos apocalípticos, ele admoestava para que estivéssemos atentos ao Livro das Profecias Finais, o Apocalipse. E assim vaticinou:

> — *Eu vim preparando o povo dizendo que o Brasil estaria a salvo daqueles acontecimentos e seria apenas chamuscado. Hoje já digo que o Brasil vai receber impactos diretos dos acontecimentos. E amanhã revelarei muito mais.*

De minha parte, vou escrevendo livros, artigos, revistas, além de pregar pelos microfones da Mídia da Boa Vontade, a Comunicação 100% Jesus, para que ninguém fique sem aviso. Os que se mantiverem como atalaias, sentinelas saberão se proteger. Observem o exemplo dos Cristãos da Antiguidade quando da queda de Jerusalém, prevista por Jesus:

> — *Não ficará pedra sobre pedra que não seja derribada* (Boa Nova, consoante Marcos, 13:2).

Todavia, como destaco no terceiro volume de *O Brasil e o Apocalipse* (1996), Jesus deixou um sinal aos Seus seguidores naquele tempo, para que saíssem da Cidade Santa antes que o príncipe **Tito** (39-81) (filho de **Vespasiano** (9-79), imperador de Roma, que, mais tarde, o sucederia) arrasasse a notável capital dos judeus.

ADENDO

O sinal para os fiéis

(Do livro *O Brasil e o Apocalipse*, volume 3)

Haviam os Discípulos de Jesus pedido um sinal, e Ele lhes deu um pelo qual pudessem saber exatamente a época para fugir de Jerusalém. O Evangelho do Cristo, segundo Lucas, 21:20 a 22, fornece ao leitor uma referência completa:

> — *Porém, quando virdes Jerusalém cercada de exércitos, sabei então que é chegada a sua hora. Nessa época, os que estiverem na Judeia fujam para os montes; e os que estiverem no meio da cidade, saiam; e os que se encontrarem nos campos, não entrem nela. Porque esses são dias de vingança, para que se cumpram todas as coisas que estão escritas.*

Ora, tanto em Jerusalém como na Judeia, muitos não podiam conceber que sua cidade, há tanto tempo protegida por Deus, viesse a ser destruída. Nem mesmo o terror imposto pelas hostes de Vespasiano e Tito poderia abalar sua cega confiança em si mesmos. Mas o que se deu com os cristãos que guardavam as Palavras de Jesus? À primeira vista dos exércitos romanos em volta de Jerusalém, os Seguidores do Caminho (como também eram conhecidos os cristãos primitivos) compreenderam haver chegado o tempo anunciado pelo Cristo como o reservado para a fuga.

No entanto, havia uma questão a se resolver: como fugir? A cidade estava cercada. Ademais, os zelotes[4], partido de valentes guerreiros judeus, sempre em atividade, por nada consentiriam que os cristãos saíssem da cidade sitiada.

E foi exatamente naquele instante que o Poder de Deus ofereceu aos fiéis uma forma para se livrarem do massacre que viria:

> — ***Cestius*** [quem conta isso é **Flávio Josefo** (38-100), historiador judeu daquele tempo], *o comandante romano, depois de ter minado em parte um dos muros do templo, decidiu subitamente suspender o ataque. Retirou-se da cidade, sem que houvesse absolutamente nenhuma razão para isso.*

Os zelotes precipitaram-se, após os romanos saírem em retirada, atacando furiosamente a retaguarda das tropas de Roma.

---

4 **Zelotes** — Seita e partido político judaico do século 1º que procurava incitar o povo da Judeia, à época do imperador Vespasiano, a rebelar-se contra o Império Romano e desencadeou a primeira guerra judaico-romana (66-70).

Então, os Seguidores do Cristo, vigilantes quanto ao anúncio que Nosso Senhor fizera, há cerca de 40 anos, viram surgir diante de si a oportunidade para a rápida saída, segundo a Profecia Dele, escapando dali e da região circunvizinha.

Eles estavam atentos à Profecia do Divino Mestre, não se comportaram como aquelas virgens levianas — da "Parábola das dez virgens" (Boa Nova de Jesus, consoante Mateus, 25:1 a 13) —, que não encheram de azeite as suas lâmpadas e que, quando o noivo chegou, não tinham luz para entrar na casa com ele.

Aqueles cristãos, alertas ao prenúncio de Jesus,

> — *Orai e vigiai para que a vossa fuga não aconteça no inverno, nem em dia de sábado* (Evangelho, segundo Mateus, 24:20),

oraram e vigiaram, isto é, oraram e trabalharam naquele tempo que lhes fora concedido antes da invasão dos romanos, na divulgação da doutrina de Cristo Jesus. A súplica deles foi atendida, pois foi no outono, e não no inverno, e num dia de semana[5] que a fuga se deu. Eles, portanto, atalaias que

---

5 **Fuga num dia de semana** — Se fosse num sábado, tudo o mais seria dificultado, por causa da tradição judaica do Sabá *(Shabat)*, nome dado ao dia de descanso semanal no Judaísmo, simbolizando o sétimo dia em Gênesis, após os seis dias da Criação.

eram, observaram os sinais e obedeceram instantaneamente à exortação do Divino Mestre. Puderam, assim, livrar-se do massacre das tropas de Tito. Dessa forma, Cristãos do Novo Mandamento e todos os seres de Boa Vontade que me honram com a sua leitura, devemos permanecer vigilantes aos sinais do Amigo Celeste nos tempos correntes, a fim de que possamos livrar-nos das coisas que sobrevirão ao planeta Terra, neste final de ciclo apocalíptico, e achar-nos prontos para permanecer de pé diante do Filho de Deus, Jesus, na Sua hora, na Volta Triunfal.

Ouviram bem? **É só guardar Jesus dentro da Alma, colocando Seus elevados ensinamentos em prática, e tudo transcorrerá na exatidão desejada pelos Céus.** Vejam, tenho autoridade para dizer isso. Afinal de contas, estou há praticamente 62 anos nesta luta diária da Legião da Boa Vontade (estávamos em 2018) e de tudo o que nasceu do seu ventre abençoado, sagrado ventre. São 62 anos, dos quais 39 à frente da LBV — e até quando Jesus quiser!

Numa dessas madrugadas, após mais uma jornada de trabalho apostolar na Seara da Boa Vontade de Deus, anotei no meu risque-rabisque:

O dia amanhece, e encontro-me realmente fatigado. (Mas depois recuperei tudo. Estão vendo aqui, não é? [risos]). Porém, a paixão pela LBV me alimenta. Que vocês também sejam assim, para que todos mereçamos o Amor do Mestre Jesus! É a única paixão que não consome o ser humano. A única! A minha Fé no Cristo de Deus nunca esmorece!

* * *

Aliás, gostaria de agradecer a bela homenagem que recebi de meu filho **Alziro de Paiva**. Ele escreve:

> — *O papai é a demonstração inequívoca da força da Fé Realizante e da Oração. Sou testemunha disso. Todas as batalhas foram vencidas, porque a estratégia é orar e agir!*

Cristo, o Consolador | 1881 | Carl Bloch (1834-1890) | Óleo sobre tela | 251 x 170 cm | Altar da Igreja de Landskrona, Suécia.

Antes de tudo, Ele – Jesus

Já que estamos tratando da superação de gigantescos desafios em nossa caminhada — e o Armagedom podemos incluir no rol dos maiores —, trouxeram-me aqui, do primeiro volume das *Sagradas Diretrizes Espirituais da Religião de Deus, do Cristo e do Espírito Santo* (1987), "A Vitória da Vida". Sempre apreciei muito esse poema do saudoso jornalista **Bastos Tigre** (1882-1957) e o levava muito a sério quando o Irmão Zarur ou o próprio autor o declamava. Encontra-se transcrito na *Antologia da Boa Vontade* (1955):

A Vitória da Vida

Pobre de ti se pensas ser vencido!
Tua derrota é caso decidido.
Queres vencer, mas, como em ti não crês,

Tua descrença esmaga-te de vez.
Se imaginas perder, perdido estás.
Quem não confia em si, marcha pra trás;
A força que te impele para a frente
É a decisão firmada em tua mente.

Muita empresa esboroa-se em fracasso
Inda muito antes do primeiro passo;
Muito covarde tem capitulado
Antes de haver a luta começado;
Pensa em grande, e os teus feitos crescerão;
Pensa em pequeno, e irás depressa ao chão.
O querer é o poder arquipotente.
É a decisão firmada em tua mente.

Fraco é aquele que fraco se imagina;
Olha ao alto o que ao alto se destina;
A confiança em si mesmo é a trajetória
Que leva aos altos cimos da Vitória.
Nem sempre o que mais corre a meta alcança,
Nem mais longe o mais forte o disco lança,
Mas o que, certo em si, vai firme e em frente,
Com a decisão firmada em sua mente...

Vejam que interessante: neste bate-papo, estou convidando vocês **a vencer o Armagedom com os pensamentos, as palavras e as ações firmados no Cristo e com o coração feliz**. E na continuação à leitura do poema de Bastos Tigre, nas *Sagradas Diretrizes Espirituais da Religião de Deus, do Cristo e do Espírito Santo* (1987), volume 1, prossigo justamente dizendo o seguinte:

Torne-se um vencedor

Para terminar, este trecho do livro *Jesus, Zarur, Kardec e Roustaing, na Quarta Revelação* (1984):

As Legionárias e os Legionários da Boa Vontade de Deus vencerão desafios cada vez maiores. Contudo, quanto mais difíceis para os chamados homens práticos, mais fáceis serão para os que depositarem toda a sua Fé Realizante Naquele que é o responsável pela existência do planeta: **Cristo Jesus**!

Inspire-se no exemplo dos Cristãos do Novo Mandamento, torne-se um vencedor.

“A quem é que nós vamos temer?”

Cantam, nos *Poemas da Era Atômica*, de Alziro Zarur, as Legionárias e os Legionários da Boa Vontade de Deus:

Marcharemos no Sul e no Norte...
Ninguém pode esta marcha deter!
Pois, se nós não tememos a morte,
A quem é que nós vamos temer?

Tornou-se tradição popular responder a essa pergunta bradando: *"Ninguém! Jamais!"*

Da oração vem a fortaleza

Bem, minhas Irmãs e meus Amigos, minhas Amigas e meus Irmãos, todos os fatos, todas as vibrações agora estão nos levando na direção do Cristo para que façamos a nossa prece.

Antes de tudo, Ele. Adiante de todos os fatos, Ele. Ele quem? Jesus, nosso Senhor, que nos deixou o *Pai-Nosso*. É a oração que faço várias vezes por dia. De noite, ao me deitar, e onde quer que eu me encontre, estou sempre orando o *Pai-Nosso*. A treva nos ataca? Respondo com a Oração Ecumênica do Cristo. Os problemas surgem no caminho? Eu oro ainda mais intensamente, porque foi a súplica que Jesus deixou para nós. Logo, não há nenhuma invocação mais poderosa do que ela. Convido a todos vocês a entoá-la comigo, ***"orando e vigiando"*** (Evangelho do Cristo, segundo Mateus, 26:41).

A prece revigora a nossa vigilância e nos impulsiona ao trabalho. Dela vem toda a nossa fortaleza.

ADENDO

Nosso lema, acima de tudo, em nossa vida, é Jesus!

Escrevi, em 12 de janeiro de 1991 (sábado), estando em São Paulo/SP, Brasil, aos assistentes da LBV e pregadores da Religião de Deus, do Cristo e do Espírito Santo, da Sede Mundial, do Brasil e do mundo, uma mensagem nascida da profunda convicção da minha Alma apostolar, a serviço de Nosso Mestre e Senhor. Compartilho a fim de inspirá-los a jamais esmorecer frente aos desafios da jornada:

Nosso caminho é **Jesus**!
Nossa vida é **Jesus**!
Nossa segurança é **Jesus**!
Nossa sobrevivência é **Jesus**!
Nosso Mestre é **Jesus**!
Nosso Guia é **Jesus**!
Nosso Chefe é **Jesus**!
Nosso Amor é **Jesus**!
Nossa saúde é **Jesus**!
Nosso bom sucesso é **Jesus**!
O destino feliz de nossas famílias é **Jesus**!
Nossa segurança eterna é **Jesus**!
Nosso equilíbrio econômico-financeiro é **Jesus**!
Nossas férias, alegria e alimento é **Jesus**!

Cultura, estudo e Fé é **Jesus**!

Política e Religião é **Jesus**!

Nossa sobrevivência na guerra que vem vindo aí é **Jesus**!

Jesus é tudo para nós, se tivermos juízo; pois, como dizia o saudoso Irmão Zarur, se não ligarmos em **Jesus** as nossas tomadas e não nos unirmos à Humanidade de Cima, que será de nós? Nada!

É urgentemente necessário que todos nós nos integremos nesta convicção: **Jesus**!

Só assim sobreviveremos a tudo que acontecer nas nossas vidas.

É Ele mesmo, **Jesus**, Quem nos convocou. Ele mesmo.

Não podemos brincar com Ele.

Jesus!!! Jesus!!! E mais Jesus!!! E ainda mais Jesus, o Cristo Ecumênico, o Divino Estadista, o Senhor da Paz!

Com Jesus, venceremos sempre, sempre e sempre!

Vencer com Jesus o Armagedom! – parte 4

Um ensinamento do Divino Ativista do Bem

Jesus nos fez abrir na página 195 de meu livro *Tesouros da Alma* (2017), na versão tradicional, que também está sendo lançado, pela Editorial Dunken, em espanhol, na Feria Internacional del Libro de Buenos Aires[6], apenas quatro meses depois de impressa a versão em português (Editora Elevação). É o nosso empe-

[6] **Feria Internacional del Libro de Buenos Aires** — *Tesoros del Alma* (2018) (*Tesouros da Alma*), de Paiva Netto, foi lançada em 2018, na Feira Internacional do Livro de Buenos Aires, que ocorreu de 26 de abril a 14 de maio, no Centro de Feiras e Exposições La Rural. Em sua 44ª edição, é uma das cinco maiores feiras de livro do mundo. Nesse importante evento cultural e editorial da América Latina, a Editora Elevação, em parceria com a Editorial Dunken, lançou ainda em outras ocasiões, tendo alcançado enorme sucesso, as obras *Reflexiones del Alma* (2016) (*Reflexões da Alma*), *Como Vencer el Sufrimiento* (2017) (*Como Vencer o Sofrimento*), *¡Es Urgente Reeducar!* (2019) (*É Urgente Reeducar!*) e *Los muertos no mueren* (2021) (*Os mortos não morrem*). O autor Paiva Netto já atingiu a expressiva marca de 9 milhões de livros vendidos.

nho para que essa inesgotável fonte de energia que vem do Mestre dos mestres, Jesus, esteja presente nos lares do mundo inteiro. Vamos à leitura:

Diante dos fatos mundiais, não somente telúricos, sempre vale a pena estudar as palavras de **Jesus, o Divino Ativista do Bem**, sobre o verdadeiro espírito de Solidariedade em Seu Evangelho, segundo Mateus, 25:31 a 46:

Juízo Final

31 *Quando voltar o Filho de Deus na Sua majestade, e todos os Anjos com Ele, então sentará no trono da Sua glória.*
32 *Todas as nações serão reunidas na Sua presença, para Ele separar uns dos outros, como o pastor separa dos cabritos as ovelhas:*
33 *porá as ovelhas à Sua direita, mas os cabritos, à esquerda.*

(Naturalmente, não se trata de esquerda ou direita política.)

34 *Então, dirá o Rei aos que estiverem à Sua direita: — Vinde, benditos de meu Pai! Entrai na posse do reino que vos está preparado desde a criação do mundo.*
35 *Porque* ***tive fome, e me destes de comer; tive sede, e me destes de beber; era forasteiro, e me hospedastes;***

36 ***estava nu, e me vestistes; enfermo, e me visitastes; preso, e me fostes ver***.
37 *Então, os justos hão de perguntar: — Senhor, quando foi que Te vimos com fome e Te demos de comer? Ou com sede e Te demos de beber?*
38 *E quando Te vimos forasteiro e Te hospedamos? Ou nu e Te vestimos?*
39 *E quando Te vimos enfermo ou preso e Te fomos visitar?*
40 *O Rei, respondendo, lhes dirá: — Em verdade, em verdade vos digo que,* ***sempre que o fizestes a um destes meus pequeninos Irmãos, vós o fizestes a mim mesmo***.
41 *Então, o Rei dirá também aos que estiverem à Sua esquerda: —* ***Apartai-vos de mim, malditos****, para o* ***fogo eterno****, preparado para satanás e seus anjos!*

Aqui, abro parênteses para uma explicação necessária acerca desse "*fogo eterno*". Conforme esclareço em *A Missão dos Setenta e o "lobo invisível"* (2018), não se trata do inferno perpétuo que um "deus" — como designava Zarur, no seu magnífico "Poema do Deus Divino", *"mais vingativo que um homem mau"* — "criou" para punir os que erram.

Jesus conforta os que caíram em erro, mas que desejam verdadeiramente se corrigir:

— Não vim para os sãos, mas para, em nome do

Pai Celestial, curar os enfermos (Evangelho, segundo Marcos, 2:17).

Então, como é que Ele vai lançar, para todo o sempre, doentes ao Érebo?[7] Mais cedo ou mais tarde, por efeito das vidas sucessivas, a consciência de quem comete delitos acusará os faltosos. Ela, a consciência, mais dia, menos dia, cobrará, de forma implacável, o ser vivente.

— *Todavia, há pessoas que não têm consciência...*

Isso é o que alguns equivocadamente acham. Quando menos se aperceber, o arrependimento falará mais alto no coração dos errantes e eles, por intermédio de muitas reencarnações, começarão a se redimir.

* * *

A Lei Universal da Reencarnação é muito mais caridosa, portanto, do que a do inferno eterno. No Antigo Testamento, pela boca do **Profeta Ezequiel**, 33:11, Deus afirma que não deseja a perdição dos pecadores, e sim que eles se salvem. E o **Profeta Oseias** (6:6) transmite esta assertiva de Deus:

---

[7] **Érebo** — Na mitologia grega, Erebus — ou ainda Erebos —, filho de Caos, era a personificação das trevas.

— Misericórdia quero, e não holocausto (...).

Bem, mas prosseguindo com a leitura do Evangelho, segundo Mateus, 25:31 a 46:

> [42] *Porque tive fome, e não me destes de comer; tive sede, e não me destes de beber;*
> [43] *sendo forasteiro, não me hospedastes; estando nu, não me vestistes; enfermo e preso, e não me fostes visitar.*
> [44] *E eles Lhe perguntarão: — Senhor, quando foi que Te vimos com fome, e com sede, e forasteiro, e nu, e enfermo ou preso e não Te assistimos?*
> [45] *Então, o Rei lhes dirá: — Em verdade, em verdade vos digo que,* ***sempre que o deixastes de fazer a um destes pequeninos, a mim mesmo é que o deixastes de fazer****.*
> [46] *E irão estes para o castigo eterno, mas os justos para a Vida Eterna.*

Que extraordinária lição de Fraternidade, de Solidariedade, de Compaixão e de Generosidade, a ser com persistência seguida, não apenas nas horas de dor pungente; porém, por todo o percurso da vida particular e em sociedade! Situa-se entre os mais altos graus da Política verdadeira: a de Deus, do Cristo e do Espírito Santo.

Maria e o Menino Jesus | 1897 | Roberto Ferruzzi (1853-1934).

Maria, Generosa Mãe da Humanidade!

Que ventura é servir a Jesus! Se todos os compromissados com a Sublime Causa do Cristo houverem brilhado na Terra, testemunhando o Seu nome, as Suas obras, receberão Dele o Seu testemunho. E nós teremos a Glória do Divino Senhor, que é a Supina Glória que o mundo inteiro não nos pode oferecer, mas que o coração Dele e de Maria Santíssima possuem sobejamente e nos ofertam a todo instante.

Nesta oportunidade, queremos agradecer ao nobre dr. Adolfo Bezerra de Menezes Cavalcanti (Espírito) o que tem feito, com grande sacrifício, por todos nós. Somos-lhe gratos. Gratos, gratos, gratos, dr. Bezerra de Menezes e sua extraordinária Equipe!

Muito obrigado, Irmão Alziro Zarur, por ter tido a coragem de abrir, num mundo tão adverso, a Sacrossanta, Sacratíssima Legião da Boa Vontade!

Maria Santíssima, Mãe de Jesus, nossa Divina Mãe, cada um de nós tem um pedido a te fazer. E suplicamos, Mãe adorada, que sejas a mediadora entre a nossa pequenez e a grandeza do teu Filho: *"o Caminho, a Verdade e a Vida"* (Evangelho do Cristo, consoante João, 14:6), Jesus que, no dizer do nosso excelente André Luiz (Espírito), *"caminha na vanguarda do nosso movimento"*. E é por isso que a Religião de Deus, do Cristo e do Espírito Santo segue firme nesse propósito celeste.

Agora, Maria Santíssima, protetora suprema desta Casa Divina, cada um destes teus seguidores, trabalhadores desta Seara Bendita, dedicados, perseverantes, guarda um pedido do fundo do coração para fazer-te. Atende, Mãe, a estes pedidos!

(Momento de súplica)

Gratos, Maria Santíssima — Mãe Universal da Humanidade, Generosa Mãe da Cristandade! O teu Filho, Jesus, deu-nos todo o reforço, toda a força de que precisamos. Faze descer sobre todos esses heróis batalhadores da Boa Vontade de Deus, do mais simples Cristão do Novo Mandamento, passando pelos dedicados trabalhadores desta Seara Santa até aos que administram as Divinas Instituições, além dos que contribuem para a sobrevivência material destas Casas Benditas, o teu Manto de Luz!

A Prece

Ó Jesus, Compassivo Filho de Maria, cuja Misericórdia nos sustenta, uma vez mais todos nós, de coração puro, vamos proferir o Teu ***Pai-Nosso*****, a Tua Prece Ecumênica**, constante do Teu Evangelho, segundo Mateus, 6:9 a 13. É a oração que deixaste para as criaturas de Boa Vontade. Pequena, mas poderosa, pois conheces muito bem a pressa humana. Ninguém poderá dizer que não repetiu do fundo da Alma a Tua Oração porque era muito longa. Infelizmente, os seres humanos (ainda) dedicam pouco tempo a Ti, ao Pai, ao Espírito Santo, e muito tempo a perder-se pelos caminhos tortuosos do pecado, isto é, do erro oriundo da ignorância espiritual.

Vamos, portanto, elevar o nosso pensamento a Deus:

Pai-Nosso

Pai Nosso, que estais no Céu, santificado seja o Vosso Nome.

Venha a nós o Vosso Reino.

Seja feita a Vossa Vontade, assim na Terra como no Céu.

O pão nosso de cada dia dai-nos hoje.

Perdoai as nossas dívidas, assim como nós perdoarmos aos nossos devedores.

E não nos deixeis cair em tentação, mas livrai--nos do mal, porque Vosso é o Reino, e o Poder, e a Glória para sempre.
Amém!

Dá-nos, Jesus, a Divina Paz que prometeste àqueles que vivem o Teu Novo Mandamento, no Brasil e no exterior, honrando o compromisso Contigo, não somente nesta vida, mas pelos milênios:

— *Minha Paz vos deixo, minha Paz vos dou. Eu não vos dou a paz do mundo. Eu vos dou a Paz de Deus que o mundo não vos pode dar. Não se turbe o vosso coração nem se arreceie. Porque Eu estarei convosco, todos os dias, até o fim do mundo!* (Evangelho, segundo João, 14:27 e 1; e Mateus, 28:20)

"*Glória a Deus nas Alturas, Paz na Terra aos Homens* [e Mulheres, Jovens, Crianças e Espíritos, Almas Benditas] *da Boa Vontade de Deus!*"

Quero encerrar esta reunião com este belíssimo soneto de Alziro Zarur, constante de *Poemas da Era Atômica* (1949):

A Igreja de Deus

"Bem-aventurados os que ouvem as palavras desta profecia e guardam as coisas que nela estão escritas: porque o tempo está próximo."
Apocalipse, 1:3

Igreja do Senhor, o fim dos tempos vem,
E o Cristo, muito breve, em glória descerá:
A trombeta de Deus no mundo soará,
Que o Juízo Final é próximo, também!

Sobre esta vã Gomorra, e sobre o que contém,
Nesse dia de horror a maldição virá;
Na confusão sem fim, Sodoma baqueará
Ouvindo a tua voz, que do Senhor provém!

Das trevas arrancaste imensas multidões,
E contra esse negrume, em límpidas ações,
Tua obra secular é fogo em resplendor!

Igreja-Mãe ideal de todas as igrejas,
Que no inferno do mundo, impávida, pelejas,
Igreja de Jesus — serei teu defensor!

Um viva às Gerações Legionárias da Boa Vontade de Deus, Cristãs do Novo Mandamento do Sublime Pegureiro que estão na Terra desde pequenininhas e às que se preparam para descer a este mundo a fim de dar continuidade à Divina Obra da Boa Vontade.

Quem confia em Jesus não perde o seu tempo, porque Ele é o Grande Amigo que não abandona amigo no meio do caminho.

Quanto mais perto de Jesus, mais longe dos problemas!

Se nos esquecermos de Jesus, qualquer coisa que pensarmos, dissermos ou fizermos será perda de tempo!

Servir a Jesus não é sacrifício. É privilégio!

Deus Está Presente!

Viva Jesus em nossos corações para sempre!

Vem, Senhor Jesus!

Que ventura é servir a Jesus! Se todos os compromissados com a Sublime Causa do Cristo houverem brilhado na Terra, testemunhando o Seu nome, as Suas obras, receberão Dele o Seu testemunho. E nós teremos a Glória do Divino Senhor, que é a Supina Glória que o mundo inteiro não nos pode oferecer, mas que o coração Dele e de Maria Santíssima possuem sobejamente e nos ofertam a todo instante.

O Apocalipse de Jesus

ou ainda:

Livro da Revelação

Último Livro da Bíblia Sagrada

Livro das Profecias Finais

As obras de arte que abrem cada capítulo do Apocalipse são do saudoso artista plástico Sátyro Marques (1935-2019) e integram o acervo da Galeria de Arte do Templo da Boa Vontade, em Brasília/DF, Brasil.

Apocalipse de Jesus

Capítulo I

O Título, o Autor e o Assunto do Livro

1 Revelação de Jesus, o Cristo, que Deus Lhe deu
para mostrar aos Seus servos as coisas que em breve de-
vem acontecer e que Ele, enviando-as por intermédio
do Seu Anjo, notificou ao Seu servo João,
2 o qual atestou a Palavra de Deus e o Testemunho
de Jesus Cristo, quanto a tudo o que viu.
3 Bem-aventurados aqueles que leem e aqueles que
ouvem as palavras da profecia deste Livro e guardam as
coisas nele escritas, pois o Tempo está próximo.

Dedicatória às Sete Igrejas da Ásia

4 João, às Sete Igrejas que se encontram na Ásia: Gra-
ça e paz a vós outros, da parte Daquele que é, que era e
que há de vir, da parte dos Sete Espíritos que se acham
diante do Seu trono,

5 e da parte de Jesus Cristo, a Fiel Testemunha, o Pri-
mogênito dos mortos e o Soberano dos reis da Terra.
Àquele que nos ama, e, pelo Seu sangue, nos libertou
dos nossos pecados,
6 e nos constituiu reino, sacerdotes para o Seu Deus
e Pai, a Ele a glória e o domínio pelos séculos dos sé-
culos. Amém!
7 Eis que Jesus vem com as nuvens, e todos os olhos
O contemplarão, até mesmo aqueles que O traspassa-
ram. E todas as nações da Terra se lamentarão sobre
Ele. Certamente. Amém!
8 Eu sou o Alfa e o Ômega, o A e o Z, o Princípio e
o Fim, diz o Senhor, Aquele que é, que era e que há de
vir, o Todo-Poderoso Deus.

A visão de Jesus glorificado

9 Eu, João, irmão vosso e companheiro na tribula-
ção, no reino e na perseverança, em Jesus, encontrei-
-me na ilha chamada Patmos, por causa da Palavra de
Deus e do Testemunho de Jesus Cristo.
10 Achei-me em Espírito, no Dia do Senhor, e ouvi
por detrás de mim uma grande voz, como de trombeta,
11 que me dizia: O que vês, escreve em livro e manda
às Sete Igrejas que estão na Ásia: Éfeso, Esmirna, Pér-
gamo, Tiatira, Sardes, Filadélfia e Laodiceia.
12 E me voltei para ver quem falava comigo e, assim,
voltado, vi sete candeeiros de ouro,

13 e, no meio dos candeeiros, um semelhante a filho
de homem, com vestes talares e cingido, à altura do
peito, com uma cinta de ouro.
14 A sua cabeça e cabelos eram brancos como alva lã,
como a neve; os olhos, como chama de fogo;
15 os pés, semelhantes ao bronze polido, como que
refinado numa fornalha; a voz, como voz de muitas
águas.
16 Tinha na mão direita sete estrelas, e da boca saía-
-lhe uma espada afiada de dois gumes. O seu rosto bri-
lhava como o sol na sua força.
17 Logo que o vi, caí a seus pés como morto. Ele,
porém, colocou sobre mim a Sua mão direita, dizendo:
Não temas; Eu sou o Alfa e o Ômega, o Primeiro e o
Último.
18 Fui crucificado, mas eis-me aqui; estou vivo pelos
séculos dos séculos e tenho as chaves da morte e do
inferno.
19 Escreve, pois, as coisas que viste, e as que são, e as
que hão de acontecer depois destas.
20 Quanto ao mistério das sete estrelas que viste na
minha mão direita e aos sete candeeiros de ouro, as
sete estrelas são os Sete Anjos das Sete Igrejas, e os sete
candeeiros são as Sete Igrejas do Senhor.

Apocalipse de Jesus

Capítulo II

Carta à Igreja em Éfeso

1 Ao Anjo da Igreja em Éfeso escreve:
Estas coisas diz Aquele que conserva na mão direita
as sete estrelas e que anda no meio dos sete candeeiros
de ouro:
2 Conheço as tuas obras, assim o teu labor, como a
tua perseverança, e que não podes suportar os maus,
e que puseste à prova os que a si mesmos se declaram
apóstolos e não são, e os achaste mentirosos;
3 e tens perseverança, e suportaste provas por causa
do meu nome, e não te deixaste esmorecer.
4 Tenho, porém, contra ti que abandonaste a tua Pri-
meira Caridade.
5 Lembra-te, pois, de onde caíste, arrepende-te e
volta à prática das primeiras obras; se não, virei a ti e

moverei do seu lugar o teu candeeiro, caso não te arrependas.
6 Mas isto tens de bom: detestas as obras dos nicolaí-
tas, as quais eu também desprezo.
7 Quem tem ouvidos de ouvir ouça o que o Espírito
diz às Igrejas do Senhor. Ao vencedor darei a comer os
frutos da Árvore da Vida Eterna que se encontra no
paraíso de meu Deus.

Carta à Igreja em Esmirna

8 Ao Anjo da Igreja em Esmirna escreve:
Estas coisas diz o Primeiro e o Último, que esteve
morto e tornou a viver:
9 Conheço a tua tribulação, a tua pobreza, mas tu
és rico; e que és caluniado por aqueles que se dizem
apóstolos, e não são, sendo antes templo de satanás.
10 Não temas as coisas que tens de sofrer. Eis que
o diabo está para lançar em prisão alguns dentre vós,
para serdes postos à prova, e tereis tribulação de dez
dias. Sê fiel até à morte, e Eu te darei a coroa da vida.
11 Quem tem ouvidos de ouvir ouça o que o Espí-
rito diz às Igrejas do Senhor. O vencedor, de nenhum
modo, sofrerá o dano da segunda morte.

Carta à Igreja em Pérgamo

12 Ao Anjo da Igreja em Pérgamo escreve:

Estas coisas diz Aquele que tem a espada afiada de
dois gumes:
13 Conheço o lugar em que habitas, onde está o tro-
no de satanás, e que conservas o meu nome e não ne-
gaste a minha fé, ainda nos dias de Ântipas, minha fiel
testemunha, o qual foi morto entre vós, onde satanás
habita.
14 Tenho, todavia, contra ti algumas coisas, pois que
tens aí os que sustentam a doutrina de Balaão, o qual
ensinava a Balaque a armar ciladas diante dos filhos de
Israel, para que comessem coisas sacrificadas aos ídolos
e praticassem a prostituição.
15 Outrossim, tens aí também os que da mesma for-
ma sustentam a doutrina dos nicolaítas.
16 Portanto, arrepende-te; porque se não, virei sem
demora contra ti e pelejarei contra eles com a espada
da minha boca.
17 Quem tem ouvidos de ouvir ouça o que o Espíri-
to diz às Igrejas do Senhor. Ao vencedor Eu darei do
maná escondido, bem como uma pedrinha branca, e
sobre ela escrito um nome novo, que ninguém conhe-
ce, exceto aquele que o recebe.

Carta à Igreja em Tiatira

18 Ao Anjo da Igreja em Tiatira escreve:
Estas coisas diz o Filho de Deus, que tem os olhos

como chama de fogo e os pés semelhantes ao bronze
polido:
19 Conheço as tuas obras, o teu amor, a tua fé, o
teu serviço, a tua perseverança e as tuas últimas obras,
mais numerosas do que as primeiras.
20 Tenho, porém, umas coisas contra ti, porque per-
mites a Jezabel, mulher que diz profetizar, pregar e se-
duzir os meus servos, para praticarem a prostituição e
a comerem coisas sacrificadas aos ídolos.
21 Dei-lhe tempo para que fizesse penitência; ela,
contudo, não quer arrepender-se da sua prostituição.
22 Eu a reduzirei a doente em cima de uma cama, e
aqueles que adulteram com ela se verão em grandíssi-
ma tribulação, se não fizerem penitência das suas más
obras.
23 Eu ferirei de morte os seus filhos, e todas as
igrejas conhecerão que Eu sou aquele que sonda rins
e corações, e retribuirei a cada um segundo as suas
obras.
24 Digo, todavia, a vós outros, os demais de Tiatira,
a tantos quantos não têm essa doutrina e que não co-
nheceram, como eles dizem, as profundezas de satanás:
Outra carga não jogarei sobre vós;
25 mas guardai bem o que tendes, até que Eu volte.
26 Ao vencedor, que guardar **até ao fim** as minhas
obras, Eu lhe darei poder sobre as nações,
27 e com cetro de ferro as regerá, e as reduzirá a pe-
daços como se fossem objetos de barro;

28 assim como também Eu recebi de meu Pai, dar-
-lhe-ei ainda a Estrela da Manhã (a Estrela Dalva).
29 Quem tem ouvidos de ouvir ouça o que o Espírito
diz às Igrejas do Senhor.

Capítulo III

Carta à Igreja em Sardes

1 Ao Anjo da Igreja em Sardes escreve:
Estas coisas diz Aquele que tem os Sete Espíritos de Deus e as sete estrelas:
Conheço as tuas obras: tens a reputação de que estás vivo; entretanto, estás morto.
2 Sê vigilante e consolida o restante que estava para morrer, porque não tenho achado íntegras as tuas obras na presença do meu Deus.
3 Lembra-te, pois, do que recebeste e ouviste, guarda-o bem e faze penitência. Porquanto, se não vigiares, virei como ladrão, e não conhecerás de modo algum em que hora me levantarei contra ti.
4 Tens, contudo, em Sardes, umas poucas pessoas que não contaminaram as suas vestiduras e andarão de branco junto comigo, pois são dignas disto.

5 O vencedor será assim vestido com roupas
brancas, e de modo algum apagarei o seu nome do
Livro da Vida Eterna; pelo contrário, confessarei
o seu nome diante de meu Pai e diante dos Seus
Anjos.
6 Quem tem ouvidos de ouvir ouça o que o Espírito
diz às Igrejas do Senhor.

Carta à Igreja em Filadélfia

7 Ao Anjo da Igreja em Filadélfia escreve:
Estas coisas diz o Santo, o Verdadeiro, Aquele que
tem a chave de Davi, que abre, e ninguém fecha, e que
fecha, e ninguém abre:
8 Conheço as tuas obras — eis que tenho posto dian-
te de ti uma porta aberta, a qual ninguém pode fechar
— e que tens pouca força; entretanto, guardaste a mi-
nha palavra e não negaste o meu nome.
9 Eis farei a alguns dos que são do templo de satanás,
desses que a si mesmos se declaram apóstolos e não
são, pois mentem; eis que os farei vir e prostrar-se aos
teus pés e conhecer que Eu te amei.
10 Porque guardaste a palavra da minha perseveran-
ça, também Eu te guardarei da hora da tormenta que
há de vir sobre o mundo inteiro, para experimentar os
que habitam sobre a Terra.
11 Eis que venho sem demora. Conserva o que tens,
para que ninguém tome a tua coroa.

12 Ao vencedor, Eu o farei coluna do Templo do meu
Deus, e dali não sairá jamais; gravarei também sobre
ele o nome do meu Deus, o nome da cidade do meu
Deus, a Nova Jerusalém que desce do Céu, vinda da
parte do meu Deus, e o meu Novo Nome.
13 Quem tem ouvidos de ouvir ouça o que o Espírito
diz às Igrejas do Senhor.

Carta à Igreja em Laodiceia

14 Ao Anjo da Igreja em Laodiceia escreve:
Estas coisas diz o Amém, a Testemunha Fiel e Verdadeira, o Princípio da Criação de Deus:
15 Conheço as tuas obras, que nem és frio nem quente. Quem dera fosses frio ou quente!
16 Assim, porque és morno e nem és quente nem
frio, estou a ponto de vomitar-te da minha boca;
17 pois dizes: Estou rico e abastado e de nada sinto
falta; e não sabes que és um infeliz, sim, miserável, pobre, cego e nu.
18 Aconselho-te que de mim compres ouro refinado pelo fogo para te fazeres realmente rico e trajares vestiduras brancas, a fim de que não seja manifesta a vergonha da tua nudez, e colírio para ungires os teus olhos, a fim de que vejas com perfeição.
19 Aqueles a quem amo, repreendo e castigo. Sê, pois,
zeloso e arrepende-te.

20 Eis que estou à porta e bato; se alguém ouvir a
minha voz e abri-la para mim, entrarei em sua casa e
cearei com ele, e ele, comigo.
21 Ao vencedor, Eu o farei sentar-se comigo no meu
trono, assim como também Eu venci e me sentei com
meu Pai no Seu trono de glória.
22 Quem tem ouvidos de ouvir ouça o que o Espírito
diz às Igrejas do Senhor.

Os Sete Anjos montando guarda para as Sete Igrejas da Ásia | Mosaico na Basílica de São Marcos (Veneza, Itália).

Capítulo IV

A visão do Trono de Deus

1 Depois disso, olhei, e eis não somente uma porta aber-
ta no Céu, como também a primeira voz que ouvi, como
de trombeta ao falar comigo, dizendo: Sobe para cá, e Eu
te mostrarei o que deve acontecer depois destas coisas.
2 Logo fui arrebatado em Espírito, e eis armado no
Céu um trono, e nele Alguém sentado;
3 e esse que se acha assentado é semelhante, no aspecto,
à pedra de jaspe e de sardônio, e, ao redor do trono, há
um arco-íris que se assemelha, no aspecto, à esmeralda.
4 Ao redor do trono, há também vinte e quatro tro-
nos, e assentados neles, vinte e quatro anciãos vestidos
de branco, em cujas cabeças estão coroas de ouro.
5 Do trono saem relâmpagos, vozes e trovões, e dian-
te dele ardem sete tochas de fogo, que são os Sete Es-
píritos de Deus.

6 Há diante do trono um mar de vidro, transparente,
semelhante ao cristal, e também, no meio do trono e
à volta dele, quatro seres viventes cheios de olhos ao
redor e por dentro.
7 O primeiro ser vivente é semelhante a leão, o se-
gundo semelhante a novilho, o terceiro tem o rosto
como de homem, e o quarto ser vivente é semelhante
a uma águia quando está voando.
8 E os quatro seres viventes, tendo cada um deles res-
pectivamente seis asas, estão cheios de olhos, ao redor
e por dentro; não têm descanso, nem de dia nem de
noite, proclamando:
Santo, Santo, Santo é o Senhor Deus, o Todo-Pode-
roso, Aquele que era, que é e que há de vir.
9 Quando esses seres viventes davam glória, honra e
ações de graça ao que se encontra sentado no trono, ao
que vive pelos séculos dos séculos,
10 os vinte e quatro anciãos se prostravam diante Da-
quele que se encontra sentado no trono, e adoravam
ao que vive pelos séculos dos séculos, e depositavam as
suas coroas diante do trono, proclamando:
11 Tu és digno, Senhor e Deus nosso, de receber a
glória, a honra e o poder, porque todas as coisas Tu
criaste, sim, por causa da Tua Vontade vieram a existir
e foram criadas.

***Os quatro seres viventes*, na concepção de Julius von Carolsfeld (1794-1872).**

Apocalipse de Jesus

Capítulo V

A visão do livro selado com Sete Selos e a do Cordeiro de Deus

1 Vi, na mão direita Daquele que estava sentado no
trono, um livro escrito por dentro e por fora, de todo
selado com sete selos.
2 Vi também um Anjo forte, que proclamava em
grande voz: Quem é digno de abrir o livro e de lhe
desatar os Selos?
3 Ora, nem no céu, nem sobre a terra, nem debai-
xo da terra, ninguém podia abrir o livro, nem mesmo
olhar para ele;
4 e eu chorava muito, porque ninguém fora achado
digno de abrir o livro, nem de o ler e nem mesmo de
olhar para ele.
5 Todavia, um dos anciãos me falou: Não chores; eis
que o Leão da tribo de Judá, a Raiz de Davi, pela Sua

vitória alcançou o poder de abrir o livro e os seus Sete Selos (Ele é o Cristo de Deus).
6 Então vi, no meio do trono e dos quatro seres viventes e entre os anciãos, de pé, um Cordeiro como tinha sido morto. Ele tinha sete chifres, bem como sete olhos, que são os Sete Espíritos de Deus mandados por toda a Terra.
7 Veio e tomou o livro da mão direita Daquele que estava sentado no trono;
8 e, quando tomou o livro, os quatro seres viventes e os vinte e quatro anciãos prostraram-se diante do Cordeiro, tendo cada um deles uma harpa e taças de ouro cheias de incenso, que são as orações dos Santos,
9 e entoavam um novo cântico, dizendo:
Digno és, Senhor, de tomar o livro e de desatar-lhe os Selos, porque foste morto e com o Teu sangue compraste para Deus os que procedem de toda tribo, e língua, e povo e nação;
10 e para o nosso Deus os constituíste reino e sacerdotes; e reinarão sobre toda a Terra.
11 Vi e ouvi, então, a voz de muitos Anjos ao redor do trono, dos seres viventes e dos anciãos, cujo número era de milhões de milhões e milhares de milhares,
12 proclamando em grande brado:
Digno é o Cordeiro de Deus, que foi morto, de receber a virtude e a dignidade, e o poder, e a riqueza, e a sabedoria, e a fortaleza, e a honra, e a glória, e o louvor.

13 Então ouvi o que toda criatura que há no Céu e
sobre a Terra, debaixo da terra e sobre o mar, e tudo o
que neles há, dizendo: Àquele que está sentado no tro-
no e ao Cordeiro de Deus sejam o louvor, e a honra, e
a glória, e o domínio pelos séculos dos séculos.
14 E os quatro seres viventes respondiam: Amém!
Também os anciãos prostraram-se e O adoraram.

Capítulo VI

O Cordeiro de Deus abre os Selos

O Primeiro Selo

1 Vi quando o Cordeiro de Deus abriu um dos Sete
Selos e ouvi um dos quatro seres viventes dizendo,
como se fosse voz de trovão: Vem e vê!
2 E olhei, e eis um cavalo branco e o seu cavaleiro
com um arco; e lhe foi dada uma coroa; e Ele saiu vencendo e para vencer.

O Segundo Selo

3 Quando o Cordeiro de Deus abriu o Segundo
Selo, ouvi o segundo ser vivente que dizia: Vem e vê!
4 E saiu outro cavalo, vermelho; e ao seu cavaleiro
foi dado tirar a paz da Terra para que os homens se

matassem uns aos outros; e lhe foi dada uma grande espada também.

O Terceiro Selo

5 Quando o Cordeiro de Deus abriu o Terceiro Selo, ouvi o terceiro ser vivente dizendo: Vem e vê! Então, apareceu um cavalo preto e o seu cavaleiro com uma balança na mão.

6 E ouvi uma voz no meio dos quatro seres viventes, que dizia: Uma medida de trigo por um denário; três medidas de cevada por um denário; e não danifiques o azeite e o vinho.

O Quarto Selo

7 Quando o Cordeiro de Deus abriu o Quarto Selo, ouvi a voz do quarto ser vivente dizendo: Vem e vê!

8 E surgiu um cavalo amarelo e o seu cavaleiro, sendo este chamado Morte; e o Inferno o estava seguindo, e lhes foi dada autoridade sobre a quarta parte da Terra para matar à espada, pela fome, com a mortandade e por meio das feras da Terra.

O Quinto Selo

9 Quando o Cordeiro de Deus abriu o Quinto Selo, vi debaixo do altar as almas daqueles que tinham sido

mortos por causa da Palavra de Deus e do testemunho
que Dele tinham dado.
10 Clamavam em grande voz, dizendo: Até quando,
ó Soberano Senhor, Santo e Verdadeiro, esperas Tu
para nos fazeres justiça e vingar o nosso sangue dos
que habitam sobre a Terra?
11 Então, a cada um deles foi dada uma vestidura
branca e lhes foi dito que repousassem ainda por pou-
co tempo, até que também se completasse o número
dos seus conservos e o de seus irmãos que iam ser mor-
tos como igualmente eles foram.

O Sexto Selo

12 Vi quando o Cordeiro de Deus abriu o Sexto Selo,
e eis que sobreveio grande terremoto. O sol se tornou
negro como um saco de crina, a lua toda, como san-
gue,
13 as estrelas caíram do céu sobre a Terra, como a
figueira, quando abalada por vento forte, deixa cair os
seus figos verdes,
14 e o céu recolheu-se como um pergaminho quando
se enrola. Então, todos os montes e ilhas foram movi-
dos dos seus lugares.
15 Os reis da Terra, os príncipes, os grandes, os tri-
bunos, os comandantes, os ricos, os poderosos, e todo
escravo e todo livre se esconderam nas cavernas e nos
penhascos dos montes

16 e disseram aos montes e aos rochedos: Caí sobre
nós, escondei-nos da face Daquele que se assenta no
trono e da ira do Cordeiro de Deus,
17 porque chegou o grande Dia do furor deles. Quem
poderá sobreviver?

***A visão da morte* (6:8), na concepção de Gustave Doré.**
8 E surgiu um cavalo amarelo e o seu cavaleiro, sendo este chamado Morte; e o Inferno o estava seguindo, e lhes foi dada autoridade sobre a quarta parte da Terra para matar à espada, pela fome, com a mortandade e por meio das feras da Terra.

Capítulo VII

Os cento e quarenta e quatro mil selados de Israel

1 Depois disto, vi quatro Anjos em pé nos quatro
cantos do mundo, conservando seguros os quatro ven-
tos, para que nenhum soprasse sobre a terra, nem so-
bre o mar, nem contra árvore alguma.
2 Vi outro Anjo que subia do nascente do sol, tendo
o sinal do Deus Vivo, e clamou em alta voz aos quatro
Anjos, aqueles aos quais fora dado fazer dano à terra e
ao mar,
3 dizendo: Não danifiques nem a terra, nem o mar,
nem as árvores, até que assinalemos em suas frontes os
servos do nosso Deus.
4 Então, ouvi o número dos que foram selados, que
era cento e quarenta e quatro mil, de todas as tribos
dos filhos de Israel:

5 da tribo de Judá foram selados doze mil; da tribo
de Rúben, doze mil; da tribo de Gade, doze mil;
6 doze mil, da tribo de Áser; da tribo de Náftali, doze
mil; da tribo de Manassés, doze mil;
7 doze mil, da tribo de Simeão; doze mil, da tribo de
Levi; doze mil, da tribo de Issacar;
8 doze mil, da tribo de Zabulom; doze mil, da tribo
de José; doze mil, da tribo de Benjamim.

A Visão dos Glorificados

9 Depois destas coisas olhei, e eis grande multidão
que ninguém podia enumerar, de todas as nações, tri-
bos, povos e línguas, em pé diante do trono e dian-
te do Cordeiro de Deus, trajando vestiduras brancas,
com palmas nas suas mãos;
10 e clamava com grande voz, dizendo:
Ao nosso Deus, que se assenta no trono, e ao Divino
Cordeiro pertence a salvação.
11 E todos os Anjos estavam de pé em derredor do
trono, e dos anciãos, e dos quatro seres viventes; e ante
o trono se prostraram sobre os seus rostos e adoraram a
Deus,
12 dizendo: Amém. Bênção e claridade, e o louvor, e
a glória, e a sabedoria, e ações de graça, e a honra, e o
poder, e a fortaleza sejam ao nosso Deus, pelos séculos
dos séculos. Amém!

13 Um dos anciãos tomou da palavra, dizendo: Es-
tes que trajam vestiduras brancas, quem são e de onde
vieram?
14 Respondi-lhe: meu senhor, tu o sabes. Ele, então,
me disse: São estes os que vêm da grande tribulação,
que lavaram suas vestiduras e as alvejaram no sangue
de Cristo Jesus,
15 razão por que se acham diante do trono de Deus
e O servem de dia e de noite no Seu Templo; e Aquele
que se acha sentado no trono estenderá sobre eles o
Seu tabernáculo, e habitará sobre eles.
16 Jamais terão fome, nunca mais terão sede, não cai-
rá sobre eles o sol, nem ardor algum,
17 pois o Cordeiro de Deus que se encontra no meio
do trono os apascentará e os guiará para as fontes da
água da vida. E Deus lhes enxugará dos olhos toda
lágrima.

Apocalipse de Jesus

Capítulo VIII

O Sétimo Selo.

Os Sete Anjos com as suas trombetas

1 Quando o Cordeiro de Deus abriu o Sétimo Selo,
fez-se grande silêncio no Céu cerca de meia hora.
2 Então vi os Sete Anjos que se acham em pé diante
de Deus, e lhes foram dadas sete trombetas.
3 Veio outro Anjo e ficou de pé junto ao altar, com
um incensário de ouro, e foi-lhe dado muito incenso
para oferecê-lo com as orações de todos os Santos so-
bre o altar de ouro que se acha diante do trono;
4 e da mão do Anjo subiu à presença de Deus o fumo
do incenso, com as orações dos Santos.
5 E o Anjo tomou o incensário, encheu-o do fogo
do altar e o atirou à Terra. E houve trovões, estrondos,
vozes, relâmpagos e um grande terremoto.

6 Então os Sete Anjos que tinham as Sete Trombetas
prepararam-se para fazê-las tocar.

A Primeira Trombeta

7 O Primeiro Anjo tocou a trombeta, e houve saraiva
e fogo de mistura com sangue, e foram atirados à terra.
Foi, então, queimada a terça parte da terra, e das árvo-
res, e também toda grama verde.

A Segunda Trombeta

8 O Segundo Anjo tocou a trombeta, e uma grande
montanha ardendo em chamas foi atirada ao mar, cuja
terça parte se tornou em sangue,
9 e a terça parte das criaturas que vivem no mar mor-
reu, e a terça parte das embarcações pereceu.

A Terceira Trombeta

10 O Terceiro Anjo tocou a trombeta, e caiu do Céu
sobre a terça parte dos rios e sobre as fontes das águas
uma grande estrela ardendo como tocha.
11 O nome da estrela é Absinto; e a terça parte das
águas se converteu em absinto, e muitos dos homens
morreram por causa dessas águas, porque se tornaram
amargosas.

A Quarta Trombeta

12 O Quarto Anjo tocou a trombeta, e foi ferida a
terça parte do sol, da lua e das estrelas, para que a terça
parte deles escurecesse e, na sua terça parte, assim não
resplandecesse o dia nem também a noite.
13 Então vi e ouvi uma águia que, voando pelo meio
do céu, dizia em grande voz: Ai dos habitantes da Terra! Ai dos habitantes da Terra! Ai dos habitantes da
Terra!, por causa das outras vozes dos três Anjos que
ainda têm de tocar a trombeta.

Capítulo IX

A Quinta Trombeta

1 O Quinto Anjo tocou a trombeta, e vi uma estrela
caída do céu na Terra. E lhe foi dada a chave do poço
do abismo.
2 E, com ela, abriu o poço do abismo, e subiu fuma-
ça do poço como fumaça de grande fornalha, e, com
a fumaceira saída do poço, o sol e o ar escureceram.
3 Também da fumaça saíram gafanhotos para a Ter-
ra; e lhes foi dado poder como o que têm os escorpiões
da Terra,
4 e lhes foi ordenado que não causassem dano à gra-
ma da Terra, nem a qualquer coisa verde, nem a árvore
alguma, e tão somente aos homens que não têm o selo
de Deus sobre as suas frontes.
5 Foi-lhes dado também, não que os matassem, e
sim que os atormentassem durante cinco meses. E o

seu tormento é como o tormento de escorpião quando
fere alguém.
6 Naqueles dias os homens buscarão a morte e não a
acharão; também terão ardente desejo de morrer, mas
a morte fugirá deles.
7 O aspecto dos gafanhotos era semelhante a cavalos
preparados para peleja; nas suas cabeças tinham coroas
semelhantes ao ouro; e os seus rostos eram como rostos
de homens;
8 tinham também cabelos, como cabelos de mulhe-
res; os seus dentes, como dentes de leões;
9 vestiam couraças, como couraças de ferro; o es-
trondo das suas asas era como o barulho ensurdecedor
de carros de muitos cavalos, quando correm à peleja;
10 tinham ainda caudas, como escorpiões, e ferrões;
nas suas caudas tinham poder para causar dano aos
homens, por cinco meses;
11 e tinham sobre si, como seu rei, o anjo do abismo,
cujo nome em hebraico é Abadom, e em grego, Apó-
liom, que, segundo o latim, significa: o Exterminador.
12 O primeiro Ai passou. Eis que depois destas des-
graças vêm ainda dois Ais.

A Sexta Trombeta

13 O Sexto Anjo tocou a trombeta, e ouvi uma voz
procedente dos quatro ângulos do altar de ouro que se
encontra na presença de Deus,

14 a qual dizia ao Sexto Anjo, o mesmo que tem a
trombeta: Solta os quatro Anjos que se encontram ata-
dos junto ao grande rio Eufrates.
15 Foram, então, libertados os quatro Anjos que se
achavam prontos para a hora, o dia, o mês e o ano,
para que matassem a terça parte dos homens.
16 O número dos exércitos da cavalaria era de vinte
mil vezes dez milhares; eu ouvi o seu número: duzen-
tos milhões.
17 Assim, nesta visão, contemplei que os cavalos e os
seus cavaleiros tinham couraças de fogo, de jacinto e
de enxofre. As cabeças dos cavalos eram como cabeças
de leões e de suas bocas saía fogo, fumaça e enxofre.
18 Por meio destes três flagelos: pelo fogo, pela fuma-
ça e pelo enxofre, que saíam das suas bocas, foi morta
a terça parte dos homens;
19 porque o poder dos cavalos estava na sua boca e
nas suas caudas, porquanto as suas caudas se pareciam
com serpentes, e tinham cabeças, e com elas causavam
dano.
20 Os outros homens, aqueles que não foram mortos
por esses flagelos, não se arrependeram das obras das
suas mãos, pois não deixaram de adorar os demônios
e os ídolos de ouro, de prata, de cobre, de pedra e de
pau, que nem podem ver, nem ouvir, nem andar;
21 nem ainda se arrependeram dos seus assassínios,
nem das suas feitiçarias, nem da sua prostituição, nem
dos seus furtos.

Capítulo X

Os Anjos e os sete trovões

João e o livrinho

1 Vi então outro Anjo forte, que descia do céu, en-
volto em uma nuvem, com o arco-íris por cima de sua
cabeça; tinha o rosto como o sol, e as pernas como
colunas de fogo,
2 tendo na mão um livrinho aberto. Pôs o pé direito
sobre o mar e o esquerdo sobre a terra,
3 e bradou em grande voz, como ruge um leão, e,
quando bradou, desferiram os sete trovões as suas pró-
prias vozes.
4 Logo que falaram os sete trovões, eu ia escrever
as suas palavras, mas ouvi uma voz do Céu, que me
dizia: Sela as palavras dos sete trovões e não as es-
crevas.

5 Então, o Anjo que vi em pé sobre o mar e sobre a
terra levantou a mão direita para o céu
6 e jurou por Aquele que vive pelos séculos dos sé-
culos, o mesmo que criou o céu, a terra e o mar e tudo
quanto neles existe: Já não há mais tempo!
7 Mas nos dias da voz do Sétimo Anjo, quando ele
estiver para tocar a trombeta, cumprir-se-á então o
mistério de Deus, conforme Ele anunciou aos Seus
servos, os Profetas.
8 A voz que ouvi, vinda do Céu, voltou a falar co-
migo, para ordenar: Vai e toma o livro aberto da mão
do Anjo que se acha em pé sobre o mar e sobre a terra.
9 Fui, pois, ao Anjo, dizendo-lhe que me desse o li-
vrinho. Ele, então, me falou: Toma-o e devora-o; cer-
tamente, ele será amargo ao teu estômago, mas, na tua
boca, doce como mel.
10 Tomei o livrinho da mão do Anjo e o devorei; na
minha boca era doce como mel; quando, porém, o en-
goli, causou-me amargor no ventre.
11 Então me disseram: Importa ainda profetizes a
muitos povos, nações, línguas e reis.

***O Anjo aparece com o livro* | Coleção Phillip Medhurst.**

Apocalipse de Jesus

Capítulo XI

Ordens para medir o Santuário de Deus

1 E me deram uma cana semelhante a uma vara, e também me foi determinado: Levanta-te e mede o Templo de Deus, o seu altar e os que nele fazem as suas orações;
2 mas deixa de parte o átrio exterior do Templo e não o meças, porque ele foi dado aos gentios, que, por quarenta e dois meses, calcarão aos pés a Cidade Santa.

As duas testemunhas mártires

3 Darei às minhas duas testemunhas que, vestidas de pano de saco, profetizem por mil duzentos e sessenta dias.
4 Estas são as duas oliveiras e os dois candeeiros que se acham em pé diante do Senhor da Terra.

5 Se alguém pretender causar-lhes dano, sairá fogo
das suas bocas e devorará os inimigos; sim, se alguém
os quiser ofender, importa que seja morto.
6 Elas têm a autoridade para fechar o céu, para que
não chova durante os dias em que profetizarem. Têm
poder também sobre as águas, para convertê-las em
sangue, bem como para ferir a Terra com toda sorte de
pragas, tantas vezes quantas quiserem.
7 Depois que elas tiverem acabado de dar o seu tes-
temunho, a besta que surge do abismo pelejará contra
elas, e as vencerá, e matará,
8 e os seus cadáveres ficarão estirados na praça da
grande cidade que espiritualmente se chama Sodoma e
Egito, onde também o seu Senhor foi crucificado.
9 Então, muitos dentre os povos, as tribos, as línguas
e as nações contemplarão os cadáveres das duas teste-
munhas, por três dias e meio, e não permitirão que
seus corpos sejam sepultados.
10 Os habitantes do mundo se alegrarão por causa da
morte deles, realizarão festas e enviarão presentes uns
aos outros, porquanto esses dois Profetas atormenta-
ram os que moram sobre a Terra.
11 Mas, depois dos três dias e meio, um Espírito de
vida, vindo da parte de Deus, entrou neles, que se er-
gueram sobre seus pés, e àqueles que os viram redivi-
vos sobreveio grande medo;
12 e as duas testemunhas ouviram grande voz vinda
do Céu, dizendo-lhes: Subi para cá! E se elevaram ao

Céu numa nuvem, e os seus inimigos as contemplaram subindo.

13 Naquela hora, sobreveio grande terremoto, e ruiu
a décima parte da cidade, e morreram nesse terremoto sete mil pessoas, ao passo que as outras ficaram sobremodo aterrorizadas, e deram glória ao Deus do Céu.

14 É passado o segundo Ai. Mas eis aqui o terceiro,
que cedo virá.

A Sétima Trombeta

15 O Sétimo Anjo tocou a trombeta, e se ouviram no
céu grandes vozes, dizendo:

O reino do mundo se tornou de nosso Deus e do Seu Cristo, e Ele reinará pelos séculos dos séculos.

16 E os vinte e quatro anciãos, que diante de Deus
se encontram sentados nos seus tronos, prostraram-se sobre os seus rostos e O adoraram,

17 dizendo:

Graças Te damos, Senhor Deus, Todo-Poderoso, que és e que eras, porque assumiste o Teu Grande Poder e passaste a reinar (na Terra).

18 Entretanto, as nações se enfureceram; chegou,
porém, a Tua ira, e o tempo determinado para serem julgados os mortos, para se dar o galardão aos Teus servos, os Profetas, aos Santos e aos que temem o Teu Nome, assim aos pequenos como aos grandes; é soada

a hora de exterminar os que corromperam o mundo, os que destroem a Terra.
[19] Abriu-se, então, o Templo de Deus, que se acha no Céu, e foi vista a arca do compromisso no Seu Templo, e sobrevieram relâmpagos, vozes, trovões, terremoto e uma chuva de pedras sobre o mundo.

***A Última Trombeta* (1866), na concepção de Gustave Doré.**

Apocalipse de Jesus

Capítulo XII

A mulher e o dragão

1 Então apareceu um grande sinal no Céu: uma mu-
lher vestida do sol com a lua debaixo dos pés e uma
coroa de doze estrelas na cabeça,
2 que, achando-se grávida, grita com as dores do par-
to, sofrendo tormentos para dar à luz.
3 Viu-se também outro sinal no Céu, e eis um dra-
gão, grande, vermelho, com sete cabeças, dez chifres e,
nas cabeças, sete diademas.
4 A sua cauda arrasta a terça parte das estrelas do céu,
as quais lançou para a Terra; e o dragão se deteve em
frente da mulher que estava para dar à luz, a fim de lhe
devorar o filho quando nascesse.
5 E ela deu à luz um filho varão, que há de reger
todas as nações com cetro de ferro. E o Seu filho foi
arrebatado para Deus e para o Seu trono.

6 A mulher, porém, fugiu para o deserto, onde Deus lhe havia preparado lugar para nele a sustentarem durante mil duzentos e sessenta dias.

Anjos pelejam no Céu contra o dragão

A vitória do Cristo e do Seu povo

7 Então houve peleja no Céu. Miguel e os seus Anjos pelejaram contra o dragão. Também pelejaram o dragão e seus anjos contra Miguel;
8 todavia, não prevaleceram contra ele; nem mais se achou no Céu o seu lugar.
9 E foi expulso o grande dragão, a antiga serpente, que se chama diabo e satanás, o sedutor de todo o mundo, sim, foi atirado para a Terra, e, com ele, os seus anjos.
10 Então ouvi grande voz do Céu, proclamando:
Agora veio a Salvação, o Poder, o Reino do nosso Deus e a Autoridade do Seu Cristo, pois foi expulso o acusador de nossos irmãos, o mesmo que os acusa de dia e de noite, diante do nosso Deus.
11 Eles, pois, o venceram por causa do sangue do Divino Cordeiro e por causa da palavra do testemunho que deram e, mesmo em face da morte, não amaram a própria vida.
12 Por isso, festejai, ó Céus, e vós, os que neles habitais. Ai da Terra e do mar, pois satanás desceu até vós,

cheio de grande cólera, sabendo que lhe resta pouco tempo.

O dragão persegue a mulher

13 Quando, pois, o dragão se viu precipitado na Ter-
ra, começou a perseguir a mulher que dera à luz o filho
varão;
14 e foram dadas à mulher as duas asas da grande
águia, para que voasse até ao deserto, ao seu retiro, aí
onde é sustentada durante um tempo, dois tempos e
metade de um tempo, fora da vista da serpente (sata-
nás).
15 Então, a serpente arrojou da sua boca, atrás da
mulher, água como um rio, a fim de fazer com que ela
fosse arrebatada pela corrente.
16 A terra, porém, socorreu a mulher; pois abriu a
boca e engoliu o rio que o dragão tinha vomitado de
si mesmo.
17 Irou-se o dragão contra a mulher e foi pelejar com
os restantes da sua descendência, os que guardam os
mandamentos de Deus e a fé em Jesus Cristo;
18 e o dragão deixou-se ficar sobre a areia do mar.

Capítulo XIII

A besta que emerge do mar

1 E vi levantar-se do mar uma besta que tinha dez
chifres e sete cabeças e, sobre os chifres, dez diademas
e, sobre as cabeças, nomes de blasfêmia.
2 A besta que vi era semelhante a leopardo, porém seus
pés como de urso e sua boca como de leão. E lhe deu o
dragão o seu poder, o seu trono e grande autoridade.
3 Então, vi uma de suas cabeças como golpeada de
morte, mas essa ferida mortal foi curada; e toda a Terra
se maravilhou, seguindo a besta;
4 e adoraram o dragão porque deu a sua autoridade
à besta; também adoraram a besta, dizendo: Quem é
semelhante à besta? quem poderá pelejar contra ela?
5 E lhe foi dada uma boca que proferia arrogâncias e
blasfêmias e autoridade para fazer guerra durante qua-
renta e dois meses;

6 e abriu a sua boca em insolências contra Deus, para
Lhe difamar o nome e o Seu tabernáculo, a saber, os
que habitam o Céu.
7 Foi-lhe permitido também que pelejasse contra os
Santos e os vencesse. Deu-se-lhe ainda autoridade so-
bre cada tribo, povo, língua e nação;
8 e adorá-la-ão todos os que habitam sobre a Terra,
aqueles cujos nomes não foram escritos no Livro da
Vida Eterna do Cordeiro de Deus que foi morto desde
a fundação do mundo.
9 Se alguém tem ouvidos de ouvir, ouça.
10 Se alguém leva para cativeiro, para cativeiro vai. Se
alguém matar à espada, necessário é que seja morto à
espada. Aqui está a perseverança (a paciência) e a fide-
lidade (a certeza) dos Santos de Deus.

A besta que emerge da terra

11 Vi ainda outra besta emergir da terra; possuía dois
chifres, semelhantes aos de um cordeiro, mas falava
como dragão.
12 Exerce toda a autoridade da primeira besta na
sua presença. Faz com que a Terra e os seus habitan-
tes adorem a primeira besta, cuja ferida mortal fora
curada.
13 Também opera grandes sinais, de maneira que até
fogo do céu faz descer à Terra, diante dos homens.
14 Seduz os que habitam o mundo por causa dos pro-

dígios que lhe foi dado executar diante da besta, dizen-
do aos habitantes da Terra que façam uma imagem da
besta, aquela que, ferida à espada, sobreviveu;
15 e lhe foi concedido comunicar fôlego à imagem da
besta, para que não somente a imagem falasse, como
ainda fizesse morrer quantos não adorassem a imagem
da besta.
16 A todos, os pequenos e os grandes, os ricos e os
pobres, os livres e os escravos, faz que lhes seja dada
certa marca sobre a mão direita, ou sobre a fronte,
17 para que ninguém possa comprar ou vender, se-
não aquele que tenha a marca, o nome da besta, ou o
número do seu nome.
18 Aqui está a sabedoria. Aquele que tem entendi-
mento calcule o número da besta, pois é número de
homem. Ora, esse número é seiscentos e sessenta e seis.

Apocalipse de Jesus

Capítulo XIV

O Cordeiro e os Seus remidos no monte Sião

1 Olhei, e eis o Cordeiro de Deus em pé sobre o
monte Sião, e com Ele cento e quarenta e quatro mil,
tendo nas frontes escrito o Seu nome e o nome de Seu
Pai.
2 Ouvi uma voz do Céu como estrondo de muitas
águas, como estampido de grande trovão; e também a
voz que ouvi era como de harpistas quando tangem as
suas harpas.
3 Entoavam novo cântico diante do trono, diante
dos quatro seres viventes e dos anciãos. E ninguém po-
dia aprender esse cântico, senão os cento e quarenta e
quatro mil que foram comprados da Terra.
4 São estes os que não se macularam com mulhe-
res vis, porque são puros. Estes seguem o Cordeiro de

Deus por onde quer que vá. São os que foram escolhidos dentre os homens (e mulheres), primícias para Deus e para o Cristo;
5 e não se achou mentira nas suas bocas, porque não têm mácula.

A Primeira Voz

6 Vi outro Anjo voando pelo meio do Céu, tendo um Evangelho eterno para pregar aos que se assentam sobre a Terra, e a cada nação, e tribo, e língua, e povo,
7 dizendo, em grande voz: Temei o Senhor Deus e dai-Lhe glória, pois é chegada a hora do Seu juízo; e adorai Aquele que fez o Céu, e a Terra, e o mar, e as fontes das águas.

A Segunda Voz

8 Seguiu-se outro Anjo, o segundo, dizendo: Caiu, caiu a grande Babilônia que tem dado a beber a todas as nações do vinho da fúria da sua prostituição.

A Terceira Voz

9 Seguiu-se a estes o Terceiro Anjo, que dizia, em alta voz: Se alguém adorar a besta e a sua imagem e trouxer a sua marca na fronte ou sobre a mão,
10 beberá também do vinho da cólera de Deus, preparado, sem mistura, do cálice da Sua ira, e será ator-

mentado com fogo e enxofre, diante dos Santos Anjos
e na presença do Cordeiro de Deus.
11 A fumaça do seu tormento se levantará pelos sécu-
los dos séculos, sem que tenham descanso algum, nem
de dia nem de noite, os adoradores da besta e da sua
imagem e quem quer que receba a marca do seu nome.
12 Aqui está a perseverança dos Santos, os que guar-
dam os mandamentos de Deus e a fé em Jesus.

A Quarta Voz

13 Então, ouvi uma voz do Céu, que me dizia: Escreve:
Bem-aventurados os mortos que, desde agora, morrem
no Senhor. Doravante, diz o Espírito, que descansem
das suas fadigas, pois as suas obras os acompanham.

A ceifa

14 E tornei a olhar, e eis uma nuvem branca, e al-
guém sentado sobre ela que se parecia com o Filho de
Deus, tendo na cabeça uma coroa de ouro e na mão
uma foice afiada.
15 Outro Anjo saiu do Santuário, gritando em grande
voz para aquele que se achava sentado sobre a nuvem:
Toma a tua foice aguda e ceifa, pois chegou a hora de
ceifar, visto que a seara da Terra está madura.
16 Então, o Anjo que estava sentado sobre a nuvem
passou a sua foice sobre a Terra, e toda a Terra foi cei-
fada.

A vindima

17 Então, saiu do Santuário, que se encontra no Céu,
outro Anjo, tendo ele também uma foice aguda.
18 Ainda saiu do altar outro Anjo, que tem poder
sobre o fogo, e falou com voz potente ao que tem a
foice aguda, dizendo: Toma a tua foice aguda e ajunta
os cachos da videira da Terra, porquanto as suas uvas
estão amadurecidas!
19 Então o Anjo passou a sua foice na Terra e vindi-
mou a videira da Terra, e lançou-a no grande lagar da
cólera de Deus.
20 E o lagar foi pisado fora da cidade, e correu sangue
do lagar até aos freios dos cavalos, numa extensão de
mil e seiscentos estádios.

O Cordeiro e os remidos no monte Sião | Coleção Phillip Medhurst.

Capítulo XV

Os Sete Flagelos

1 Vi no Céu outro sinal grande e admirável: Sete Anjos se preparam para lançar sobre o mundo os Sete últimos Flagelos com que se consumou a cólera de Deus.

Os remidos entoam o cântico de Moisés e o cântico do Cordeiro de Deus

2 Vi como que um mar de vidro, envolto em fogo, e
os vencedores da besta, da sua imagem e do número do
seu nome, que se achavam em pé sobre o mar de vidro,
tendo harpas de Deus;
3 e entoavam o cântico de Moisés, servo de Deus, e
o cântico do Cordeiro, o Cristo, dizendo:

Grandes e admiráveis são as Tuas obras, ó Senhor Deus, Todo-Poderoso! Justos e verdadeiros são os Teus caminhos, ó Rei das nações!

4 Quem não temerá e não glorificará o Teu nome, ó
Senhor? pois só Tu és piedoso; por isso, todas as nações
virão e se prostrarão diante de Ti, porque os Teus atos
de justiça foram manifestados.

Deus envia os flagelos

5 Depois destas coisas, olhei, e abriu-se no Céu o
Templo do Tabernáculo do Testemunho,
6 e os Sete Anjos que traziam os Sete Flagelos saíram
do Templo, vestidos de linho puro e resplandecente e
cingidos ao peito com cintas de ouro.
7 Então um dos quatro seres viventes deu aos Sete
Anjos sete taças de ouro, cheias da cólera de Deus, que
vive pelos séculos dos séculos.
8 O Templo se encheu de fumaça procedente da
Glória de Deus e do Seu Poder, e ninguém podia en-
trar no santuário, enquanto não se cumprissem os Sete
Flagelos dos Sete Anjos.

Anjos preparados para a batalha.

Apocalipse de Jesus

Capítulo XVI

O Primeiro Flagelo

1 Ouvi, vinda do Templo, uma grande voz, que dizia
aos Sete Anjos: Ide e derramai pela Terra as sete taças
da cólera de Deus.
2 Saiu, pois, o Primeiro Anjo e derramou a sua
taça sobre o mundo, e aos homens portadores da
marca da besta e adoradores da sua imagem sobre-
vieram úlceras malignas e ruinosas, num golpe per-
niciosíssimo.

O Segundo Flagelo

3 Derramou o Segundo Anjo a sua taça no mar, e
este se tornou em sangue como de um cadáver, e mor-
reu todo ser vivente que havia no mar.

O Terceiro Flagelo

4 Derramou o Terceiro Anjo a sua taça nos rios e nas
fontes das águas, e se tornaram em sangue.
5 Então ouvi o Anjo das águas dizendo:
Justo és Tu, ó Senhor, que és, que eras, e Santo és,
porque julgaste estas coisas;
6 porquanto eles derramaram o sangue dos Santos e
dos Profetas, também sangue lhes tens dado a beber;
são dignos disso.
7 Ouvi do altar outro Anjo que dizia:
Certamente, ó Senhor Deus, Todo-Poderoso, verdadeiros e justos são os Teus juízos.

O Quarto Flagelo

8 O Quarto Anjo derramou a sua taça sobre o sol, e
lhe foi dado afligir os homens com calor e fogo.
9 Com efeito, os homens se queimaram com o intenso calor, e blasfemaram o nome de Deus, que tem a autoridade sobre estas pragas, e não se arrependeram para Lhe darem glória.

O Quinto Flagelo

10 Derramou o Quinto Anjo a sua taça sobre o trono da besta, cujo reino se tornou em trevas, e os homens remordiam as línguas por causa da intensa dor que sentiam

11 e blasfemaram o Deus do Céu por causa das an-
gústias e das úlceras que sofriam; mas não se arrepen-
deram de suas obras.

O Sexto Flagelo

12 Derramou o Sexto Anjo a sua taça sobre o grande
rio Eufrates, cujas águas secaram, para que se preparas-
se o caminho dos reis que vêm do lado do nascimento
do sol, o Oriente.
13 Então, vi sair da boca do dragão, da boca da besta
e da boca do falso profeta três espíritos imundos seme-
lhantes a rãs;
14 porque estes são espíritos de demônios, operado-
res de sinais, e se dirigem aos reis do mundo inteiro
com o fim de ajuntá-los para a peleja do grande Dia do
Deus Todo-Poderoso.
15 (Eis que venho como vem o ladrão. Bem-aventu-
rado aquele que vigia e guarda as suas vestes, para não
andar nu, e não se veja a sua vergonha.)
16 E os ajuntaram num lugar que em hebraico se
chama Armagedom.

O Sétimo Flagelo

17 Então, derramou o Sétimo Anjo a sua taça pelo
ar, e saiu grande voz do Templo do Céu, do lado do
trono, dizendo: Está feito!

18 Logo sobrevieram relâmpagos, vozes e trovões, e
ocorreu grande tremor de terra, como nunca houve
igual desde que há gente sobre o mundo; tal foi o ter-
remoto, forte e grande.
19 E a grande cidade se dividiu em três partes, e caí-
ram as cidades das nações. E lembrou-se Deus da gran-
de Babilônia para dar-lhe o cálice do vinho do furor da
Sua ira.
20 Toda ilha fugiu, e os montes não foram achados;
21 também desabou do céu sobre os homens grande
chuva de pedras, que pesavam cerca de um talento; e,
por causa do flagelo da saraivada, os homens blasfema-
ram de Deus, porquanto o seu tormento era sobremo-
do grande.

Os Anjos derramam as sete taças **| Coleção Phillip Medhurst.**

Capítulo XVII

A descrição da grande meretriz

1 Então veio um dos Sete Anjos que têm as sete taças
e falou comigo, dizendo: Vem cá, e eu te mostrarei a
condenação da grande meretriz que se acha sentada
sobre muitas águas,
2 com ela se prostituíram os reis da Terra; e com o
vinho de sua devassidão foi que se embebedaram os
que habitam o mundo.
3 Depois transportou-me o Anjo, em Espírito, a um
deserto, e vi uma mulher montada numa besta escar-
late, repleta de nomes de blasfêmia, com sete cabeças
e dez chifres.
4 Achava-se a mulher vestida de púrpura e de escarla-
te, adornada de ouro, de pedras preciosas e de pérolas,
tendo na mão um cálice de ouro transbordante de abo-
minações e com as imundícies da sua torpeza.

5 Na sua fronte, achava-se escrito um nome: mis-
tério, Babilônia, a grande, a mãe das meretrizes e das
abominações da Terra.
6 Então vi a mulher embriagada com o sangue dos
Santos e com o sangue das testemunhas de Jesus; e,
quando a vi, admirei-me com grande espanto.
7 O Anjo, porém, me disse: Por que te admiraste? Eu
te revelarei o mistério da mulher e da besta que tem as
sete cabeças e os dez chifres e que leva a mulher no seu
dorso:
8 a besta que viste, era e já não é, está para emergir
do abismo e caminha para a destruição. E aqueles que
habitam sobre a Terra, cujos nomes não foram escritos
no Livro da Vida Eterna desde a criação do mundo, se
admirarão, vendo a besta que era e não é, mas aparecerá.
9 Aqui está o sentido, que tem sabedoria: as sete ca-
beças são sete montes, nos quais a mulher está sentada.
São também sete reis,
10 dos quais caíram cinco, um existe, e o outro ain-
da não chegou; entretanto, quando ele chegar, convém
que dure pouco tempo.
11 E a besta que era e já não é, também é ele, o oitavo
rei, e procede dos sete, e caminha para a destruição.
12 Os dez chifres que viste são dez reis, os quais ainda
não receberam reino, mas recebem autoridade como
reis, com a besta, durante uma hora.
13 Têm estes um só pensamento e oferecem à besta o
poder e a autoridade que possuem.

14 Pelejarão eles contra o Cordeiro de Deus, mas o
Cordeiro os vencerá, pois é o Senhor dos senhores e o
Rei dos reis; vencerão também os chamados, eleitos e
fiéis que com Ele se acham.
15 Falou-me ainda o Anjo: As águas que tu viste,
onde a meretriz está assentada, são povos, multidões,
nações e línguas.
16 Os dez chifres que viste na besta, esses odiarão a
meretriz, e a farão devastada e despojada, e lhe come-
rão as carnes, e a consumirão no fogo.
17 Porque em seus corações incutiu Deus executar o
que é do Seu agrado e dar à besta o reino que possuem,
até que se cumpram as Palavras Dele.
18 A prostituta que viste é a grande cidade que domi-
na sobre os reis da Terra.

Apocalipse de Jesus

Capítulo XVIII

O anúncio da queda de Babilônia

1 Depois destas coisas vi descer do céu outro Anjo,
que tinha grande autoridade, e a Terra se iluminou
com a sua glória.
2 Então, exclamou com potente voz, dizendo: Caiu,
caiu a grande Babilônia, e se converteu em habitação
de demônios, covil de toda espécie de espírito imundo
e esconderijo de todo gênero de ave imunda e detestá-
vel,
3 pois todas as nações beberam do vinho do furor
da sua prostituição. Com ela se prostituíram os reis da
Terra. Também os mercadores do mundo se enrique-
ceram à custa da sua luxúria.
4 Ouvi outra voz do Céu, que dizia: Tratai de sair
dela, povo meu, para não serdes cúmplices em seus
pecados e para não participardes das suas pragas;

5 porque os seus pecados se acumularam até ao céu,
e Deus se lembrou das iniquidades que ela praticou.
6 Dai-lhe em retribuição tanto quanto ela retribuiu,
pagai-lhe em dobro segundo as suas obras e, no cálice
em que ela misturou bebidas para dar-vos a beber, mis-
turai dobrado para ela.
7 Quanto a si mesma se glorificou e viveu em luxú-
ria, dai-lhe em igual medida tormento e pranto, por-
que diz consigo mesma no seu coração: Estou sentada
como rainha. Viúva, não sou. Pranto, nunca hei de ver!
8 Por isso, em um dia apenas, sobrevirão os seus fla-
gelos: morte, pranto e fome; e ela será abrasada em
fogo, porque poderoso é o Senhor Deus que a julgou.

Os lamentos dos admiradores de Babilônia

9 Ora, chorarão e se lamentarão sobre ela os reis da
Terra que com ela se prostituíram e viveram em luxú-
ria, quando virem a fumaceira do seu incêndio,
10 e, conservando-se de longe, pelo medo do seu tor-
mento, dirão: Ai! Ai! daquela grande cidade, Babilônia,
tão poderosa! Contudo, em um só momento, chegou
o seu juízo!
11 E, sobre ela, chorarão e prantearão os mercadores
da Terra, porque já ninguém comprará a sua mercado-
ria,
12 mercadoria de ouro, de prata, de pedras preciosas,

de pérolas, de linho finíssimo, de púrpura, de seda,
de escarlate; e toda espécie de madeira odorífera, todo
gênero de objeto de marfim, toda qualidade de móvel
de madeira preciosíssima, de bronze, de ferro e de már-
more;
13 e canela de cheiro, especiarias, incenso, unguen-
to, bálsamo, vinho, azeite, flor de farinha, trigo, gado,
ovelhas; e de cavalos, de carros, de escravos, e até de
almas de homens.
14 O fruto maduro do desejo, que a tua Alma tanto
apeteceu, se apartou de ti, e para ti se extinguiu tudo
o que é delicado e esplêndido, e nunca jamais serão
achados.
15 Os mercadores destas coisas, que, por meio dela,
se enriqueceram, se conservarão longe dela, pelo medo
do seu tormento, chorando e pranteando,
16 dizendo: Ai! Ai! da grande cidade, que estava co-
berta de linho finíssimo, de púrpura e de escarlate,
adornada de ouro e pedras preciosas, e de pérolas,
17 porque em uma só hora ficou devastada tamanha
riqueza. E todo piloto, e todo aquele que navega livre-
mente, e marinheiros, e quantos comerciam no mar se
manterão de longe.
18 Então, vendo a fumaceira do seu incêndio, gri-
tarão: Que cidade se compara àquela grande cida-
de?
19 E lançarão pó sobre as suas cabeças e, chorando e
lamentando, farão imenso alarido: Ai! Ai! da grande ci-

dade, na qual se enriqueceram todos os que possuíam
navios no mar, à custa da sua opulência, porque em
uma só hora foi desolada.
20 Mas exultai sobre ela, ó Céus, e vós, Santos,
Apóstolos e Profetas, porque Deus julgou a vossa cau-
sa contra ela!

A ruína de Babilônia é completa e definitiva

21 Então um forte Anjo levantou bem alto uma pedra
como grande mó de moinho e lançou-a para dentro do
mar, dizendo: Assim, com ímpeto, será arrojada Babi-
lônia, a grande cidade, e nunca jamais será achada.
22 E voz de harpistas, de músicos, de tocadores de
flautas e de clarins jamais em ti se ouvirá, nem artífice
algum de qualquer arte jamais em ti se achará, e nunca
jamais em ti se ouvirá o ruído de pedra de moinho.
23 Também jamais em ti brilhará luz das lâmpadas;
nem voz de noivo ou de noiva jamais em ti se ouvi-
rá, pois os teus mercadores foram os grandes da Terra,
porque todas as nações foram seduzidas pela tua feiti-
çaria.
24 E nela se achou sangue de Profetas, de Santos, e de
todos os que foram mortos sobre a terra.

***A queda de Babilônia* (18:2), na concepção de Gustave Doré.**
[2] *Então, exclamou com potente voz, dizendo: Caiu, caiu a grande Babilônia, e se converteu em habitação de demônios, covil de toda espécie de espírito imundo e esconderijo de todo gênero de ave, imunda e detestável.*

Apocalipse de Jesus

Capítulo XIX

O júbilo no céu

1 Depois disso, ouvi no Céu uma grande voz de nu-
merosa multidão, dizendo: Aleluia! A salvação, e a gló-
ria, e o poder são do nosso Deus,
2 porquanto verdadeiros e justos são os Seus juízos,
pois condenou a grande meretriz que corrompia a Ter-
ra com a sua devassidão e vingou o sangue dos Seus
servos que sofreram nas mãos dela.
3 Segunda vez disseram:
Aleluia! E a sua fumaça sobe pelos séculos dos séculos.
4 Então os vinte e quatro anciãos e os quatro seres
viventes prostraram-se e adoraram a Deus, que se acha
sentado no trono, dizendo: Amém! Aleluia!
5 Saiu uma voz do trono, exclamando:
Cantai louvores ao nosso Deus, todos os Seus ser-
vos, vós que O temeis, os pequenos e os grandes.
6 Então, ouvi uma voz de muita gente, como o es-

trondo de muitas águas e como o estampido de fortes trovões, dizendo:

Aleluia! Pois reina o Senhor, nosso Deus, o Todo--Poderoso.

7 Alegremo-nos, exultemos e demos-Lhe glória, porque são chegadas as bodas do Cordeiro de Deus, cuja esposa a si mesma já se ataviou,

8 pois lhe foi dado vestir-se de linho finíssimo, resplandecente e puro. Porque o linho finíssimo são os atos de justiça dos Santos.

9 Então, me falou o Anjo: Escreve: Bem-aventurados aqueles que são chamados à ceia das bodas do Cordeiro. E acrescentou: São estas as verdadeiras Palavras de Deus.

10 E eu me prostrei ante os seus pés para adorá-lo. Ele, porém, me disse: Vê, não faças isso; sou conservo teu e dos teus irmãos que mantêm o Testemunho de Jesus; adora a Deus, porque o Testemunho de Jesus, o Cristo, é o espírito de profecia.

O Cristo, o vencedor da besta e do falso profeta

11 Depois vi o céu aberto, e eis um cavalo branco. O seu cavaleiro se chama Fiel e Verdadeiro e julga e peleja com justiça.

12 Os Seus olhos são chama de fogo; na Sua cabeça há muitos diademas; tem um nome escrito que ninguém conhece, senão Ele mesmo.

13 Está vestido com um manto tinto de sangue, e o
Seu nome é o Verbo de Deus;
14 e O seguiam os exércitos que há no Céu, montando
cavalos brancos, vestidos de linho finíssimo, branco e puro.
15 Sai da Sua boca uma espada afiada de dois gumes,
para com ela ferir as nações; e Ele mesmo as regerá
com cetro de ferro, e, pessoalmente, pisa o lagar do
vinho do furor da ira do Deus Todo-Poderoso.
16 Tem no Seu manto e na Sua coxa um nome inscri-
to: Rei dos reis e Senhor dos senhores.
17 Vi, então, um Anjo posto em pé no sol, que clamou
com grande voz, falando a todas as aves que voam pelo
meio do céu: Vinde, reuni-vos para a grande ceia de Deus,
18 para que comais carnes de reis, carnes de coman-
dantes, carnes de poderosos, carnes de cavalos e seus
cavaleiros, carnes de todos, quer livres, quer escravos,
assim pequenos como grandes.
19 E vi a besta e os reis da Terra, com os seus exér-
citos, congregados para pelejarem contra Aquele que
estava montado no cavalo e contra o Seu exército.
20 Mas a besta foi aprisionada, e com ela o falso profe-
ta que, com os sinais feitos diante dela, seduziu aqueles
que receberam a marca da besta e eram os adoradores
da sua imagem. Os dois foram lançados vivos dentro
do lago do fogo que arde com enxofre.
21 Os restantes foram mortos com a espada aguda
que saía da boca Daquele que estava montado no cava-
lo. E todas as aves se fartaram das suas carnes.

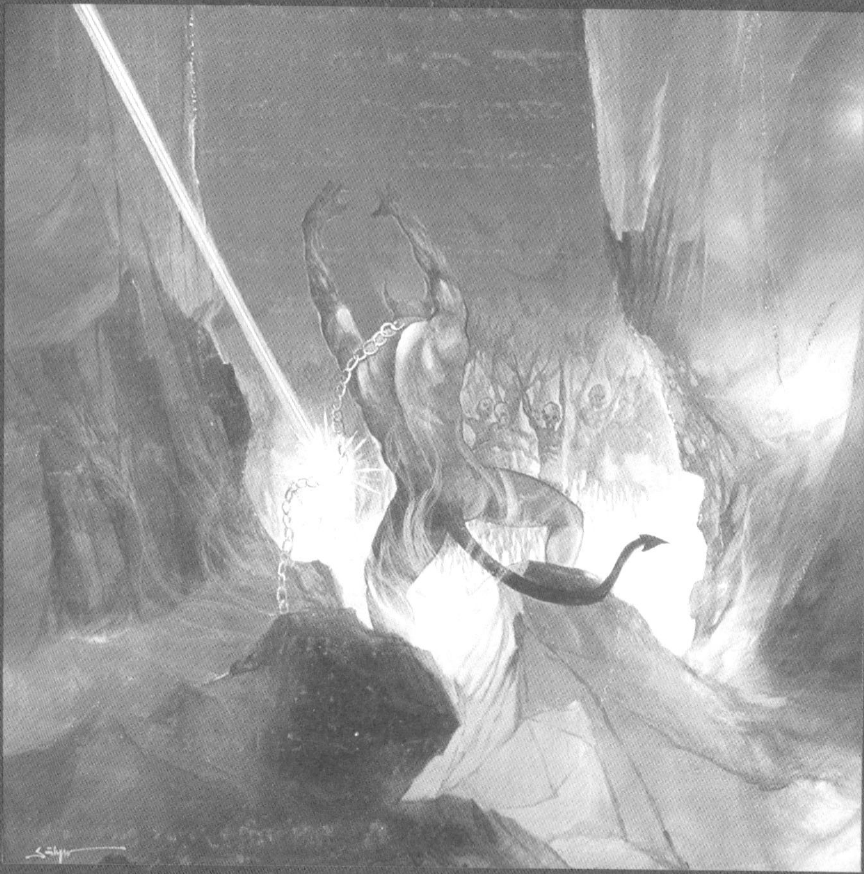

Capítulo XX

A prisão de satanás por mil anos.

A Primeira Ressurreição

1 Então vi descer do Céu um Anjo. Tinha na mão a
chave do abismo e uma grande corrente.
2 Ele segurou o dragão, a antiga serpente que é sata-
nás, e o prendeu por mil anos;
3 lançou-o no abismo, fechou-o e pôs selo sobre ele,
para que não mais enganasse as nações até se comple-
tarem os mil anos. Depois disto, é necessário que ele
seja solto por pouco tempo.
4 Vi também cadeiras, e nestas sentaram-se aqueles
aos quais foi concedida autoridade para julgar.

Vi ainda as Almas dos decapitados por causa do Testemunho de Jesus, bem como por causa da Palavra de Deus, tantos quantos não adoraram a besta, nem tam-

pouco a sua imagem, e não receberam a sua marca na
fronte e na mão; e viveram e reinaram com o Cristo de
Deus durante mil anos.
5 Os restantes dos mortos não tornarão à vida até
que se completem os mil anos. Esta é a primeira res-
surreição.
6 Bem-aventurados e santos aqueles que têm parte
na primeira ressurreição. Sobre esses a segunda morte
não tem autoridade; pelo contrário, serão sacerdotes
de Deus e de Cristo Jesus, e reinarão com Ele os mil
anos.

Satanás é solto e derrotado

7 Quando, porém, se completarem os mil anos, sata-
nás será solto da sua prisão
8 e sairá a seduzir as nações que há nos quatro cantos
da Terra, Gogue e Magogue, a fim de reuni-los para a
peleja. O número desses é como a areia do mar.
9 Marcharam, então, pela superfície da Terra e sitia-
ram o acampamento dos Santos e a cidade querida;
por ordem de Deus desceu, porém, fogo do céu e os
consumiu.
10 E satanás, que os enganava, foi lançado para den-
tro do lago de fogo e enxofre, onde também se en-
contram não só a besta como o falso profeta; e serão
atormentados de dia e de noite, pelos séculos dos sé-
culos.

O Juízo de Deus

11 Vi um grande trono branco e Aquele que nele se
assenta, de cuja presença fugiram a Terra e o Céu, e
não se achou lugar para eles.
12 Vi também os mortos, os grandes e os pequenos,
postos em pé diante do trono. Então, os livros foram
abertos. Ainda outro livro, o Livro da Vida Eterna, foi
aberto também. E os mortos foram julgados, segundo
as suas obras, conforme o que se achava escrito nos
livros.
13 E o mar deu os mortos que estavam nele. A morte
e o além entregaram os mortos que neles havia. E fo-
ram julgados, um por um, segundo as suas obras.
14 Então, a morte e o inferno foram lançados para
dentro do lago do fogo. E esta é a segunda morte, o
lago do fogo.
15 E, se alguém não foi achado inscrito no Livro da
Vida Eterna, esse foi lançado para dentro do lago do
fogo.

Capítulo XXI

O Novo Céu e a Nova Terra

1 E vi Novo Céu e Nova Terra, porque o primeiro
céu e a primeira terra passaram, e o mar já não existe.
2 Eu, João, vi também a Cidade Santa, a Nova Je-
rusalém, que da parte de Deus descia do Céu, vestida
como noiva adornada para o seu esposo.
3 Então, ouvi grande voz vinda do trono, dizendo:
Eis aqui o Tabernáculo de Deus com os homens. Deus
habitará com eles. Eles serão Seu povo, e o próprio
Deus, no meio deles, será o seu Deus.
4 E lhes enxugará dos olhos toda lágrima, não have-
rá mais morte, não haverá mais luto, não haverá mais
pranto, nem gritos, nem dor, porque as primeiras coi-
sas passaram.
5 Então, Aquele que está assentado no trono disse:
Eis que faço novas todas as coisas. E acrescentou: Es-
creve, porque estas palavras são fiéis e verdadeiras.

6 Disse-me ainda: Tudo está feito. Eu sou o Alfa e o
Ômega, o Princípio e o Fim. Eu a quem tem sede da-
rei de graça a beber da Fonte da Água da Vida Eterna.
7 O vencedor herdará estas coisas, e Eu lhe serei Deus
e ele me será filho.
8 Quanto, porém, aos tímidos, aos covardes, aos
incrédulos, aos abomináveis, aos assassinos, aos im-
puros, aos adúlteros, aos feiticeiros, aos que dão ve-
neno, aos idólatras e a todos os mentirosos do mun-
do, a parte que lhes cabe será no lago que arde com
fogo e enxofre — que é a segunda morte.

A Nova Jerusalém

9 Então, veio um dos Sete Anjos que têm as sete
taças cheias dos últimos Sete Flagelos e falou comigo,
dizendo: Vem cá, e eu te mostrarei a noiva, a esposa do
Cordeiro de Deus;
10 e ele me transportou, em Espírito, a uma grande e
elevada montanha e me mostrou a Cidade Santa, Jeru-
salém, que descia do Céu, da parte de Deus,
11 a qual tem a claridade do próprio Deus. O seu ful-
gor era semelhante a uma pedra preciosíssima, como
pedra de jaspe cristalina.
12 Tinha grande e alta muralha, doze portas, e
junto às portas doze Anjos, e sobre elas nomes ins-
critos, que são os nomes das doze tribos dos filhos
de Israel.

13 Três portas se achavam a leste, três ao norte, três
ao sul e três a oeste.
14 A muralha da cidade tinha doze fundamentos, e
estavam sobre estes os doze nomes dos doze Apóstolos
do Cordeiro de Deus.
15 Aquele que falava comigo tinha por medida uma
vara de ouro para medir a cidade, as suas portas e a sua
muralha.
16 A cidade é quadrangular, de comprimento e lar-
gura iguais. E mediu a cidade com a vara de ouro até
doze mil estádios. O seu comprimento, largura e altu-
ra são iguais.
17 Mediu também a sua muralha, cento e quarenta
e quatro côvados, da medida de homem, que era a do
Anjo.
18 A estrutura da muralha é de jaspe; também a cida-
de é de ouro puro, semelhante a vidro límpido.
19 Os fundamentos da muralha da cidade estão ador-
nados de toda espécie de pedras preciosas. O primeiro
fundamento é de jaspe; o segundo, de safira; o terceiro,
de calcedônia; o quarto, de esmeralda;
20 o quinto, de sardônio; o sexto, de sárdio; o sétimo,
de crisólito; o oitavo, de berilo; o nono, de topázio;
o décimo, de crisópraso; o undécimo, de jacinto; e o
duodécimo, de ametista.
21 As doze portas são doze pérolas, e cada uma dessas
portas de uma só pérola. A praça da cidade é de ouro
puro, como vidro transparente.

22 Nela não vi templo, porque o Senhor, o Deus Todo-Poderoso, com o Seu Cordeiro, é o seu templo.
23 A cidade não precisa nem do sol, nem da lua, para lhe darem claridade, pois a Glória Divina a iluminou, sua lâmpada é o Cristo de Deus.
24 As nações andarão mediante a sua luz, e os reis da Terra lhe trarão a sua glória e a sua honra.
25 As suas portas nunca jamais se fecharão de dia, porque noite ali não haverá.
26 E lhe trarão a glória e a honra das nações.
27 Nela jamais penetrará coisa alguma contaminada, nem os que praticam abominação e mentira, mas somente aqueles que estão inscritos no Livro da Vida do Cordeiro de Deus, o Livro da Vida Eterna.

***A Nova Jerusalém* (21:1-2), na concepção de Gustave Doré.**
[1] *E vi Novo Céu e Nova Terra, porque o primeiro céu e a primeira terra passaram, e o mar já não existe.*
[2] *Eu, João, vi também a Cidade Santa, a Nova Jerusalém, que da parte de Deus descia do Céu, vestida como noiva adornada para o seu esposo.*

Apocalipse de Jesus

Capítulo XXII

1 E ele me mostrou o rio da água da Vida Eterna,
resplandecente como cristal, que sai do trono de Deus
e do Cristo.
2 No meio da sua praça, de uma e outra margem do
rio, está a Árvore da Vida Eterna, que produz doze fru-
tos, dando o seu fruto de mês em mês, e as suas folhas
servem para a cura das nações.
3 E ali não haverá jamais maldição. Nela estará o
trono de Deus e do Seu Cordeiro. Os Seus servos Os
servirão,
4 contemplarão a Sua face, e nas suas frontes está o
nome de Deus.
5 Então, já não haverá noite, nem precisarão eles de
luz de lâmpada, nem da luz do sol, porque o Senhor
Deus brilhará sobre eles, e reinarão pelos séculos dos
séculos.

A certeza do cumprimento da profecia deste Livro

6 Disse-me ainda: Estas palavras são muito fiéis e
verdadeiras. O Senhor, o Deus dos Espíritos dos Profetas, enviou Seu Anjo para mostrar aos Seus servos as coisas que em breve devem acontecer.
7 E prometeu o Cristo: Eis que venho sem demora.
Bem-aventurado aquele que guarda as palavras da profecia deste Livro.

As admoestações e as promessas finais

8 Eu, João, sou quem ouviu e viu estas coisas. E,
quando as ouvi e vi, prostrei-me ante os pés do Anjo que as mostrava, para adorá-lo.
9 Então, ele me disse: Vê, não faças isso; eu sou con-
servo teu, dos teus irmãos, os Profetas, e dos que guardam as palavras da profecia deste Livro. Adora a Deus, não a mim.
10 Disse-me ainda: Não seles as palavras da profecia
deste Livro, porque o Tempo está próximo.
11 Continue o injusto fazendo injustiça, o imundo
ainda sendo imundo; o justo permaneça na prática da justiça, e o santo a santificar-se.
12 E repete o Cristo: Eis que venho sem demora, e
comigo está o galardão que tenho para retribuir a cada um segundo as suas próprias obras.

13 Eu sou o Alfa e o Ômega, o Primeiro e o Último,
o Princípio e o Fim.
14 Bem-aventurados aqueles que lavam as suas vesti-
duras no sangue do Cordeiro de Deus, para que lhes
assista o direito à Árvore da Vida Eterna, e para entra-
rem na cidade pelas portas.
15 Fora ficam os cães e os feiticeiros, e os impuros,
e os adúlteros, e os assassinos, e os idólatras, e todos
aqueles que amam e praticam a mentira.
16 Eu, Jesus, enviei o meu Anjo para vos testificar es-
tas coisas às Igrejas. Eu sou a raiz e a geração de Davi,
a brilhante Estrela da Manhã.
17 O Espírito e a noiva dizem: Vem! Aquele que ouve
diga: Vem! Aquele que tem sede venha, e quem quiser
receba de graça a água da Vida Eterna.

A conclusão do Livro

18 Eu, porém, aviso a todo aquele que ouve as pala-
vras da profecia deste Livro: Se alguém lhes fizer qual-
quer acréscimo, será castigado por Deus com as pragas
que neste Apocalipse estão escritas;
19 e, se alguém tirar qualquer coisa das palavras do
Livro desta profecia, Deus também há de tirar a sua
parte da Árvore da Vida Eterna, da Cidade Santa e das
coisas que se acham escritas nele.

20 Aquele que dá testemunho destas coisas diz: Certamente venho sem demora. Amém. Ora vem, Senhor Jesus!

A Bênção

21 A graça de Nosso Senhor Jesus Cristo seja com todos vós para todo o sempre. Amém!

***A Volta de Jesus sobre as nuvens* | Acervo Religião Divina.**

Chave de Pesquisa ao Apocalipse

Abadom
Ap. 9.11 — anjo do abismo, cujo nome ... é **(a)**
Abastado *cf.* rico
Ap. 3.17 — dizes: Estou rico e **(a)** e de
Abismo
Ap. 9.1 — lhe foi dada a chave do poço do **(a)**
Ap. 9.2 — e, com ela, abriu o poço do **(a)**, e subiu
Ap. 17.8 — para emergir do **(a)** e caminha
Ap. 20.3 — lançou-o no **(a)**, fechou-o e pôs
Abominação
Ap. 21.27 — nem os que praticam **(a)** e mentira
Abominável
Ap. 21.8 — quanto... aos incrédulos, aos **(a)**
Abrasar
Ap. 18.8 — ela será **abrasada** em fogo
Abrir
Ap. 3.7 — **abre**... que fecha e ninguém **abre**
Ap. 5.2 — Quem é digno de **abrir** o livro e
Ap. 5.4 — ninguém fora achado digno de **abrir**
Ap. 6.1 — quando o Cordeiro de Deus **abriu** um dos
Absinto
Ap. 8.11 — O nome... **(a)**... se tornaram amargosas
Achar *cf.* deparar, encontrar, obter
Ap. 3.2 — porque não tenho **achado** íntegras
Ap. 9.6 — buscarão a morte e não a **acharão**

Afligir
Ap. 16.8 — e lhe foi dado **(a)** os homens com
Água
Ap. 8.11 — a terça parte das **(á)** se converteu
Ap. 8.11 — morreram por causa dessas **(á)**
Ap. 17.15 — As **(á)** que tu viste, onde a meretriz
Ap. 21.6 — darei de graça a beber da fonte da **(á)** da
Ap. 22.1 — me mostrou o rio da **(á)** da Vida
Ap. 22.17 — quem quiser receba de graça a **(á)**
Águia
Ap. 4.7 — quarto ser... é semelhante a uma **(á)**
Ai *cf.* anátema (interjeição)
Ap. 8.13 — dizia em ... voz: **(a)**... **(a)**... **(a)** dos
Ap. 18.10 — **(a)**! **(a)**! daquela grande cidade, Babilônia
Ai (substantivo)
Ap. 9.12 — **(a)** passou. Eis que... vêm ainda dois **(a)**
Ap. 11.14 — É passado o segundo **(a)**. Mas
Ajuntar
Ap. 14.18 — **ajunta** os cachos da videira da
Alegrar *cf.* deleitar
Ap. 11.10 — Os habitantes do mundo se **alegrarão** por
Ap. 19.7 — **Alegremo**-nos, exultemos e demos
Aleluia
Ap. 19.1 — **(a)**! A salvação, e a glória, e o
Ap. 19.4 — adoraram... dizendo: Amém. **(a)**!
Alfa *cf.* Ômega
Ap. 1.8 — Eu sou o **(a)** e o Ômega... diz o Senhor
Ap. 21.6 — Eu sou o **(a)** e o Ômega, o Princípio
Ap. 22.13 — Eu sou o **(a)** e o Ômega, o Primeiro
Alma *cf.* coração, pessoa
Ap. 6.9 — debaixo do altar as **(a)** daqueles
Ap. 20.4 — Vi ainda as **(a)** dos decapitados por
Altar *cf.* santuário, templo
Ap. 6.9 — vi debaixo do **(a)** as almas daqueles
Ap. 8.3 — de todos os Santos sobre o **(a)**
Ap. 11.1 — mede o Templo de Deus, o seu **(a)**
Alvo *cf.* branco
Ap. 1.14 — eram brancos como **alva** lã, como a

Amar *cf.* afeiçoar
Ap. 1.5 — Àquele que nos **ama**, e, pelo Seu
Ap. 3.19 — a quem **amo**, repreendo e castigo
Ap. 12.11 — em face da morte, não **amaram** a
Amarelo
Ap. 6.8 — E surgiu um cavalo **(a)** e o seu
Amargo *cf.* amargoso, penoso, triste
Ap. 10.9 — certamente, ele será **(a)** ao teu
Amargoso *cf.* amargo, penoso, triste
Ap. 8.11 — águas, porque se tornaram **(a)**
Amém
Ap. 3.14 — Estas coisas diz o **(a)**, a Testemunha
Ap. 22.20 — **(a)**. Ora vem, Senhor Jesus!
Ancião
Ap. 4.4 — vinte e quatro **(a)** vestidos
Andar *cf.* caminhar, viver
Ap. 3.4 — e **andarão** de branco junto comigo
Ap. 21.24 — As nações **andarão** mediante a
Anjo *cf.* Gabriel, querubim, mensageiro, serafim
Ap. 1.1 — ... enviando-as por intermédio do Seu **(a)**
Ap. 1.20 — são os sete **(a)** das Sete Igrejas, e os
Ap. 5.2 — Vi também um **(a)** forte, que
Ap. 5.11 — ouvi, então, a voz de muitos **(a)** ao
Ap. 7.1 — vi quatro **(a)** em pé nos quatro
Ap. 7.2 — Vi outro **(a)** que subia do nascente
Ap. 7.11 — E todos os **(a)** estavam de pé em
Ap. 8.2 — Então vi os Sete **(a)** que se acham
Ap. 9.14 — dizia ao Sexto **(a)**,... Solta os quatro **(a)**
Ap. 10.1 — Vi então outro **(a)** forte que descia do céu
Ap. 12.7 — Miguel e os seus **(a)** pelejaram
Ap. 14.6 — Vi outro **(a)** voando pelo meio do
Ap. 15.1 — Sete **(a)** se preparam para lançar sobre o mundo os sete últimos
Ap. 15.6 — e os Sete **(a)** que traziam os sete
Ap. 16.5 — Então ouvi o **(a)** das águas dizendo
Ap. 18.1 — vi descer do céu outro **(a)** que
Ap. 18.21 — Então um forte **(a)** levantou bem
Ap. 19.17 — Vi, então, um **(a)** posto em pé no sol,

Ave
Ap. 19.17 — falando a todas as **(a)** que voam
Azeite *cf.* óleo
Ap. 6.6 — e não danifiques o **(a)** e o vinho
Babilônia
Ap. 14.8 — Caiu, caiu a grande **(b)** que tem
Ap. 16.19 — E lembrou-se Deus da grande **(b)**
Ap. 17.5 — **(b)**, a grande, a mãe das meretrizes
Ap. 18.2 — caiu a grande **(b)**, e se converteu
Ap. 18.10 — Ai! ai! daquela grande cidade, **(b)**
Balaão Nm 22.5 - 24.25
Ap. 2.14 — sustentam a doutrina de **(b)**, o
Balança
Ap. 6.5 — cavaleiro com uma **(b)** na mão
Bálsamo
Ap. 18.13 — unguento, **(b)**, vinho, azeite, flor
Barro
Ap. 2.27 — como se fossem objetos de **(b)**
Barulho *cf.* estrondo, ruído
Ap. 9.9 — asas... **(b)** ensurdecedor de carros de
Bater
Ap. 3.20 — Eis que estou à porta e **bato**
Beber
Ap. 14.8 — Babilônia que tem dado a **beber**
Bem-aventurado *cf.* bendito, ditoso, feliz
Ap. 1.3 — **(b)** aqueles que leem e aqueles que
Ap. 14.13 — **(b)** os mortos que, desde agora
Ap. 16.15 — **(b)** aquele que vigia e guarda as
Ap. 19.9 — **(b)** aqueles que são chamados
Ap. 20.6 — **(b)** e santos aqueles que têm parte
Ap. 22.7 — **(b)** aquele que guarda as palavras
Ap. 22.14 — **(b)** aqueles que lavam as suas
Besta *cf.* animal, fera
Ap. 11.7 — a **(b)** que surge do abismo pelejará
Ap. 13.1 — E vi levantar-se do mar uma **(b)** que
Ap. 13.11 — Vi ainda outra **(b)** emergir da
Ap. 15.2 — e os vencedores da **(b)**, da sua
Ap. 17.3 — **(b)** escarlate, repleta de nomes de

Ap. 17.8 — A **(b)** que viste, era e já não é, está
Ap. 19.20 — Mas a **(b)** foi aprisionada, e com
Blasfemar *cf.* ultrajar
Ap. 16.9 — e **blasfemaram** o nome de Deus, que
Blasfêmia *cf.* ultraje
Ap. 13.1 — sobre as cabeças, nomes de **(b)**
Ap. 13.5 — que proferia arrogâncias e **(b)**
Ap. 17.3 — repleta de nomes de **(b)**, com
Bodas *cf.* casamento, matrimônio
Ap. 19.7 — são chegadas as **(b)** do Cordeiro
Branco *cf.* alvo
Ap. 1.14 — eram **(b)** como alva lã, como a neve
Ap. 3.4 — e andarão de **(b)** junto comigo, pois
Ap. 3.5 — assim vestido com roupas **(b)**, e de
Ap. 6.2 — eis um cavalo **(b)** e o seu cavaleiro
Ap. 6.11 — foi dada uma vestidura **(b)** e lhes
Ap. 19.11 — o céu aberto, e eis um cavalo **(b)**
Ap. 20.11 — Vi um grande trono **(b)** e Aquele
Breve
Ap. 1.1 — ... as coisas que em **(b)** devem acontecer
Brilhar *cf.* resplandecer
Ap. 22.5 — o Senhor Deus **brilhará** sobre eles
Bronze *cf.* cobre
Ap. 1.15 — semelhantes ao **(b)** polido, como
Buscar *cf.* procurar
Ap. 9.6 — Naqueles dias os homens **buscarão**
Cabeça (parte do corpo humano)
Ap. 9.7 — nas suas **(c)** tinham coroas
Ap. 12.3 — dragão,... com sete **(c)**, dez chifres
Ap. 17.9 — as sete **(c)** são sete montes, nos
Cabelo
Ap. 1.14 — A sua cabeça e **(c)** eram brancos
Cacho
Ap. 14.18 — ajunta os **(c)** da videira da Terra
Cadáver
Ap. 11.8 — e os seus **(c)** ficarão estirados na
Cadeira *cf.* trono
Ap. 20.4 — Vi também **(c)**, e nestas

Cair *cf.* ruir
Ap. 1.17 — **caí** a seus pés como morto. Ele,
Ap. 6.16 — e disseram... **Caí** sobre nós
Ap. 9.1 — e vi uma estrela **(c)** do céu na Terra
Ap. 14.8 — **Caiu, caiu** a grande Babilônia que
Ap. 16.19 — e **caíram** as cidades das nações
Ap. 18.2 — **Caiu, caiu** a grande Babilônia, e
Calcar
Ap. 11.2 — e dois meses, **calcarão** aos pés a
Cálice *cf.* calix
Ap. 16.19 — para dar-lhe o **(c)** do vinho do furor
Caminho *cf.* trilho, vereda
Ap. 15.3 — e verdadeiros são os Teus **(c)**
Ap. 16.12 — que se preparasse o **(c)** dos reis
Candeeiro *cf.* candeia, candelabro, lâmpada
Ap. 1.12 — e, assim, voltado, vi sete **(c)** de ouro
Cântico *cf.* canção, canto, hino
Ap. 5.9 — e entoavam um novo **(c)**, dizendo
Ap. 14.3 — Entoavam novo **(c)** diante do trono
Ap. 15.3 — entoavam o **(c)** de Moisés, servo de
Ap. 15.3 — entoavam... e o **(c)** do Cordeiro
Canto *cf.* esquina
Ap. 7.1 — Anjos em pé nos quatro **(c)** do mundo
Cão *cf.* cachorrinho
Ap. 22.15 — Fora ficam os **(c)** e os feiticeiros
Carga *cf.* fardo, peso
Ap. 2.24 — Outra **(c)** não jogarei sobre vós;
Caridade
Ap. 2.4 — abandonaste a tua Primeira **(c)**
Carne *cf.* corpo
Ap. 19.18 — para que comais **(c)** de reis, **(c)** de
Cativeiro *cf.* exílio
Ap. 13.10 — Se alguém leva para **(c)**, para **(c)**
Cauda
Ap. 9.10 — tinham ainda **(c)**, como escorpiões
Ap. 9.10 — nas suas **(c)** tinham poder para
Ap. 12.4 — A sua **(c)** arrasta a terça parte

Cavalaria
Ap. 9.16 — O número dos exércitos da **(c)** era
Cavalo *cf.* garanhão
Ap. 6.2 — eis um **(c)** branco e o seu cavaleiro
Ap. 19.11 — vi o céu... e eis um **(c)** branco
Caverna *cf.* covil
Ap. 6.15 — e todo livre se esconderam nas **(c)**
Cear *cf.* jantar
Ap. 3.20 — entrarei em sua casa e **cearei**
Cego
Ap. 3.17 — és... miserável, pobre, **(c)** e
Ceia *cf.* banquete, festa
Ap. 19.9 — que são chamados à **(c)** das
Ap. 19.17 — reuni-vos para a grande **(c)** de
Ceifar *cf.* colher
Ap. 14.15 — Toma a tua foice aguda e **ceifa**, pois
Ap. 14.15 — pois chegou a hora de **ceifar**
Cetro
Ap. 12.5 — que há de reger... com **(c)** de
Ap. 19.15 — Ele mesmo as regerá com **(c)** de
Ap. 21.15 — tinha por medida um **(c)** de ouro
Céu (céus) *cf.* firmamento
Ap. 4.1 — não somente uma porta aberta no **(c)**
Ap. 6.14 — e o **(c)** recolheu-se como um
Ap. 8.1 — fez-se grande silêncio no **(c)** cerca de
Ap. 12.1 — apareceu um grande sinal no **(c)**: uma
Ap. 12.7 — houve peleja no **(c)**. Miguel e os
Ap. 19.1 — ouvi no **(c)** uma grande voz de
Ap. 21.1 — vi novo **(c)** e... porque o primeiro **(c)**
Cevada *cf.* cereal, trigo
Ap. 6.6 — três medidas de **(c)** por um denário
Chama *cf.* fogo, labareda
Ap. 1.14 — neve; os olhos, como **(c)** de fogo
Ap. 8.8 — grande montanha ardendo em **(c)** foi
Chamar
Ap. 19.9 — que são **chamados** à ceia das
Chave
Ap. 1.18 — e tenho as **(c)** da morte e do

Ap. 3.7 — Aquele que tem a **(c)** de Davi, que
Ap. 9.1 — E lhe foi dada a **(c)** do poço do
Ap. 20.1 — Anjo. Tinha na mão a **(c)** do abismo

Chifre
Ap. 5.6 — Ele tinha sete **(c)**, bem como sete
Ap. 13.1 — besta que tinha dez **(c)** e sete
Ap. 17.3 — besta... sete cabeças e dez **(c)**
Ap. 17.12 — Os dez **(c)** que viste são dez reis

Chorar *cf.* prantear
Ap. 5.4 — e eu **chorava** muito, porque ninguém
Ap. 18.9 — Ora, **chorarão** e se lamentarão

Chover *cf.* chuviscar
Ap. 11.6 — que não **chova** durante os dias em

Cidade *cf.* aldeia
Ap. 11.2 — dois meses, calcarão aos pés a **(c)**
Ap. 16.19 — E a grande **(c)** se dividiu em três
Ap. 16.19 — e caíram as **(c)** das nações
Ap. 17.18 — prostituta que viste é a grande **(c)**
Ap. 18.10 — **(c)**, Babilônia, tão poderosa
Ap. 20.9 — sitiaram o acampamento... e a **(c)**
Ap. 21.2 — vi também a **(c)** Santa, a Nova Jerusalém
Ap. 21.18 — também a **(c)** é de ouro puro
Ap. 21.23 — A **(c)** não precisa nem do sol, nem
Ap. 22.14 — Vida Eterna, e para entrarem na **(c)**

Cilada *cf.* armadilha, laço
Ap. 2.14 — Balaque a armar **(c)** diante dos

Clamar *cf.* bradar, gritar
Ap. 7.10 — e **clamava** com grande voz, dizendo

Claridade
Ap. 21.23 — não precisa... para lhe darem **(c)**

Cólera *cf.* furor, ira
Ap. 14.10 — beberá também do vinho da **(c)** de Deus
Ap. 15.1 — com que se consumou a **(c)** de Deus
Ap. 16.1 — derramai pela... taças da **(c)**

Coluna
Ap. 3.12 — Ao vencedor, Eu o farei **(c)** do Templo

Comer *cf.* devorar
Ap. 19.18 — para que **comais** carnes de reis

Comerciar
Ap. 18.17 — e quantos **comerciam** no mar
Companheiro *cf.* amigo
Ap. 1.9 — irmão vosso e **(c)** na tribulação, no
Completar
Ap. 20.3 — até se **completarem** os mil anos
Ap. 20.5 — até que se **completem** os mil anos
Ap. 20.7 — porém, se **completarem** os mil anos
Comprar *cf.* adquirir
Ap. 5.9 — e com o Teu sangue **compraste** para
Ap. 14.3 — que foram **comprados** da Terra
Ap. 18.11 — porque já ninguém **comprará** a sua
Comprimento
Ap. 21.16 — cidade é... **(c)** e largura... iguais
Compromisso
Ap. 11.19 — e foi vista a arca do **(c)** no Seu
Condenar
Ap. 17.1 — Vem cá... mostrarei a **condenação**
Confessar
Ap. 3.5 — **confessarei** o seu nome diante de
Conhecer *cf.* saber
Ap. 3.1 — **Conheço** as tuas obras: tens
Ap. 3.3 — **conhecerás** de modo algum em que
Conservar *cf.* preservar
Ap. 3.11 — **Conserva** o que tens, para que
Conservo *cf.* servo
Ap. 19.10 — sou **(c)** teu e dos teus irmãos que
Ap. 22.9 — não faças isso; eu sou **(c)** teu
Consolidar
Ap. 3.2 — Sê vigilante e **consolida** o restante
Consumir
Ap. 20.9 — porém, fogo do céu e os **consumiu**
Contaminado *cf.* impuro
Ap. 21.27 — jamais penetrará coisa alguma **(c)**
Contaminar
Ap. 3.4 — pessoas que não **contaminaram**
Contemplar *cf.* considerar, meditar, ver
Ap. 11.12 — seus inimigos as **contemplaram**

Coração *cf.* alma, mente
Ap. 2.23 — sou aquele que sonda rins e **(c)**
Cordeiro
Ap. 5.6 — Então vi... um **(c)** como tinha sido
Ap. 5.12 — Digno é o **(c)** de Deus, que foi morto, de
Ap. 6.16 — escondei-nos... da ira do **(c)**
Ap. 7.10 — e ao Divino **(c)** pertence a salvação
Ap. 12.11 — venceram por causa... do Divino **(c)**
Ap. 13.8 — escritos no Livro da Vida Eterna do **(c)**
Ap. 14.1 — e eis o **(c)** de Deus em pé sobre
Ap. 14.4 — Estes seguem o **(c)** de Deus
Ap. 17.14 — Pelejarão... contra o **(c)**... mas o **(c)**
Ap. 19.7 — as bodas do **(c)** de Deus, cuja esposa a si
Ap. 22.3 — estará o trono de Deus e do Seu **(c)**
Coroa *cf.* diadema
Ap. 3.11 — para que ninguém tome a tua **(c)**
Ap. 6.2 — e lhe foi dada uma **(c)**; e Ele saiu
Ap. 12.1 — a lua debaixo dos pés e uma **(c)**
Ap. 14.14 — tendo na cabeça uma **(c)** de ouro
Couraça
Ap. 9.9 — vestiam **(c)**, como **(c)** de ferro
Ap. 9.17 — seus cavaleiros tinham **(c)** de
Covarde
Ap. 21.8 — Quanto, porém,... aos **(c)**, aos incrédulos
Coxa *cf.* perna
Ap. 19.16 — e na Sua **(c)** um nome inscrito
Criação
Ap. 3.14 — diz... o Princípio da **(c)** de Deus
Criar
Ap. 4.11 — todas as coisas Tu **criaste**, sim,
Ap. 10.6 — e jurou por Aquele... que **criou**
Criatura
Ap. 5.13 — Então ouvi o que toda **(c)** que há no
Cristal
Ap. 4.6 — mar de vidro... semelhante ao **(c)**
Ap. 22.1 — água da Vida Eterna, resplandecente, como **(c)**
Cristalino
Ap. 21.11 — fulgor... como pedra de jaspe **(c)**

Demora
Ap. 22.20 — Certamente venho sem **(d)**. Amém
Denário
Ap. 6.6 — Uma medida de trigo por um **(d)**
Dente
Ap. 9.8 — os seus **(d),** como **(d)** de leões
Derramar *cf.* despejar
Ap. 16.1 — Ide, e **derramai** pela Terra as
Desatar
Ap. 5.2 — digno de abrir o livro... **(d)** os Selos?
Descansar *cf.* repousar
Ap. 14.13 — que **descansem** das suas fadigas
Descanso *cf.* alívio, consolo, repouso
Ap. 4.8 — não têm **(d)** nem de dia nem de noite
Ap. 14.11 — que tenham **(d)** algum, nem de dia
Descer
Ap. 21.10 — Jerusalém, que **descia** do céu
Desolada
Ap. 18.19 — Em uma só hora foi **desolada**
Destruição *cf.* assolação
Ap. 17.8 — A besta... e caminha para a **(d)**
Destruir *cf.* arruinar, assolar
Ap. 11.18 — corromperam o mundo, os que **destroem**
Detestável *cf.* vil
Ap. 18.2 — de todo gênero de ave imunda e **(d)**
Deus *cf.* divindade, Senhor
Ap. 1.1 — Revelação de Jesus, o Cristo, que **(d)** Lhe
Ap. 1.2 — o qual atestou a palavra de **(d)** e o
Ap. 1.9 — por causa da palavra de **(d)** e do
Ap. 4.8 — Santo, Santo, Santo é o Senhor **(d)**
Ap. 11.17 — Graças Te damos, Senhor **(d)**, Todo-Poderoso
Ap. 14.7 — Temei o Senhor **(d)** e dai-Lhe glória, pois
Ap. 19.6 — pois reina o Senhor nosso **(d)**, o
Ap. 21.3 — Eles serão Seu povo, e o próprio **(d)**
Devassidão
Ap. 19.2 — corrompia a Terra com a sua **(d)**
Devastada
Ap. 18.17 — em uma só hora foi **(d)**

Devorar *cf.* comer
Ap. 10.10 — Tomei o livrinho... e o **devorei**
Dia *cf.* ano, época, mês, tempo
Ap. 1.10 — no **(d)** do Senhor, e ouvi por detrás
Ap. 4.8 — não têm descanso nem de **(d)** nem de
Ap. 6.17 — chegou o grande **(d)** do furor deles.
Ap. 14.11 — que tenham descanso algum, nem de **(d)**
Ap. 21.25 — jamais se fecharão de **(d)**, porque
Diabo *cf.* demônio
Ap. 12.9 — serpente que se chama **(d)** e
Digno
Ap. 3.4 — branco junto comigo, pois são **(d)**
Ap. 4.11 — Tu és **(d)**, Senhor e Deus nosso
Ap. 5.2 — Quem é **(d)** de abrir o livro e de
Direito *cf.* lei, preceito, tributo
Ap. 22.14 — que lhes assista o **(d)** à Árvore
Dobro
Ap. 18.6 — pagai-lhe em **(d)** segundo as suas
Doce
Ap. 10.9 — mas, na tua boca, **(d)** como mel
Dor
Ap. 12.2 — grávida, grita com as **(d)** do
Ap. 16.10 — remordiam as línguas por... **(d)**
Ap. 21.4 — haverá mais luto, não haverá mais pranto, nem... **(d)**
Doze
Ap. 21.12 — Tinha... **(d)** portas, e junto às
Ap. 21.12 — e junto às portas **(d)** Anjos, e
Dragão *cf.* serpente
Ap. 12.3 — e eis um **(d),** grande, vermelho
Ap. 12.9 — E foi expulso o grande **(d),** a antiga
Ap. 13.2 — E lhe deu o **(d)** o seu poder, o seu
Ap. 16.13 — vi sair da boca do **(d),** da boca
Ap. 20.2 — Ele segurou o **(d),** a antiga serpente
Éfeso
Ap. 1.11 — Sete Igrejas que estão na Ásia: **(é)**
Ap. 2.1 — Ao Anjo da Igreja em **(é)** escreve
Egito
Ap. 11.8 — cidade ... se chama Sodoma e **(e)**

Eleito *cf.* escolhido
Ap. 17.14 — vencerão também os... e **(e)** e fiéis
Elevar
Ap. 11.12 — E se **elevaram** ao céu numa nuvem
Embriagado *cf.* ébrio
Ap. 17.6 — vi a mulher **(e)** com o sangue
Emergir
Ap. 17.8 — está para **(e)** do abismo, e
Enfurecer *cf.* encolerizar, irritar
Ap. 11.18 — nações se **enfureceram**; chegou
Enganar *cf.* defraudar, iludir
Ap. 20.3 — que não mais **enganasse** as nações
Enriquecer *cf.* engrandecer
Ap. 18.3 — os mercadores... se **enriqueceram**
Entoar
Ap. 5.9 — e **entoavam** um novo cântico
Ap. 14.3 — **Entoavam** novo cântico diante do
Ap. 15.3 — e **entoavam** o cântico de Moisés
Entrar
Ap. 3.20 — e abri-la para mim, **entrarei** em sua
Ap. 22.14 — e para **entrarem** na cidade pelas portas
Enviar
Ap. 1.1 — Ele, **enviando**-as por intermédio
Enxofre
Ap. 14.10 — e será atormentado com fogo e **(e)**
Ap. 19.20 — do lago do fogo que arde com **(e)**
Enxugar
Ap. 7.17 — E Deus lhes **enxugará** dos olhos
Ap. 21.4 — E lhes **enxugará** dos olhos toda
Escarlate *cf.* encarnado, vermelho
Ap. 17.3 — mulher montada numa besta **(e)**
Esconder
Ap. 6.16 — Caí sobre nós, **escondei**-nos da
Esconderijo *cf.* refúgio
Ap. 18.2 — **(e)** de todo gênero de ave imunda
Escorpião
Ap. 9.3 — como o que têm os **(e)** da terra

Falso
Ap. 19.20 — e com ela o **(f)** profeta que, com
Fazer
Ap. 3.21 — Ao vencedor, Eu o **farei** sentar-se
Ap. 22.9 — me disse: Vê, não **faças** isso; eu
Fé *cf.* confiança
Ap. 14.12 — guardam... e a **(f)** em Jesus
Fechar
Ap. 3.7 — ninguém **fecha** e que **fecha** e
Ap. 20.3 — lançou-o no abismo, **fechou**-o, e
Feitiçaria *cf.* encantamento, feiticeiro
Ap. 9.21 — nem das suas **(f)**, nem da sua
Ap. 18.23 — nações... seduzidas pela tua **(f)**
Feiticeiro *cf.* encantador, mágico, necromante
Ap. 21.8 — Quanto,... aos **(f)**, aos que dão veneno
Ap. 22.15 — Fora ficam os cães, os **(f)**, e os
Ferida *cf.* chaga
Ap. 13.3 — mas essa **(f)** mortal foi curada
Ferrão
Ap. 9.10 — e **(f)**; nas suas caudas tinham
Ferro *cf.* aço
Ap. 19.15 — mesmo as regerá com cetro de **(f)**
Festejar *cf.* celebrar, regalar
Ap. 12.12 — Por isso, **festejai**, ó céus, e
Fidelidade *cf.* lealdade
Ap. 13.10 — Aqui está a perseverança… e a **(f)**
Fiel *cf.* honesto, leal
Ap. 1.5 — **(f)** Testemunha, o Primogênito dos
Ap. 2.10 — Sê **(f)** até à morte, e Eu te darei a
Ap. 17.14 — vencerão... os... eleitos e **(f)**
Ap. 19.11 — seu cavaleiro se chama **(f)** e
Ap. 21.5 — porque estas palavras são **(f)**
Figo
Ap. 6.13 — a figueira... cair os seus **(f)**
Figueira
Ap. 6.13 — as estrelas... como a **(f)**, quando
Filadélfia
Ap. 1.11 — Sete Igrejas que estão na Ásia:... **(f)**

Ap. 3.7 — Ao Anjo da Igreja em **(f)** escreve
Filho *cf.* descendente
Ap. 1.13 — um semelhante a **(f)** de homem, com
Ap. 12.5 — E ela deu à luz um **(f)** varão... E o Seu **(f)**
Ap. 14.14 — nuvem... parecia com o **(f)** de Deus
Ap. 21.7 — lhe serei Deus e ele me será **(f)**
Fim
Ap. 21.6 — Eu sou o... o Princípio e o **(f)**
Flagelo *cf.* pragas
Ap. 15.1 — Anjos se preparam para lançar sobre o mundo os Sete últimos **(f)**
Fogo *cf.* chama, labareda
Ap. 3.18 — compres ouro refinado pelo **(f)**
Ap. 15.2 — mar de vidro, envolto em **(f)**, e
Ap. 20.9 — desceu... **(f)** do céu e os consumiu
Ap. 20.14 — lançados... dentro do lago do **(f)**
Ap. 21.8 — no lago que arde com **(f)** e enxofre
Foice
Ap. 14.15 — Toma a tua **(f)** aguda e ceifa, pois
Fôlego *cf.* hálito
Ap. 13.15 — lhe foi concedido comunicar **(f)** à imagem
Folha
Ap. 22.2 — e as suas **(f)** servem para a cura
Fome
Ap. 6.8 — matar à espada, pela **(f)**, com
Ap. 7.16 — Jamais terão **(f)**, nunca mais terão
Fonte *cf.* manancial
Ap. 7.17 — os guiará para as **(f)** da água da
Ap. 21.6 — Eu,... darei de graça a beber da **(f)** da água
Força *cf.* braço, poder
Ap. 3.8 — tens pouca **(f)**; entretanto,
Fornalha *cf.* forno
Ap. 9.2 — como fumaça de grande **(f)**, e com
Fortaleza
Ap. 5.12 — receber... e sabedoria, e **(f)**
Ap. 7.12 — e o poder, e a **(f)** sejam ao nosso
Forte *cf.* poderoso, robusto
Ap. 5.2 — Vi também um Anjo **(f)**, que

Ap. 22.12 — comigo está o **(g)** que tenho para
Gentio
Ap. 11.2 — porque ele foi dado aos **(g)**
Geração *cf.* casa, família, tempo, tribo
Ap. 22.16 — Eu sou a raiz e a **(g)** de Davi, a
Glória *cf.* exaltação, majestade
Ap. 4.11 — Tu és digno... de receber a **(g)**,
Ap. 7.12 — o louvor, e a **(g)**, e a sabedoria
Ap. 14.7 — Temei o Senhor Deus e dai-Lhe **(g)**, pois é
Ap. 19.7 — demos-Lhe **(g)**, porque são chegadas
Ap. 21.23 — pois a **(g)** de Deus a iluminou, sua
Ap. 21.24 — reis da Terra lhe trarão a... **(g)**
Glorificar
Ap. 15.4 — não temerá e não **glorificará**
Gogue
Ap. 20.8 — **(g)** e Magogue, a fim de reuni-los
Golpeado
Ap. 13.3 — uma de suas cabeças como **(g)** de
Graça *cf.* favor, mercê
Ap. 4.9 — davam glória, honra e ações de **(g)**
Ap. 7.12 — e a sabedoria, e ações de **(g)**, e a
Ap. 11.17 — dizendo: **(g)** Te damos, Senhor
Ap. 21.6 — Eu, a quem tem sede darei de **(g)**
Ap. 22.17 — quem quiser receba de **(g)** a água
Grama
Ap. 8.7 — queimada... também toda **(g)** verde
Ap. 9.4 — que não causassem dano à **(g)**
Grande
Ap. 8.10 — das águas uma **(g)** estrela ardendo
Ap. 15.3 — **(g)** e admiráveis são as Tuas obras
Ap. 18.10 — Ai! ai! daquela **(g)** cidade, Babilônia
Ap. 20.11 — Vi um **(g)** trono branco e Aquele
Grávida
Ap. 12.2 — que, achando-se **(g)**, grita com as
Guardar *cf.* conservar, reservar, vigiar
Ap. 1.3 — e **guardam** as coisas nele escritas
Ap. 2.26 — e ao que **guardar** até ao fim as

Ap. 2.29 — ouça o que o Espírito diz às **(i)** do Senhor
Ap. 3.1 — Ao Anjo da **(i)** em Sardes escreve
Ap. 3.6 — ouça o que o Espírito diz às **(i)** do Senhor
Ap. 3.7 — Ao Anjo da **(i)** em Filadélfia escreve
Ap. 3.13 — ouça o que o Espírito diz às **(i)** do Senhor
Ap. 3.14 — Ao Anjo da **(i)** em Laodiceia escreve
Ap. 3.22 — ouça o que o Espírito diz às **(i)** do Senhor
Ap. 22.16 — vos testificar estas... às **(i)**

Ilha
Ap. 1.9 — encontrei-me na **(i)** chamada Patmos, por
Ap. 6.14 — Então, todos os montes e **(i)** foram
Ap. 16.20 — Toda **(i)** fugiu, e os montes

Iluminar *cf.* alumiar
Ap. 21.23 — a glória divina a **iluminou**

Imagem *cf.* deus, efígie, figura, ídolo
Ap. 14.11 — adoradores da besta e da sua **(i)**

Ímpeto
Ap. 18.21 — Assim, com **(í)**, será arrojada

Impuro *cf.* imundo
Ap. 21.8 — Quanto,... aos **(i)**, aos adúlteros
Ap. 22.15 — Fora ficam os cães, os **(i)**

Imundície *cf.* impureza
Ap. 17.4 — mulher... e com as **(i)** da sua

Imundo *cf.* impuro
Ap. 16.13 — três espíritos **(i)** semelhantes a rãs
Ap. 18.2 — toda espécie de espírito **(i)**... esconderijo... de ave **(i)**
Ap. 22.11 — injusto fazendo injustiça, o **(i)** ainda sendo **(i)**

Incensário
Ap. 8.3 — junto ao altar, com um **(i)** de ouro
Ap. 8.5 — o Anjo tomou o **(i)**, encheu-o do fogo

Incenso
Ap. 5.8 — e taças de ouro cheias de **(i)**, que
Ap. 8.3 — dado muito **(i)** para oferecê-lo
Ap. 8.4 — o fumo do **(i)**, com as orações
Ap. 18.13 — especiarias, **(i)**, unguento, bálsamo

Incrédulo *cf.* descrente, impenitente
Ap. 21.8 — Quanto,... aos **(i)**, aos abomináveis

Ap. 1.2 — ... Testemunho de **(j)** Cristo, quanto
Ap. 1.5 — e da parte de **(j)** Cristo, a Fiel Testemunha
Ap. 1.7 — Eis que **(j)** vem com as nuvens
Ap. 1.9 — Eu, João,... perseverança, em **(j)**,... Testemunho de **(j)**
Ap. 7.14 — vestiduras e as alvejaram no sangue de Cristo **(j)**
Ap. 12.17 — Irou-se o dragão... e a fé em **(j)** Cristo
Ap. 14.12 — Aqui está a perseverança dos Santos,... a fé em **(j)**
Ap. 17.6 — mulher embriagada... das testemunhas de **(j)**
Ap. 19.10 — o Testemunho de **(j)**;... Testemunho de **(j)**,... é o espírito de profecia
Ap. 20.4 — decapitados por causa do Testemunho de **(j)**
Ap. 20.6 — Bem-aventurados... sacerdotes de Deus e de Cristo **(j)**
Ap. 22.16 — Eu, **(j)**, enviei o meu Anjo para
Ap. 22.20 —venho sem demora. Amém. Ora vem, Senhor **(j)**
Ap. 22.21 — A graça de Nosso Senhor **(j)** Cristo

João
Ap. 1.1 — Revelação de Jesus,... ao Seu servo **(j)**
Ap. 1.4 — **(j)**, às Sete Igrejas que se encontram
Ap. 1.9 — Eu, **(j)**, irmão vosso e companheiro
Ap. 21.2 — Eu, **(j)**, vi também a Cidade Santa
Ap. 22.8 — Eu, **(j)**, sou quem ouviu e viu estas coisas

Judá
Ap. 5.5 — eis que o Leão da tribo de **(j)**, a
Ap. 7.5 — da tribo de **(j)** foram selados doze mil

Juízo *cf.* arbítrio, razão
Ap. 14.7 — é chegada a hora do Seu **(j)**; e
Ap. 16.7 — verdadeiros e... são os Teus **(j)**
Ap. 18.10 — Babilônia,... chegou o seu **(j)**
Ap. 19.2 — justos são os Seus **(j)**,... a grande meretriz

Julgar
Ap. 11.18 — para serem **julgados** os mortos
Ap. 16.5 — Justo és Tu, ó Senhor,... **julgaste** estas coisas
Ap. 18.8 — sobrevirão os seus flagelos:... Senhor Deus que a **julgou**
Ap. 18.20 — Deus **julgou** a vossa causa
Ap. 19.11 — cavaleiro se chama Fiel... e **julga** e peleja
Ap. 20.4 — foi concedida autoridade para **julgar**
Ap. 20.12 — E os mortos foram **julgados**

Ap. 22.5 — nem precisarão eles de luz de **(l)**
Lançar *cf.* atirar
Ap. 2.10 — que o diabo está para **lançar** em prisão
Ap. 15.1 — Anjos se preparam para **lançar** sobre o mundo
Ap. 18.19 — E **lançarão** pó sobre as suas cabeças
Ap. 19.20 — Os dois foram **lançados** vivos
Ap. 20.10 — Satanás,... foi **lançado**
Ap. 20.14 — a morte e o inferno foram **lançados** para dentro
Ap. 20.15 — esse foi **lançado** para dentro do lago do fogo
Laodiceia
Ap. 1.11 — manda às Sete Igrejas... Filadélfia e **(l)**
Ap. 3.14 — Ao Anjo da Igreja em **(l)** escreve
Largura
Ap. 21.16 — comprimento e **(l)** iguais... comprimento, **(l)** e altura são
Lavar *cf.* banhar
Ap. 7.14 — da grande tribulação, que **lavaram**
Ap. 22.14 — Bem-aventurados aqueles que **lavam** as suas vestiduras
Leão *cf.* leoa
Ap. 4.7 — primeiro ser vivente é semelhante a **(l)**
Ap. 5.5 — eis que o **(l)** da tribo de Judá
Ap. 10.3 — grande voz, como ruge um **(l)**
Ap. 13.2 — A besta que vi... boca como de **(l)**
Lembrar *cf.* recordar
Ap. 2.5 — **Lembra**-te, pois, de onde caíste
Ap. 3.3 — **Lembra**-te, pois, do que
Ap. 16.19 — E **lembrou**-se Deus da grande
Ap. 18.5 — Deus se **lembrou** das iniquidades
Leopardo
Ap. 13.2 — besta que vi era semelhante a **(l)**
Ler
Ap. 1.3 — Bem-aventurados aqueles que **leem**
Ap. 5.4 — livro, nem de o **ler** e nem mesmo de olhar para ele
Levantar *cf.* levantado
Ap. 3.3 — em que hora me **levantarei** contra ti
Ap. 10.5 — o Anjo... **levantou** a mão direita
Ap. 11.1 — **Levanta**-te e mede o Templo de Deus
Ap. 13.1 — E vi **levantar**-se do mar uma besta
Ap. 14.11 — A fumaça do seu tormento se **levantará** pelos séculos

Ap. 18.21 — Então um forte Anjo **levantou** bem alto uma pedra

Libertar *cf.* livrar, salvar

Ap. 1.5 — nos **libertou** dos nossos pecados

Ap. 9.15 — Foram, então, **libertados** os quatro Anjos

Límpido

Ap. 21.18 — cidade... semelhante a vidro **(l)**

Linho

Ap. 15.6 — vestidos de **(l)** puro e resplandecente

Ap. 18.12 — pérolas, de **(l)** finíssimo, de púrpura

Ap. 18.16 — que estava coberta de **(l)** finíssimo, de púrpura

Ap. 19.8 — vestir-se de **(l)** finíssimo... **(l)** finíssimo são os atos

Ap. 19.14 — vestidos de **(l)** finíssimo, branco e puro

Livro *cf.* rolo

Ap. 1.3 — as palavras da profecia deste **(l)**

Ap. 1.11 — escreve em **(l)** e manda às Sete

Ap. 3.5 — algum apagarei o seu nome do **(l)**

Ap. 5.1 — na mão direita... um **(l)** escrito

Ap. 5.2 — Quem é digno de abrir o **(l)** e de

Ap. 5.3 — ninguém podia abrir o **(l)**

Ap. 5.4 — achado digno de abrir o **(l)**, nem de o ler

Ap. 5.5 — alcançou o poder de abrir o **(l)** e os seus Sete Selos

Ap. 5.7 — Veio e tomou o **(l)** da mão direita

Ap. 5.8 — e, quando tomou o **(l)**, os quatro seres

Ap. 5.9 — Digno és, Senhor, de tomar o **(l)**

Ap. 10.8 — Vai e toma o **(l)** aberto da mão do Anjo

Ap. 13.8 — nomes não foram escritos no **(l)**

Ap. 17.8 — nomes não foram escritos no **(l)** da Vida Eterna

Ap. 20.12 — Então os **(l)** foram abertos

Ap. 20.12 — Então, os **(l)**... outro **(l)**, o **(l)** da Vida... achava escrito nos **(l)**

Ap. 20.15 — inscrito no **(l)** da Vida Eterna,... dentro do lago do fogo

Ap. 21.27 — penetrará... estão inscritos no **(l)**... o **(l)** da Vida Eterna

Ap. 22.7 — as palavras da profecia deste **(l)**

Ap. 22.9 — guardam as palavras da profecia deste **(l)**

Ap. 22.10 — Não seles as palavras da profecia deste **(l)**

Ap. 22.18 — profecia deste **(l)**: Se alguém lhes fizer qualquer acréscimo

Ap. 22.19 — tirar qualquer coisa das palavras do **(l)** desta profecia

Louvor
Ap. 5.12 — a fortaleza, e a honra, e a glória, e o **(l)**
Ap. 5.13 — e ao Cordeiro de Deus, sejam o **(l)**, e a
Ap. 7.12 — Bênção e claridade, e o **(l)**, e a glória
Ap. 19.5 — Cantai **(l)** ao nosso Deus, todos os
Lua
Ap. 6.12 — sol se tornou negro... a **(l)** toda
Ap. 8.12 — ferida a terça parte do sol, da **(l)** e das estrelas
Ap. 12.1 — mulher vestida do sol com a **(l)**
Ap. 21.23 — A cidade não precisa... da **(l)**
Luto *cf.* tristeza
Ap. 21.4 — não haverá mais **(l)**,... pranto, nem
Luxúria *cf.* lascívia, sensualidade
Ap. 18.3 — se enriqueceram à custa da sua **(l)**
Ap. 18.7 — viveu em **(l)**, dai-lhe em igual medida tormento e pranto
Ap. 18.9 — com ela se prostituíram e viveram em **(l)**
Luz
Ap. 12.2 — dores do parto, sofrendo tormentos para dar à **(l)**
Ap. 12.4 — mulher que estava para dar à **(l)**
Ap. 12.5 — E ela deu à **(l)** um filho varão
Ap. 12.13 — perseguir a mulher que dera à **(l)** o filho varão
Ap. 18.23 — Também jamais em ti brilhará **(l)** das lâmpadas
Ap. 21.24 — As nações andarão mediante a sua **(l)**
Ap. 22.5 — **(l)** de lâmpada, nem da **(l)** do sol
Mácula *cf.* mancha
Ap. 14.5 — se achou mentira... não têm **(m)**
Maduro
Ap. 14.15 — que a seara da terra está **(m)**
Maduro
Ap. 18.14 — O fruto **(m)** do desejo
Magogue
Ap. 20.8 — Gogue e **(m)**, a fim de reuni-los
Maldição *cf.* ai, anátema
Ap. 22.3 — E ali não haverá jamais **(m)**
Maná *cf.* pão
Ap. 2.17 — Ao vencedor Eu darei do **(m)**
Mandamento *cf.* decreto, lei, preceito
Ap. 12.17 — os que guardam os **(m)** de Deus

Ap. 14.12 — os que guardam os **(m)** de Deus e a

Manhã

Ap. 2.28 — dar-lhe-ei ainda a Estrela da **(m)**

Ap. 22.16 — sou... a brilhante Estrela da **(m)**

Manto *cf.* capa

Ap. 19.13 — Está vestido com um **(m)** tinto de

Ap. 19.16 — Tem no Seu **(m)** e na Sua coxa

Mão *cf.* palma

Ap. 1.16 — Tinha na **(m)** direita sete estrelas

Ap. 1.17 — colocou sobre mim a Sua **(m)** direita

Ap. 1.20 — estrelas que viste na minha **(m)** direita

Ap. 2.1 — Aquele que conserva na **(m)** direita

Ap. 5.1 — Vi, na **(m)** direita Daquele que estava sentado

Ap. 5.7 — Veio e tomou o livro da **(m)** direita

Ap. 6.5 — cavaleiro com uma balança na **(m)**

Ap. 7.9 — vestiduras brancas, com palmas nas suas **(m)**

Ap. 8.4 — e da **(m)** do Anjo subiu à presença de Deus

Ap. 9.20 — não se arrependeram das obras das suas **(m)**

Ap. 10.2 — tendo na **(m)** um livrinho aberto

Ap. 10.5 — Anjo que vi... levantou a **(m)** direita para o céu

Ap. 10.8 — Vai e toma o livro aberto da **(m)** do Anjo

Ap. 10.10 — Tomei o livrinho da **(m)** do Anjo e o devorei

Ap. 13.16 — certa marca sobre a **(m)** direita, ou sobre a fronte

Ap. 14.9 — trouxer a sua marca na fronte ou sobre a **(m)**

Ap. 14.14 — cabeça uma coroa de ouro e na **(m)** uma foice afiada

Ap. 17.4 — tendo na **(m)** um cálice de ouro transbordante

Ap. 19.2 — grande meretriz... que sofreram nas **(m)** dela

Ap. 20.1 — Tinha na **(m)** a chave do abismo

Ap. 20.4 — não receberam a sua marca na fronte e na **(m)**

Mar

Ap. 4.6 — diante do trono um **(m)** de

Ap. 8.9 — terça parte das criaturas que vivem no **(m)** morreu

Ap. 10.2 — Pôs o pé direito sobre o **(m)** e o esquerdo sobre a terra

Ap. 10.5 — Anjo que vi em pé sobre o **(m)** e sobre a terra

Ap. 10.6 — o **(m)** e tudo quanto... Já não há mais tempo

Ap. 10.8 — Anjo que se acha em pé sobre o **(m)** e sobre a terra

Ap. 13.1 — E vi levantar-se do **(m)** uma besta

Ap. 15.2 — Vi como que um **(m)** de vidro... em pé sobre o **(m)** de vidro

Ap. 16.3 — Derramou... a sua taça no **(m)**
Ap. 18.17 — quantos comerciam no **(m)** se manterão de longe
Ap. 20.13 — E o **(m)** deu os mortos que estavam nele
Ap. 21.1 — terra passaram, e o **(m)** já não
Maravilhar *cf.* admirar, assombrar
Ap. 13.3 — e toda a Terra se **maravilhou**
Marca
Ap. 13.16 — seja dada certa **(m)** sobre a mão direita
Ap. 13.17 — senão aquele que tenha a **(m)**, o nome
Ap. 14.9 — e trouxer a sua **(m)** na fronte
Ap. 14.11 — quem quer que receba a **(m)** do seu nome
Ap. 16.2 — homens portadores da **(m)** da besta
Ap. 19.20 — aqueles que receberam a **(m)** da besta
Ap. 20.4 — e não receberam a sua **(m)** na fronte e na mão
Marfim
Ap. 18.12 — mercadoria... objeto de **(m)**, toda
Mármore
Ap. 18.12 — mercadoria... de ferro e de **(m)**
Matar *cf.* assassinar, ferir
Ap. 6.4 — para que os homens se **matassem** uns aos outros
Ap. 6.8 — quarta parte da Terra para **matar** à espada
Ap. 9.5 — Foi-lhes dado também, não que os **matassem**
Ap. 9.15 — que **matassem** a terça parte dos
Ap. 11.7 — a besta que surge... e as vencerá, e **matará**
Ap. 13.10 — Se alguém **matar** à espada
Medida
Ap. 6.6 — Uma **(m)** de trigo por um denário; três **(m)** de cevada
Ap. 18.7 — dai-lhe em igual (m) tormento e pranto
Ap. 21.15 — tinha por **(m)** um cetro de ouro para medir a cidade
Ap. 21.17 — Mediu também... da **(m)** de homem
Medir
Ap. 11.1 — Levanta-te, e **mede** o Templo
Ap. 11.2 — átrio exterior do Templo e não o **(m)**
Ap. 21.15 — cetro de ouro para **(m)** a
Mel
Ap. 10.9 — mas, na tua boca, doce como **(m)**
Ap. 10.10 — devorei; na minha boca era doce como **(m)**

Mentira
Ap. 14.5 — e não se achou **(m)** nas suas bocas
Ap. 21.27 — nem os que praticam abominação e **(m)**
Ap. 22.15 — Fora... que amam e praticam a **(m)**
Mentiroso
Ap. 2.2 — declaram apóstolos e não são, e os achaste **(m)**
Ap. 21.8 — e a todos os **(m)** do mundo, a parte que lhes
Mercador *cf.* negociante
Ap. 18.3 — os **(m)** do mundo se enriqueceram
Ap. 18.11 — chorarão e prantearão os **(m)** da Terra
Ap. 18.15 — Os **(m)** destas coisas
Ap. 18.23 — pois os teus **(m)** foram os grandes da Terra
Mercadoria
Ap. 18.11 — já ninguém comprará a sua **(m)**
Meretriz *cf.* prostituta
Ap. 17.1 — a condenação da grande **(m)** que se
Ap. 17.5 — Babilônia, a grande, a mãe das **(m)**
Ap. 17.15 — As águas que tu viste, onde a **(m)** está assentada
Ap. 17.16 — dez chifres que viste na besta,... odiarão a **(m)**
Ap. 19.2 — pois condenou a grande **(m)** que
Miguel
Ap. 12.7 — **(m)** e os seus anjos pelejaram... e seus anjos contra **(m)**
Mil
Ap. 7.4 — cento e quarenta e quatro **(m)**
Ap. 7.5 —Judá... doze **(m)**;... Rúben, doze **(m)**;... Gade, doze **(m)**
Ap. 7.6 — doze **(m)**,... Áser;... Náftali, doze **(m)**;... Manassés, doze **(m)**
Ap. 7.7 — doze **(m)**,... Simeão; doze **(m)**,... Levi; doze **(m)**,... Issacar
Ap. 7.8 — doze **(m)**,... Zabulom; doze **(m)**,... José; doze **(m)**,... Benjamim
Ap. 9.16 — exércitos da cavalaria era de vinte **(m)** vezes dez milhares
Ap. 11.3 — pano de saco, profetizem por **(m)** duzentos e sessenta dias
Ap. 11.13 — e morreram nesse terremoto sete **(m)** pessoas
Ap. 12.6 — A mulher,... durante **(m)** duzentos e sessenta dias
Ap. 14.1 — e com Ele cento e quarenta e quatro **(m)**
Ap. 14.3 — cento e quarenta e quatro **(m)** que foram comprados
Ap. 14.20 — freios dos cavalos, numa extensão de **(m)** e seiscentos estádios

Ap. 20.2 — satanás, e o prendeu por **(m)** anos
Ap. 20.3 — lançou-o no abismo,... até se completarem os **(m)** anos
Ap. 20.4 — reinaram com o Cristo de Deus durante **(m)**
Ap. 20.5 — não tornarão à vida até que se completem os **(m)** anos
Ap. 20.6 — sacerdotes de Deus e de Cristo Jesus, e reinarão com Ele os **(m)** anos
Ap. 20.7 — Quando, porém, se completarem os **(m)** anos
Ap. 21.16 — mediu a cidade com o cetro de ouro até doze **(m)** estádios

Milhar
Ap. 5.11 — cujo número era... e **(m)** de **(m)**
Ap. 9.16 — cavalaria era de vinte mil vezes dez **(m)**

Miserável
Ap. 3.17 — és um infeliz, sim, **(m)**, pobre

Mistério *cf.* segredo
Ap. 1.20 — Quanto ao **(m)** das sete estrelas
Ap. 10.7 — cumprir-se-á então o **(m)** de Deus
Ap. 17.5 — Na sua fronte... um nome: **(m)**
Ap. 17.7 — Eu te revelarei o **(m)** da mulher e da

Mistura
Ap. 8.7 — O Primeiro Anjo... fogo de **(m)** com sangue
Ap. 14.10 — vinho da cólera de Deus, preparado, sem **(m)**

Misturar
Ap. 18.6 — no cálice em que ela **misturou**... , **misturai** dobrado para

Moisés
Ap. 15.3 — e entoavam o cântico de **(m)**, servo

Montanha *cf.* monte
Ap. 8.8 — e uma grande **(m)** ardendo em
Ap. 21.10 — a uma grande e elevada **(m)** e

Monte *cf.* colina, outeiro
Ap. 6.14 — Então, todos os **(m)** e ilhas foram
Ap. 6.15 — se esconderam nas cavernas e nos penhascos dos **(m)**
Ap. 6.16 — e disseram aos **(m)** e aos rochedos
Ap. 14.1 — Olhei, e eis o Cordeiro de Deus em pé sobre o **(m)** Sião
Ap. 16.20 — Toda ilha fugiu, e os **(m)** não
Ap. 17.9 — as sete cabeças são sete **(m)**

Morno *cf.* quente
Ap. 3.16 — Assim, porque és **(m)** e nem és

Ap. 6.9 — que tinham sido **(m)** por causa da
Ap. 6.11 — irmãos que iam ser **(m)** como igualmente
Ap. 9.20 — Os outros homens,... não foram **(m)**
Ap. 11.5 — se alguém os quiser ofender, importa que seja **(m)**
Ap. 11.18 — para serem julgados os **(m)**
Ap. 13.8 — Livro... do Cordeiro de Deus que foi **(m)**
Ap. 13.10 — matar à espada, necessário é que seja **(m)** à espada
Ap. 14.13 — Bem-aventurados os **(m)** que, desde
Ap. 18.24 — todos os que foram **(m)** sobre a terra
Ap. 19.21 — Os restantes foram **(m)** com a espada
Ap. 20.5 — Os restantes dos **(m)** não tornarão
Ap. 20.12 — Vi também os **(m)**,... E os **(m)** foram julgados
Ap. 20.13 — E o mar deu os **(m)**... os **(m)** que neles havia

Mostrar *cf.* demonstrar
Ap. 1.1 — Deus Lhe deu para **mostrar** aos
Ap. 4.1 — Sobe para cá, e Eu te **mostrarei** o
Ap. 17.1 — Vem cá, e eu te **mostrarei** a condenação
Ap. 21.9 — Vem cá, e eu te **mostrarei** a noiva, a
Ap. 21.10 — a uma grande e elevada montanha e me **mostrou** a Cidade
Ap. 22.1 — E ele me **mostrou** o rio da água
Ap. 22.6 — enviou Seu Anjo para **mostrar** aos Seus servos as coisas
Ap. 22.8 — prostrei-me ante os pés do Anjo que as **mostrava**

Mover
Ap. 2.5 — virei a ti e **moverei** do seu lugar o teu candeeiro
Ap. 6.14 — os montes e ilhas foram **movidos**

Mulher
Ap. 2.20 — porque permites a Jezabel, **(m)** que diz profetizar
Ap. 9.8 — como cabelos de **(m)**; os seus dentes
Ap. 12.1 — uma **(m)** vestida do sol com a lua
Ap. 12.4 — dragão se deteve em frente da **(m)**
Ap. 12.6 — A **(m)**, porém, fugiu para o deserto
Ap. 12.13 — começou a perseguir a **(m)** que dera à luz
Ap. 12.14 — e foram dadas à **(m)** as duas asas
Ap. 12.15 — serpente arrojou da sua boca, atrás da **(m)**
Ap. 12.16 — A terra, porém, socorreu a **(m)**
Ap. 12.17 — Irou-se o dragão contra a **(m)**
Ap. 14.4 — São estes os que não se macularam com **(m)** vis... dentre os homens (e **m**)

Ap. 17.3 — e vi uma **(m)** montada numa besta
Ap. 17.4 — Achava-se a **(m)** vestida de púrpura
Ap. 17.6 — Então vi a **(m)** embriagada
Ap. 17.7 — Eu te revelarei o mistério da **(m)**... leva a **(m)** no seu dorso
Ap. 17.9 — nos quais a **(m)** está sentada

Multidão *cf.* plebe, povo, turba
Ap. 7.9 — e eis grande **(m)** que ninguém
Ap. 19.1 — uma grande voz de numerosa **(m)**

Mundo *cf.* universo
Ap. 3.10 — hora da tormenta... sobre o **(m)**
Ap. 7.1 — Anjos em pé nos quatro cantos do **(m)**
Ap. 11.10 — Os habitantes do **(m)** se alegrarão
Ap. 11.15 — O reino do **(m)** se tornou de nosso
Ap. 11.18 — soada a hora de exterminar os que corromperam o **(m)**
Ap. 11.19 — terremoto e uma chuva de pedras sobre o **(m)**
Ap. 12.9 — o sedutor de todo o **(m)**
Ap. 13.8 — morto desde a fundação do **(m)**
Ap. 13.14 — Seduz os que habitam o **(m)**
Ap. 15.1 — preparam para lançar sobre o **(m)** os Sete últimos
Ap. 16.2 — derramou a sua taça sobre o **(m)**
Ap. 16.14 — e se dirigem aos reis do **(m)** inteiro
Ap. 16.18 — nunca houve igual desde que há gente sobre o **(m)**
Ap. 17.2 — embebedaram os que habitam o **(m)**
Ap. 17.8 — a besta que viste,... desde a criação do **(m)**
Ap. 18.3 — Também os mercadores do **(m)**
Ap. 21.8 — aos idólatras e a todos os mentirosos do **(m)**

Muralha *cf.* muro
Ap. 21.12 — Tinha grande e alta **(m)**
Ap. 21.14 — A **(m)** da cidade tinha doze fundamentos
Ap. 21.15 — as suas portas e a sua **(m)**
Ap. 21.17 — Mediu também a sua **(m)**
Ap. 21.18 — A estrutura da **(m)** é de jaspe
Ap. 21.19 — Os fundamentos da **(m)** da cidade

Músico
Ap. 18.22 — E voz de harpistas, de **(m)**, de

Nação *cf.* povo, terra
Ap. 1.7 — E todas as **(n)** da Terra se lamentarão
Ap. 2.26 — Eu lhe darei poder sobre as **(n)**

Ap. 5.9 — que procedem de toda... povo e (**n**)
Ap. 7.9 — multidão... de todas as (**n**), tribos
Ap. 10.11 — profetizes a muitos povos, (**n**), línguas e reis
Ap. 11.9 — as línguas e as (**n**) contemplarão os cadáveres
Ap. 11.18 — Entretanto, as (**n**) se enfureceram
Ap. 12.5 — filho varão, que há de reger todas as (**n**)
Ap. 13.7 — autoridade sobre cada tribo, povo, língua e (**n**)
Ap. 14.6 — assentam sobre a Terra, e a cada (**n**), e tribo
Ap. 14.8 — dado a beber a todas as (**n**) do vinho
Ap. 15.3 — verdadeiros são os Teus caminhos, ó Rei das (**n**)
Ap. 15.4 — por isso, todas as (**n**) virão e
Ap. 16.19 — se dividiu em três partes, e caíram as cidades das (**n**)
Ap. 17.15 — meretriz está assentada, são povos, multidões, (**n**) e línguas
Ap. 18.3 — pois todas as (**n**) beberam do vinho
Ap. 18.23 — todas as (**n**) foram seduzidas pela tua feitiçaria
Ap. 19.15 — espada afiada de dois gumes, para com ela ferir as (**n**)
Ap. 20.3 — não mais enganasse as (**n**) até se completarem
Ap. 20.8 — sairá a seduzir as (**n**) que há nos quatro
Ap. 21.24 — As (**n**) andarão mediante a sua luz
Ap. 21.26 — E lhe trarão a glória e a honra das (**n**)
Ap. 22.2 — as folhas... servem para a cura das (**n**)

Negar
Ap. 2.13 — não **negaste** a minha fé, ainda nos
Ap. 3.8 — minha palavra e não **negaste** o

Negro
Ap. 6.12 — O sol se tornou (**n**) como um saco de

Noite *cf.* escuridão, meia-noite
Ap. 4.8 — quatro seres viventes,... dia nem de (**n**), proclamando
Ap. 7.15 — O servem de dia e de (**n**) no Seu Templo
Ap. 8.12 — assim não resplandecesse o dia nem também a (**n**)
Ap. 12.10 — mesmo que os acusa de dia e de (**n**)
Ap. 14.11 — nem de dia nem de (n), os adoradores da besta
Ap. 20.10 — atormentados de dia e de (**n**), pelos séculos
Ap. 21.25 — porque (**n**) ali não haverá
Ap. 22.5 — Então, já não haverá (**n**), nem precisarão

Noiva *cf.* esposa
Ap. 18.23 — voz de noivo ou de (**n**) jamais em ti se ouvirá

Ap. 21.2 — Jerusalém... como (**n**) adornada
Ap. 21.9 — eu te mostrarei a (**n**), a esposa do
Ap. 22.17 — o Espírito e a (**n**) dizem: Vem
Notificar
Ap. 1.1 — por intermédio do Seu Anjo, **notificou** ao
Novo
Ap. 2.17 — sobre ela escrito um nome (**n**)
Ap. 3.12 — a (**n**) Jerusalém que desce do Céu... meu (**n**) Nome
Ap. 5.9 — entoavam um (**n**) cântico
Ap. 14.3 — Entoavam (**n**) cântico diante do trono
Ap. 21.1 — E vi (**n**) Céu e (**n**) Terra, pois o
Ap. 21.2 — a (**n**) Jerusalém... descia do céu
Ap. 21.5 — Eis que faço (**n**) todas as coisas
Nu *cf.* despido, desnudo
Ap. 3.17 — infeliz, sim, miserável, pobre, cego e (**n**)
Ap. 16.15 — suas vestes, para não andar (**n**)
Nudez
Ap. 3.18 — manifesta a vergonha da tua (**n**), e
Nuvem
Ap. 1.7 — Eis que Jesus vem com as (**n**), e todos os
Ap. 10.1 — envolto em uma (**n**), com o arco-íris
Ap. 11.12 — elevaram ao céu numa (**n**), e os seus
Ap. 14.14 — e eis uma (**n**) branca, e alguém
Ap. 14.15 — aquele que se achava sentado sobre a (**n**)
Ap. 14.16 — sentado sobre a (**n**) passou a sua foice
Obra *cf.* ato, feito, trabalho
Ap. 3.1 — Conheço as tuas (**o**): tens a reputação
Ap. 14.13 — pois as suas (**o**) os acompanham
Ap. 22.12 — retribuir... segundo as suas (**o**)
Oferecer *cf.* dar, proporcionar, sacrificar
Ap. 8.3 — muito incenso para **oferecê**-lo com
Olho
Ap. 1.7 — e todos os (**o**) O contemplarão
Ap. 1.14 — os (**o**), como chama de fogo
Ap. 4.6 — quatro seres viventes cheios de (**o**)
Oliveira
Ap. 11.4 — Estas são as duas (**o**) e os dois

Ômega *cf.* Alfa
Ap. 1.8 — Eu sou o Alfa e o **(ô)**,... diz o Senhor
Ap. 21.6 — Eu sou o Alfa e o **(ô)**, o Princípio e
Ap. 22.13 — sou o Alfa e o **(ô)**, o Primeiro e
Oração *cf.* intercessão, súplica
Ap. 5.8 — que são as **(o)** dos Santos
Ap. 8.3 — incenso para oferecê-lo com as **(o)**
Ouro *cf.* dinheiro, prata
Ap. 1.12 — voltado, vi sete candeeiros de **(o)**
Ap. 3.18 — Aconselho-te que... compres **(o)**
Ap. 17.4 — mulher... adornada de **(o)**, de
Ap. 21.18 — também a cidade é de **(o)** puro
Ap. 21.21 — A praça da cidade é de **(o)** puro
Ouvido
Ap. 2.29 — Quem tem **(o)** de ouvir ouça o que o Espírito
Ouvir *cf.* escutar
Ap. 1.3 — que **ouvem** as palavras da profecia
Ap. 2.29 — Quem tem ouvidos de **(o)** **ouça**
Ap. 3.3 — do que recebeste e **ouviste**
Ap. 3.20 — se alguém **(o)** a minha voz, e
Ap. 13.9 — Se alguém tem ouvidos de **(o)**, **ouça**
Ap. 18.4 — **Ouvi** outra voz do céu que dizia
Ap. 22.8 — Eu, João, sou quem **ouviu** e viu
Ap. 22.8 — E, quando as **ouvi** e vi, prostrei
Pai *cf.* Deus, progenitor
Ap. 3.5 — confessarei... diante de meu **(p)**
Palavra
Ap. 1.2 — o qual atestou a **(p)** de Deus e o
Ap. 1.3 — aqueles que ouvem as **(p)** da profecia
Ap. 1.9 — por causa da **(p)** de Deus e do
Ap. 3.8 — guardaste a minha **(p)** e não
Ap. 6.9 — sido mortos por causa da **(p)** de Deus
Ap. 17.17 — incutiu... cumpram as **(p)** Dele
Ap. 20.4 — decapitados... por causa da **(p)**
Ap. 22.19 — tirar qualquer coisa das **(p)** do
Palma *cf.* mão
Ap. 7.9 — vestiduras brancas, com **(p)** nas

Pensamento
Ap. 17.13 — Têm estes um só **(p)**, e oferecem à
Pergaminho *cf.* livro, rolo
Ap. 6.14 — e o céu recolheu-se como um **(p)**
Pérgamo
Ap. 1.11 — Sete Igrejas... Esmirna, **(p)**, Tiatira
Ap. 2.12 — Ao Anjo da Igreja em **(p)** escreve
Pérola
Ap. 17.4 — mulher vestida de... e de **(p)**
Ap. 21.21 — As doze portas são doze **(p)**, e
Ap. 21.21 — uma dessas portas de uma só **(p)**
Perseverança *cf.* constância, persistência
Ap. 2.2 — teu labor,... a tua **(p)**, e que não
Ap. 2.3 — e tens **(p)**, e
Ap. 2.19 — a tua **(p)** e as tuas últimas obras
Ap. 3.10 — guardaste a palavra da minha **(p)**,
Ap. 13.10 — Aqui está a **(p)**… e a fidelidade
Ap. 14.12 — está a **(p)** dos santos, os
Piedoso
Ap. 15.4 — Senhor? pois só Tu és **(p)**; por
Pisar *cf.* calcar
Ap. 19.15 — e pessoalmente **pisa** o lagar do
Pobre *cf.* empobrecido, indigente, mendigo, necessitado
Ap. 3.17 — és um infeliz, sim, miserável, **(p)**
Pobreza *cf.* penúria, pobre
Ap. 2.9 — Conheço a tua tribulação, a tua **(p)**
Poder *cf.* (substantivo) autoridade, braço, força
Ap. 12.10 — Agora veio a salvação, o **(p)**, o
Poder (verbo)
Ap. 2.26 — Eu lhe darei **poder** sobre as nações
Ap. 5.3 — ninguém **podia** abrir o livro, nem
Ap. 6.17 — Quem **poderá** sobreviver?
Poderoso *cf.* forte
Ap. 18.8 — porque **(p)** é o Senhor Deus que a
Pôr
Ap. 3.8 — **posto** diante de ti uma porta
Porta *cf.* casa, entrada, portal, portão
Ap. 3.8 — tenho posto diante de ti uma **(p)**

Ap. 20.5 — Esta é a **(p)** ressurreição
Ap. 21.4 — porque as **(p)** coisas passaram
Ap. 22.13 — sou o Alfa e o Ômega, o **(p)** e o
Primícia
Ap. 14.4 — São... **(p)** para Deus e para o
Primogênito
Ap. 1.5 — o **(p)** dos mortos, e o Soberano
Princípio *cf.* origem
Ap. 3.14 — e Verdadeira, o **(p)** da criação
Ap. 21.6 — Eu sou o Alfa... o **(p)** e o Fim
Prisão *cf.* cárcere, masmorra
Ap. 2.10 — diabo está para lançar em **(p)**
Ap. 20.7 — satanás será solto da sua **(p)**
Proclamar *cf.* anunciar, pregar
Ap. 5.2 — um Anjo forte, que **proclamava** em
Prodígio
Ap. 13.14 — Seduz... por causa dos **(p)** que
Produzir
Ap. 22.2 — Árvore da Vida Eterna, que **produz** doze
Profecia
Ap. 1.3 — que ouvem as palavras da **(p)** deste
Ap. 19.10 — Testemunho... é o espírito de **(p)**
Ap. 22.7 — que guarda as palavras da **(p)**
Ap. 22.9 — que guardam as palavras da **(p)** deste
Profeta *cf.* apóstolo, evangelista, ministro, vidente
Ap. 11.10 — esses dois **(p)** atormentaram os
Ap. 19.20 — aprisionada, e com ela o falso **(p)**
Profetizar *cf.* preanunciar, predizer
Ap. 10.11 — Importa ainda **profetizes**
Ap. 11.3 — duas testemunhas que,... **profetizem**
Profundeza
Ap. 2.24 — as **(p)** de satanás: Outra
Prostituição *cf.* meretrício
Ap. 14.8 — do vinho da fúria da sua **(p)**
Ap. 18.3 — beberam do vinho do furor da sua **(p)**
Prostituir
Ap. 17.2 — se **prostituíram** os reis da Terra

Prostrar
Ap. 3.9 — os farei vir e **prostrar**-se aos
Ap. 15.4 — as nações virão e se **prostrarão**
Próximo
Ap. 1.3 — pois o Tempo está **(p)**
Puro
Ap. 14.4 — não se macularam... porque são **(p)**
Quadrangular
Ap. 21.16 — A cidade é **(q)**, de comprimento e
Quatro
Ap. 4.6 — no meio do trono... dos **(q)** seres viventes
Queimar *cf.* arder
Ap. 8.7 — Foi,... **queimada** a terça parte
Quente *cf.* morno
Ap. 3.15 — Conheço... que nem és frio nem **(q)**
Ap. 3.15 — dera fosses frio, ou **(q)**!
Querer *cf.* desejar
Ap. 22.17 — e quem **quiser** receba de graça
Rã
Ap. 16.13 — espíritos... semelhantes a **(r)**
Raiz
Ap. 5.5 — Leão da tribo de Judá, a **(r)** de Davi
Ap. 22.16 — Eu sou a **(r)** e a geração de Davi
Receber
Ap. 3.3 — Lembra-te... do que **recebeste**
Ap. 17.12 — os quais ainda não **receberam**
Ap. 17.12 — **recebem** autoridade como reis
Ap. 22.17 — quem quiser **receba** de graça a
Recolher
Ap. 6.14 — e o céu **recolheu**-se como um
Refinado
Ap. 3.18 — que de mim compres ouro **(r)** pelo
Reger *cf.* governar, reinar
Ap. 12.5 — varão, que há de **(r)** todas as
Ap. 19.15 — e Ele mesmo as **regerá** com cetro
Rei *cf.* governador
Ap. 15.3 — Justos... são os Teus caminhos, ó **(r)**
Ap. 16.12 — se preparasse o caminho dos **(r)**

Ap. 17.12 — dez chifres que viste são dez **(r)**
Ap. 17.14 — Senhor dos senhores e o (R) dos **(r)**
Ap. 19.16 — (R) dos **(r)** e Senhor dos senhores

Reinar *cf.* governar, reger
Ap. 5.10 — e **reinarão** sobre toda a Terra
Ap. 11.15 — Cristo, e Ele **reinará** pelos
Ap. 19.6 — Aleluia! pois **reina** o Senhor
Ap. 20.4 — e viveram e **reinaram** com o Cristo
Ap. 22.5 — e **reinarão** pelos séculos dos

Reino
Ap. 1.6 — e nos constituiu **(r)**, sacerdotes
Ap. 11.15 — O **(r)** do mundo se tornou de nosso
Ap. 16.10 — o trono da besta, cujo **(r)** se
Ap. 17.17 — e dar à besta o **(r)** que possuem

Relâmpago
Ap. 4.5 — Do trono saem **(r)**, vozes e trovões
Ap. 8.5 — trovões, estrondos, vozes, **(r)** e um grande terremoto
Ap. 11.19 — e sobrevieram **(r)**, vozes, trovões
Ap. 16.18 — sobrevieram **(r)**, vozes e trovões

Remorder
Ap. 16.10 — os homens **remordiam** as línguas

Repousar *cf.* descansar
Ap. 6.11 — dito que **repousassem** ainda

Repreender *cf.* censurar, increpar, inculpar
Ap. 3.19 — Aqueles a quem amo, **repreendo** e castigo

Resplandecer
Ap. 8.12 — assim não **resplandecesse** o dia nem
Ap. 22.1 — o rio da água da..., **resplandecente**

Ressurreição
Ap. 20.5 — Esta é a primeira **(r)**

Restante *cf.* sobejar, sobrar
Ap. 19.21 — Os **(r)** foram mortos com a espada

Resto
Ap. 3.2 — Sê vigilante, e consolida o **(r)** que

Retribuição *cf.* recompensa
Ap. 18.6 — Dai-lhe em **(r)** tanto quanto ela

Retribuir
Ap. 18.6 — quanto ela **retribuiu,** pagai-lhe

Ap. 4.11 — Tu és digno, **(s)** e Deus nosso, de
Ap. 17.14 — vencerá, pois é o **(s)** dos senhores
Ap. 19.16 — Rei dos Reis e **(s)** dos Senhores.
Ap. 22.20 — venho sem demora. Amém. Ora vem, **(s)**

Sentar
Ap. 3.21 — vencedor, Eu o farei **sentar**-se

Sentido *cf.* significado
Ap. 17.9 — Aqui está o **(s)** que tem sabedoria

Sentir
Ap. 3.17 — rico e abastado e de nada **sinto** falta

Ser (substantivo) *cf.* pessoas
Ap. 4.6 — à volta dele, quatro **(s)**
Ap. 19.4 — quatro **(s)** viventes prostraram-se

Serpente *cf.* áspide, cobra, dragão
Ap. 12.9 — a antiga **(s)** que se chama diabo e
Ap. 20.2 — segurou o dragão, a antiga **(s)**

Servir *cf.* ministrar
Ap. 7.15 — e O **servem** de dia e de noite no
Ap. 22.3 — Os Seus servos Os **servirão**

Servo *cf.* conservo, criado, escravo
Ap. 1.1 — ...Lhe deu para mostrar aos Seus **(s)** as
Ap. 1.1 — ...notificou ao Seu **(s)** João,
Ap. 7.3 — assinalemos em suas frontes os **(s)** do
Ap. 10.7 — segundo Ele anunciou aos Seus **(s)**
Ap. 19.2 — e vingou o sangue dos Seus **(s)**
Ap. 22.3 — Os Seus **(s)** Os servirão

Sete (número)
Ap. 1.4 — às **(s)** Igrejas que se..., dos **(s)** Espíritos
Ap. 1.20 — mistério das **(s)** estrelas..., e os **(s)** candeeiros
Ap. 1.20 — são os **(s)** Anjos das **(s)** Igrejas, e os
Ap. 1.20 — e os **(s)** candeeiros são as **(s)** igrejas
Ap. 3.1 — **(s)** Espíritos de Deus e as **(s)** estrelas
Ap. 8.2 — Então vi os **(s)** Anjos que se acham
Ap. 8.2 — e lhes foram dadas **(s)** trombetas
Ap. 15.1 — **(s)** Anjos se preparavam para lançar sobre o mundo os **(s)** últimos Flagelos

Sião *cf.* Jerusalém
Ap. 14.1 — o Cordeiro de Deus em pé sobre o monte **(s)**

Tabernáculo *cf.* templo, santuário
Ap. 15.5 — abriu-se no céu o Templo do **(t)**
Ap. 21.3 — Eis aqui o **(t)** de Deus com os homens
Taça
Ap. 5.8 — tendo cada um deles uma harpa e **(t)**
Ap. 15.7 — deu aos Sete Anjos sete **(t)** de
Ap. 16.1 — e derramai pela Terra as sete **(t)**
Tanger *cf.* tocar
Ap. 14.2 — harpistas quando **tangem** as suas
Temer *cf.* recear
Ap. 1.17 — Não **temas**: Eu sou o Alfa
Ap. 11.18 — aos santos e aos que **temem** o
Ap. 14.7 — **Temei** o Senhor Deus e dai-Lhe glória
Ap. 15.4 — Quem não **temerá** e não glorificará
Ap. 19.5 — louvores ao... Deus,... O **temeis**
Templo *cf.* santuário
Ap. 3.9 — alguns dos que são do **(t)** de satanás
Ap. 3.12 — Ao vencedor, Eu o farei coluna do **(t)**
Ap. 7.15 — de dia e de noite no Seu **(t)**
Ap. 11.1 — Levanta-te e mede o **(t)** de Deus
Ap. 11.19 — Abriu-se, então, o **(t)** de Deus
Ap. 15.8 — O **(t)** se encheu de fumaça, procedente
Ap. 21.22 — Nela não vi **(t)**,... o Senhor,... seu **(t)**
Tempo *cf.* ano, dia, época, hora, mês
Ap. 1.3 — nele escritas, pois o **(t)** está
Ap. 6.11 — repousassem ainda por pouco **(t)**
Ap. 12.12 — cólera, sabendo que lhe resta pouco **(t)**
Ap. 12.14 — um **(t)**, dois **(t)** e metade de um **(t)**
Ap. 22.10 — Livro, porque o **(t)** está próximo
Terra *cf.* nação, país, território
Ap. 6.4 — lhe foi dado tirar a paz da **(t)**
Ap. 7.3 — Não danifiques nem a **(t)**, nem o mar
Ap. 13.3 — e toda a **(t)** se maravilhou
Ap. 14.15 — visto que a seara da **(t)** está
Ap. 21.1 — E vi Novo Céu e Nova **(t)**, porque
Terremoto
Ap. 6.12 — abriu... e sobreveio grande **(t)**
Ap. 8.5 — trovões, estrondos, vozes, relâmpagos e um grande **(t)**

Ap. 11.13 — Naquela hora, sobreveio grande **(t)** e
Ap. 16.18 — tal foi o **(t),** forte e
Testemunha
Ap. 1.5 — a Fiel **(t)**, o Primogênito dos
Ap. 3.14 — Estas coisas diz o Amém, a **(t)**
Ap. 11.3 — Darei às minhas duas **(t)** que,
Ap. 17.6 — embriagada com o sangue... das **(t)**
Testemunho
Ap. 1.2 — e o **(t)** de Jesus Cristo, quanto a
Ap. 6.9 — tinham sido mortos... e do **(t)**
Ap. 12.11 — o venceram por causa... do **(t)**
Ap. 15.5 — abriu-se... do Tabernáculo do **(t)**
Ap. 19.10 — porque o **(t)** de Jesus é o espírito
Ap. 22.20 — Aquele que dá **(t)** destas coisas
Testificar
Ap. 22.16 — enviei o meu... vos **testificar**
Tiatira
Ap. 1.11 — Sete Igrejas... **Pérgamo, (t)**, Sardes
Ap. 2.18 — Ao Anjo da Igreja em **(t)** escreve
Ap. 2.24 — a vós outros, os demais de **(t)**, a tantos
Tirar *cf.* arrancar
Ap. 22.19 — se alguém **tirar** qualquer coisa
Tocar *cf.* tanger, apalpar
Ap. 8.7 — O Primeiro Anjo **tocou** a trombeta,
Tocha
Ap. 4.5 — diante dele ardem sete **(t)** de
Ap. 8.10 — grande estrela ardendo como **(t)**
Todo-Poderoso *cf.* onipotente
Ap. 1.8 — que era e que há de vir, o **(t)**
Ap. 4.8 — Santo é o Senhor Deus, o **(t)**
Ap. 11.17 — Graças Te damos, Senhor Deus, **(t)**
Ap. 15.3 — Tuas obras, ó Senhor Deus, **(t)**
Ap. 16.7 — ó Senhor Deus, **(t)**, verdadeiros
Ap. 19.6 — reina o Senhor nosso Deus, o **(t)**
Ap. 21.22 — templo, porque o Senhor, o Deus **(t)**
Tomar *cf.* conquistar
Ap. 3.11 — para que ninguém **tome** a tua
Ap. 14.15 — **Toma** a tua foice aguda e ceifa, pois

Tormento *cf.* aflição
Ap. 9.5 — E o seu **(t)** é como o **(t)** de escorpião
Torpeza
Ap. 17.4 — e com as imundícieis da sua **(t)**
Trajar
Ap. 7.9 — **trajando** vestiduras brancas, com
Ap. 7.13 — Estes que **trajam** vestiduras brancas
Transparente
Ap. 21.21 — A praça... como vidro **(t)**
Traspassar
Ap. 1.7 — aqueles que O **traspassaram**
Trevas *cf.* escuridão
Ap. 16.10 — cujo reino se tornou em **(t)**, e os
Tribo
Ap. 5.9 — Deus os que procedem de toda **(t)**
Ap. 7.4 — de todas as **(t)** dos filhos de
Tribulação *cf.* aflição
Ap. 1.9 — e companheiro na **(t)**, no reino e na
Ap. 2.9 — Conheço a tua **(t)**, a tua pobreza
Ap. 2.22 — em grandíssima **(t)**, se não fizerem
Ap. 7.14 — os que vêm da grande **(t)**, que lavaram
Trigo *cf.* cereal, cevada
Ap. 6.6 — Uma medida de **(t)** por um denário;
Trombeta
Ap. 8.2 — e lhes foram dadas sete **(t)**
Trono *cf.* cadeira
Ap. 3.21 — sentar-se comigo no meu **(t)**, assim
Ap. 4.2 — armado no céu um **(t)**, e nele
Ap. 4.4 — Ao redor do **(t)** há... vinte e quatro **(t)**
Ap. 7.9 — diante do **(t)** e diante do Cordeiro
Ap. 7.17 — o Cordeiro... no meio do **(t)** os
Ap. 12.5 — filho... para Deus até ao Seu **(t)**
Ap. 20.11 — Vi um grande **(t)** branco e Aquele
Ap. 21.3 — ouvi grande voz vinda do **(t)**, dizendo
Ap. 21.5 — está assentado no **(t)** disse
Ap. 22.1 — rio... sai do **(t)** de Deus e do
Ap. 22.3 — Nela estará o **(t)** de Deus e do

Trovão
Ap. 4.5 — trono saem relâmpagos, vozes e **(t)**
Ap. 8.5 — E houve **(t)**, estrondos, vozes, relâmpagos e
Ap. 10.3 — desferiram os sete **(t)** as suas
Ap. 11.19 — sobrevieram... vozes, **(t)**,
Ap. 14.2 — Ouvi uma voz… grande **(t)**
Ap. 16.18 — Logo sobrevieram... vozes e **(t)**, e
Ap. 19.6 — ouvi uma voz... de fortes **(t)**
Úlcera
Ap. 16.2 — sobrevieram **(ú)** malignas e ruinosas
Último
Ap. 1.17 — Não... Eu sou... o Primeiro e o **(ú)**
Ungir
Ap. 3.18 — e colírio para **ungires** os teus
Urso
Ap. 13.2 — A besta... seus pés, como de **(u)**, e sua boca
Uva
Ap. 14.18 — as suas **(u)** estão amadurecidas
Vencedor
Ap. 2.17 — Ao **(v)**, Eu darei do maná
Ap. 3.5 — O **(v)** será assim vestido com roupas
Ap. 3.12 — Ao **(v)**, Eu o farei coluna do Templo
Ap. 3.21 — Ao **(v)**, Eu o farei sentar-se
Ap. 15.2 — e os **(v)** da besta, da sua imagem
Ap. 21.7 — O **(v)** herdará estas coisas, e Eu
Vencer
Ap. 6.2 — e Ele saiu **vencendo** e para **vencer**
Ap. 12.11 — Eles, pois, o **venceram** por
Ap. 17.14 — o Cordeiro os **vencerá**, pois é
Ver *cf.* enxergar, fitar, olhar
Ap. 1.2 — e o Testemunho de Jesus Cristo, quanto a tudo o que **viu**
Ap. 1.11 — O que **vês**, escreve em livro e
Ap. 5.6 — Então **vi**, no meio do trono e dos
Verbo *cf.* Cristo, Jesus, Senhor
Ap. 19.13 — e o seu nome é o **(v)**
Verdadeiro
Ap. 3.7 — Estas coisas diz o Santo, o **(v)**
Ap. 3.14 — a Testemunha Fiel e **(v)**, o

Vigiar *cf.* guardar
Ap. 16.15 — Bem-aventurado aquele que **vigia**
Vigilante
Ap. 3.2 — Sê **(v)**, e consolida o resto que
Vingar
Ap. 6.10 — Senhor... e **(v)** o nosso
Ap. 19.2 — e **vingou** o sangue dos Seus servos
Vinho *cf.* bebida
Ap. 16.19 — dar-lhe o cálice do **(v)** do furor
Vir
Ap. 3.11 — Eis que **venho** sem demora. Conserva o
Ap. 15.4 — por isso todas as nações **virão** e
Ap. 22.7 — Eis que **venho** sem demora
Ap. 22.12 — E eis que **venho** sem demora, e
Ap. 22.17 — O Espírito e a noiva dizem: **Vem**
Ap. 22.17 — Aquele que ouve diga: **Vem**
Ap. 22.20 — Certamente **venho** sem demora
Ap. 22.20 — Amém. Ora **vem**, Senhor Jesus
Visão *cf.* sonho
Ap. 9.17 — nesta **(v)**, contemplei que os cavalos
Vitória
Ap. 5.5 — a Raiz de Davi, pela Sua **(v)** alcançou
Viúva
Ap. 18.7 — (V) não sou. Pranto, nunca hei de
Viver *cf.* andar, caminhar, habitar , morar
Ap. 20.4 — e **viveram** e reinaram com o Cristo
Vivo
Ap. 1.18 — mas eis-me aqui: estou **(v)** pelos
Ap. 3.1 — tens a reputação de que estás **(v)**;
Ap. 19.20 — Os dois foram lançados **(v)** dentro
Voar
Ap. 8.13 — ouvi uma águia que, **voando** pelo
Vomitar
Ap. 3.16 — a ponto de **vomitar**-te da minha
Vontade
Ap. 4.11 — por causa da Tua **(v)** vieram a
Voz
Ap. 1.10 — ouvi por detrás de mim uma grande **(v)**

Ap. 1.15 — a (**v**), como (**v**) de muitas águas
Ap. 3.20 — alguém ouvir a minha (**v**), e abri-la
Ap. 10.4 — ouvi uma (**v**) do céu que me
Ap. 11.15 — ouviram no céu grandes (**v**)
Ap. 12.10 — Então ouvi grande (**v**) do céu
Ap. 14.2 — Ouvi uma (**v**) do céu como estrondo
Ap. 14.18 — Anjo... e falou com (**v**) potente
Ap. 19.1 — ouvi no céu uma grande (**v**)
Ap. 21.3 — ouvi grande (**v**) vinda do trono

Zeloso

Ap. 3.19 — Sê, pois, (**z**) e arrepende-te

Orações Ecumênicas

Pai-Nosso

(A Oração Ecumênica de Jesus[1] que se encontra no Seu Santo Evangelho, segundo Mateus, 6:9 a 13.)

Pai Nosso, que estais no Céu
[e em toda parte ao mesmo tempo],
santificado seja o Vosso Nome.
Venha a nós o Vosso Reino [de Justiça e de Verdade].
Seja feita a Vossa Vontade [jamais a nossa vontade],
assim na Terra como no Céu.
O pão nosso de cada dia dai-nos hoje
[o pão transubstancial, a comida que não perece,

---

[1] **Nota de Paiva Netto**
Todos podem rezar o *Pai-Nosso*. Ele não se encontra adstrito a crença alguma, por ser uma oração universal, consoante o abrangente espírito de Caridade do Cristo Ecumênico, o Divino Estadista. Qualquer pessoa, até mesmo ateia (por que não?!), pode proferir suas palavras sem sentir-se constrangida. É o filho que se dirige ao Pai, ou é o ser humano a dialogar com a sua elevada condição de criatura vivente. Trata-se da Prece Ecumênica por excelência.

o alimento para o Espírito, porque o pão
para o corpo, iremos consegui-lo com o
suor do nosso rosto].

Perdoai as nossas ofensas,
assim como nós perdoarmos aos nossos ofensores.
Não nos deixeis cair em tentação,
mas livrai-nos do mal,
porque Vosso é o Reino,
e o Poder, e a Glória para sempre.
Amém!

Prece de São Francisco de Assis

Patrono da Legião da Boa Vontade
Tradução de Alziro Zarur (1914-1979)

Senhor,
Fazei de mim um instrumento da Vossa Paz;
Onde haja ódio, consenti que eu semeie Amor;
Perdão, onde haja injúria;
Fé, onde haja dúvida;
Verdade, onde haja mentira;
Esperança, onde haja desespero;
Luz, onde haja treva;
União, onde haja discórdia;
Alegria, onde haja tristeza.
Ó Divino Mestre!
Permiti que eu não procure
Tanto ser consolado quanto consolar;
Compreendido quanto compreender;
Amado quanto amar.

Porque é dando que recebemos;
Perdoando é que somos perdoados;
E morrendo é que nascemos
para a Vida Eterna.

As Bem-Aventuranças do Sermão da Montanha de Jesus

(Evangelho do Cristo, segundo Mateus, 5:1 a 12.)

Jesus, vendo a multidão, subiu ao monte e ensinava aos Seus discípulos, dizendo:

Bem-aventurados os humildes,
porque deles é o Reino do Céu.
Bem-aventurados os que choram,
porque eles serão consolados pelo próprio Deus.
Bem-aventurados os pacientes,
porque eles herdarão a Terra.
Bem-aventurados os que têm fome e sede de Justiça,
porque eles terão o amparo da Justiça Divina.
Bem-aventurados os misericordiosos,
porque eles alcançarão misericórdia.

Bem-aventurados os limpos de coração,
porque eles verão Deus face a face.
Bem-aventurados os pacificadores,
porque eles serão chamados filhos de Deus.
Bem-aventurados os que são perseguidos por causa da
Verdade, porque deles é o Reino do Céu.
Bem-aventurados sois vós, quando vos perseguem,
quando vos injuriam e, mentindo,
fazem todo o mal contra vós por minha causa.
Exultai e alegrai-vos,
porque é grande o vosso galardão no Céu.
Porque assim foram perseguidos os Profetas
que vieram antes de vós.

Prece de Cáritas[2]

Deus, nosso Pai,
que sois todo Poder e Bondade,
dai força àqueles
que passam pela provação,
dai luz àqueles
que procuram a Verdade,
ponde no coração do homem
a Compaixão e a Caridade.
Deus!
Dai ao viajor a estrela-guia,
ao aflito, a consolação,
ao doente, o repouso.
Induzi o culpado ao arrependimento.
Dai ao Espírito a Verdade,
à criança, o guia,
ao órfão, o pai.
Senhor! Que a Vossa Bondade

[2] De autoria do Espírito **Cáritas**, a súplica foi psicografada na noite de Natal de 1873, por madame **W. Krell**, em Bordeaux, França, e publicada em *Rayonnements de la Vie Spirituelle* [Irradiações da Vida Espiritual].

se estenda sobre tudo o que criastes.
Piedade, Senhor,
para aqueles que não Vos conhecem,
esperança para aqueles que sofrem.
Que a Vossa Bondade permita
aos Espíritos consoladores
derramarem por toda a parte a Paz,
a Esperança, a Fé!
Ó Deus!
Um raio, uma centelha do Vosso Amor
pode iluminar a Terra,
deixai-nos beber nas fontes
dessa Bondade fecunda e infinita.
E todas as lágrimas secarão,
todas as dores se acalmarão.
Um só coração, um só pensamento subirá até Vós,
como um grito de reconhecimento e de Amor.
Como Moisés sobre a montanha,
nós Vos esperamos com os braços abertos,
Ó Bondade,
Ó Beleza,
Ó Perfeição.
Nós queremos, de alguma sorte,
merecer a Vossa Misericórdia.
Deus!
Dai-nos força,
ajudai o nosso progresso

a fim de subirmos até Vós;
dai-nos a Caridade pura e a humildade;
dai-nos a fé e a razão;
dai-nos a simplicidade,
Pai,
que fará de nossas Almas
o espelho onde se refletirá
a Vossa Divina Imagem.

Nota dos Editores de 1999

Fenômeno editorial

Obra de Paiva Netto é a mais vendida nas Feiras do Livro do Rio de Janeiro e de São Paulo

Durante a realização do 1º Salão Internacional do Livro, no Expo Center Norte, em São Paulo, e da 9ª Bienal Internacional do Livro, no Rio Centro, no Rio de Janeiro, entre 20 de abril e 2 de maio de 1999, a Editora Elevação pôde comprovar o sucesso de seus lançamentos. *Somos todos Profetas*, do escritor Paiva Netto, foi o título mais vendido nas duas importantes Feiras.

Na opinião de editores e livreiros consultados pela Editora, a trajetória ascendente desse título é considerada certa, a exemplo de *As Profecias sem Mistério*, que desde seu lançamento, em 1998, tem ocupado o topo do *ranking* dos mais vendidos, com base em listas fornecidas pelas principais livrarias do país.

Personalidades ilustres estiveram no estande da Editora Elevação nos dois Estados. A primeira edição de *Somos todos Profetas* esgotou-se nas Feiras do Rio de Janeiro e de São Paulo.

Presenças ilustres nas Feiras do Livro do Rio de Janeiro e de São Paulo

"Cultiva-se em *Somos todos Profetas*, o carisma do Paiva Netto, que já várias vezes proclamei como o maior pregador do Evangelho de Jesus. É ele quem mais conhece e melhor interpreta o Novo Testamento, do qual consegue retirar, sobretudo, uma visão reduzida à simplicidade, isto é, as pessoas acabam entendendo sua mensagem. Vejam o Apocalipse, um texto de dificílima leitura, que o escritor transforma em facilidade. *Somos todos Profetas* traz-me uma alegria interior, porque, de certa forma, isso é verdade: todos nós somos Profetas. Abri por acaso uma página do livro, na qual o autor afirma: 'Muita gente, pelos séculos, tentou ridicularizar a Bíblia Sagrada e deu-se mal. Isso porque ela traz em si mesma uma substância que a imortaliza: o Espírito Divino, singularizado na sua parte profética. A Profecia é a História na Voz de Deus'. Fantástico! Muito bem, Paiva Netto, continue sendo o grande pregador".

Walter Poyares,
Assessor da Presidência das Organizações Globo

"Acabei de ler o último livro e estou louco para ver o que escreveu em *Somos todos Profetas*. Ele terminou com o pavor das pessoas em relação ao Apocalipse."

Guilherme Karan, ator

"Estou com o livro dele à mão, lendo-o nos intervalos dos meus autógrafos. Sem dúvida alguma, se *As Profecias sem Mistério* vendeu 150 mil exemplares, é porque o tema Apocalipse interessa de fato ao público. E tenho certeza de que esse novo título, *Somos todos Profetas*, atingirá um mercado ainda maior. Paiva Netto mostra como você pode descobrir o seu próprio poder, que você é o profeta da sua vida e escreverá o seu destino. O autor deixa isso bem claro. Hoje as pessoas não escrevem o destino delas, vivem com o que o mundo lhes dá, e normalmente nunca é o que querem. Por isso muitos acham a vida frustrante. *Somos todos Profetas* trará coisas boas para muita gente."

Cesar Romão, escritor

"*Somos todos Profetas* vai bater recordes de venda, principalmente por estar baseado na seriedade, na credibilidade de Paiva Netto. Se ele escreveu o livro, é porque vai ajudar as pessoas, iluminar, clarear as mentes. Então, você tem que comprar essa obra. O outro livro dele, *As Profecias sem Mistério*, vendeu mais de 150 mil exemplares porque as pessoas estão querendo saber mais e estão pesquisando. Tenho o prazer de ter esse livro em casa. O meu abraço a todos os Legionários. Sempre digo que a LBV chegou em primeiro lugar, os outros vieram depois."

Renato Prieto, ator

"*Somos todos Profetas*, nova obra de Paiva Netto. Seu título significa dizer que o Espírito Divino, o Espírito Santo, abre o entendimento de todos os mistérios da profecia para todos nós, sem exceção; não está mais restrito a uma elite, a uma casta de sacerdotes, de teólogos. Paiva Netto é um desses canais que estão colocando a mensagem profética ao alcance de todos. Eu o vejo como um dos arquitetos do Quinto Império, do Novo Mundo, da Paz, da Fraternidade e da união de todas as religiões e povos."

Ricardo Mário Gonçalves, monge budista

"O trabalho de Paiva Netto é importantíssimo porque fala ao nosso coração. Num mundo onde há tanto sofrimento, sobressaltos e mágoas, ele é um messias pregando a Paz e a felicidade."

Yvonette Gonçalves, monja budista

"Conheço o escritor Paiva Netto há muitos anos e admiro o seu trabalho de apoio à cultura e aos necessitados. Ele tem todos os merecimentos possíveis."

Zélia Gattai, escritora

"A LBV é uma Obra importante, que será eterna, pois não acabará jamais. Ela é um dos laços de Deus, de Jesus, é saudável, uma dádiva para o ser humano. Paiva Netto, você é gente e o seu coração tem um Espírito de ouro."

Pedro de Lara, escritor

E o senador Artur da Távola, também presente na feira literária, assim se expressou ao autografar o seu livro *Ataulfo Alves — 90 anos* ao Presidente da LBV: "Para Paiva Netto, mestre de gerações. O Távola — 1999".

Repercussão

Revista *Manchete*

A revista *Manchete* destaca na edição nº 2.458, de 1999, o sucesso de *Somos todos Profetas*. Com nota assinada pelo jornalista e acadêmico Murilo Melo Filho, o semanário publica:

"**Profetas somos nós**

"Estamos diante de um escritor com mais de 1 milhão de exemplares vendidos até hoje em vários livros, entre os quais *As Profecias sem Mistério*, um *best-seller* do ano passado (1998), com 150 mil exemplares vendidos no Brasil e no exterior.

"Estamos falando de José de Paiva Netto, o Presidente da LBV, que lança agora esta sua nova obra: *Somos todos Profetas* — Editora Elevação — que estreou com enorme sucesso na 9ª Bienal Internacional do Livro no Rio de Janeiro e no 1º Salão Internacional do Livro em São Paulo, tendo sido, em ambos, o livro mais vendido.

"Trata-se de uma obra de extrema sabedoria, na qual desfilam pensamentos de enorme profundidade:

"— A guerra é a liberação das paixões humanas. A Misericórdia de Deus é maior. Todas as criaturas e religiões são evidentemente cristãs. Sem o espírito de Justiça, não há Paz. Deus é o maior Político.

"O autor explica o fenômeno apocalíptico em palavras simples e acessíveis a todos os leitores. Não é preciso ser um especialista na matéria para compreender bem todo o conteúdo da explicação. Basta ser Simples de Coração e ver o mundo pela ótica do amor. Nem é preciso ter ou não dinheiro. Muito menos desfrutar, na sociedade, de posições destacadas ou modestas.

"Segundo o próprio Paiva Netto, uma das maiores dificuldades para tornar claro aos povos o entendimento das Profecias — e a época de serem realizadas — é a compreensão do real valor do tempo, segundo a sua essência intemporal, porque para o ser humano o tempo flui, isto é, passa, mas, para Deus, o Tempo é.

"São 416 páginas que prendem os leitores, da primeira à última linha, numa leitura edificante, com um *timing* perfeito e um ritmo atraente. Vale a pena. O tempo a elas dedicado será depois muito recompensado. Todos os trechos da Revelação repercutem no íntimo de cada um, num resultado de tudo quanto somos e fazemos. O Espírito é fundamental para que compreendamos o passado e o presente, além de prevermos o futuro.

"Os temas religiosos estão no auge, sobretudo neste fim de século e de milênio. Há uma sede de espiritualidade em todos os cantos e segmentos. E Paiva Netto é o seu Profeta.

"Um livro imperdível".

Jornal *O Globo*

O jornal *O Globo*, de 9 de maio de 1999, no Segundo Caderno, página 3, registrou: "Colocados os números no papel, o campeão de vendas na Bienal do Livro no Rio foi o presidente da LBV, Paiva Netto, com seu novo livro *'Somos todos Profetas'* que, segundo pesquisas de duas das maiores distribuidoras, a Saraiva e a Siciliano, em menos de um mês já ultrapassa 50 mil exemplares vendidos".

Diário da Tarde

O jornal *Diário da Tarde*, de Belo Horizonte/MG, de 5 de maio de 1999, registrou:

"*Somos todos Profetas* é o livro mais vendido na 9ª Bienal Internacional do Livro do Rio e também nas livrarias Saraiva, Siciliano, Alpharrabios, Editoras Elevação e Tempo e distribuidoras ATD e Pergaminho no 1º Salão Internacional do Livro de São Paulo. O autor é o escritor e presidente da LBV, Paiva Netto, que, na Bienal de 98, bateu recorde de vendagem com o livro *As Profecias sem Mistério*".

Jornal da Manhã

O *Jornal da Manhã*, de São Paulo, edição de 29 de abril de 1999, publicou:

"Você quer saber quem são os grandes Profetas das Escrituras? O que elas representam para os seres humanos e como elas acontecem? Então não perca este novo lançamento do escritor Paiva Netto: *Somos todos Profetas*. Os temas são abordados com clareza, originalidade e de modo ecumênico, acessível a todos os estudiosos".

Bibliografia

A Bíblia de Jerusalém. São Paulo: Paulus, 1995.

A Bíblia Sagrada. Tradução Padre Antônio Pereira de Figueiredo. Rio de Janeiro: Edição Barsa, 1964.

A Bíblia Sagrada. Tradução Centro Bíblico Católico. 60 ed. São Paulo: Ave Maria, 1988. Tradução dos originais mediante a versão dos Monges de Maredsous (Bélgica).

A Bíblia Sagrada: Antigo e Novo Testamento. Tradução para o português de João Ferreira de Almeida. Brasília: Sociedade Bíblica do Brasil, 1969.

A Bíblia Sagrada: nova edição papal. Traduzida das línguas originais com uso crítico de todas as fontes antigas pelos missionários capuchinhos de Lisboa. Charlotte, North Carolina, USA: C. D. Stampley Enterprises, Inc., 1974.

A Bíblia Sagrada. Tradução dos textos originais, com notas, dirigida pelo Pontifício Instituto Bíblico de Roma. São Paulo: Paulinas, 1976.

A Bíblia Sagrada: Antigo e Novo Testamento. Tradução Padre Matos Soares. Porto: Grandes Oficinas Gráficas da Sociedade de Papelaria, 1954. 4.v.

Alcorão Sagrado. Tradução do professor Samir El-Hayek. São Paulo: Tangará, 1975.

ALMEIDA, José Américo de. **A palavra e o tempo**: (1937-1945-1950). Rio de Janeiro: José Olympio, 1986.

ANDRÉ LUIZ (Espírito). **Agenda cristã**. 42.ed. Psicografado por Francisco Cândido Xavier. 42. ed. Rio de Janeiro: FEB, 2005.

ANDRÉ LUIZ (Espírito). **Nosso Lar.** 34. ed. Psicografado por Francisco Cândido Xavier. Rio de Janeiro: FEB, 1987.

Antologia da Boa Vontade. Rio de Janeiro: Editora da Boa Vontade, 1955.

ARISTÓTELES. **Ética a Nicômaco.** Brasília: Editora UnB, 2001.

AUSTRUY, Jacques. **Le scandale du développement.** Paris: Marcel Rivière, 1965.

CONFUCIUS. **The Analects.** Translated with an introduction by D.C. Lau. England: Penguin Group, 1979.

GIBIER, Paul. **Physiologie transcendantale, analyse des choses**: essai sur la science future, son influence certaine sur les religions, les philosophies, les sciences et les arts. Paris: Dentu, 1890.

EINSTEIN, Albert. **The world as I see it.** New York: Carol Publishing Group, 1991.

FORD, Henry; CROWTHER, Samuel. **My life and work.** New York: Arno Press, 1973.

JONES, Eli Stanley. **Gandhi:** portrayal of a friend. Nashville: Abingdon Press, 1948.

MARQUES DA CRUZ, José. **Profecias de Nostradamus.** 23. ed. São Paulo: Pensamento, 1980.

MÍNIMUS [Wantuil de Freitas]. **Síntese de o Novo Testamento.** 4. ed. Rio de Janeiro: FEB, 1979.

OSSENDOWSKI, Ferdinand. **Bestas, Homens e Deuses — O Enigma do Rei do Mundo**. São Paulo: Hemus, 1972.

PAIVA NETTO, José de. **A Esperança não morre nunca.** São Paulo: Editora Elevação, 2020.

PAIVA NETTO, José de. **A Missão dos Setenta e o "lobo invisível".** São Paulo: Editora Elevação, 2018.

PAIVA NETTO, José de. A obra máxima e o Armagedom. **Jornal da LBV**, São Paulo, n. 22, p. 6, abr. 1985.

PAIVA NETTO, José de. **Apocalipse sem medo.** São Paulo: Editora Elevação, 2000.

PAIVA NETTO, José de. **As profecias sem mistério.** 31. ed. São Paulo: Elevação, 1998.

PAIVA NETTO, José de. **Epístola Constitucional do Terceiro Milênio**. São Paulo: Legião da Boa Vontade, 1988.

PAIVA NETTO, José de. **Jesus e a Cidadania do Espírito**. São Paulo: Editora Elevação. 2019.

PAIVA NETTO, José de. **Jesus, Zarur, Kardec e Roustaing, na Quarta Revelação.** 8. ed. São Paulo: LBV, 1984.

PAIVA NETTO, José de. **Livro de Deus:** Religião, Filosofia, Ciência e Política de Deus. 25. ed. Rio de Janeiro: LBV, 1982.

PAIVA NETTO, José de. **Livro Jesus.** 21. ed. Rio de Janeiro: LBV, 1983.

PAIVA NETTO, José de. **O Brasil e o Apocalipse.** São Paulo: LBV, 1984, v. 1; 1985, v. 2; 1996, v. 3.

PAIVA NETTO, José de. **Mãezinha, deixe-me viver!** São Paulo: LBV, 1989.

PAIVA NETTO, José de. **Os mortos não morrem.** São Paulo: Editora Elevação. 2018.

PAIVA NETTO, José de. **Reflexões e Pensamentos — Dialética da Boa Vontade.** São Paulo: LBV, 1987.

PAIVA NETTO, José de. **Sagradas Diretrizes Espirituais da Religião de Deus, do Cristo e do Espírito Santo.** 7. ed. São Paulo: LBV, 1987. v. 1.

PAIVA NETTO, José de. **Sagradas Diretrizes Espirituais da Religião de Deus, do Cristo e do Espírito Santo.** São Paulo: LBV, 1990, v. 2.

PAIVA NETTO, José de. **Sagradas Diretrizes Espirituais da Religião de Deus, do Cristo e do Espírito Santo**. São Paulo: LBV, 1991, v. 3.

PAIVA NETTO, José de. **Tesouros da Alma.** São Paulo: Editora Elevação. 2017.

PERSCH, Pe. Léo. **Um Só Evangelho ou Harmonia dos Evangelhos.** Campinas/SP: Raboni, 1996.

RICHOMME, Charles. **Histoire de Napoléon écrite pour la jeunesse.** Paris: L. Janet, Magnin, Blanchard et Cie, 1857.

SHAW, George Bernard. **Everybody's Political What's What?** London: Constable, 1950.

ZARUR, Alziro. **Mensagem de Jesus para os sobreviventes.** 24. ed. Rio de Janeiro: LBV, 1978.

ZARUR, Alziro. **Poemas da Era Atômica.** 9. ed. Rio de Janeiro: LBV, 1979.

Índice de nomes

Índice de matérias

Biografia

José de Paiva Netto, escritor, jornalista, radialista, compositor e poeta, nasceu em 2 de março de 1941, no Rio de Janeiro/RJ, Brasil. É Presidente da Legião da Boa Vontade (LBV) e presidente-pregador da Religião de Deus, do Cristo e do Espírito Santo. Membro efetivo da Associação Brasileira de Imprensa (ABI) e da Associação Brasileira de Imprensa Internacional (ABI-Inter), é filiado à Federação Nacional dos Jornalistas (Fenaj), à International Federation of Journalists (IFJ), ao Sindicato dos Jornalistas Profissionais do Estado do Rio de Janeiro, ao Sindicato dos Escritores do Rio de Janeiro, ao Sindicato dos Radialistas do Rio de Janeiro e à União Brasileira de Compositores (UBC). Integra também a Academia de Letras do Brasil Central. É autor de referência internacional na defesa dos direitos humanos e na conceituação da causa da Cidadania e da Espiritualidade Ecumênicas, que, segundo ele, constituem *"o berço dos mais generosos valores que nascem da Alma, a morada das emoções e do raciocínio iluminado pela intuição, a ambiência que abrange tudo o que transcende ao campo comum da matéria e provém da sensibilidade humana sublimada, a exemplo da Verdade, da Justiça, da Misericórdia, da Ética, da Honestidade, da Generosidade, do Amor Fraterno. Em suma, a constante matemática que harmoniza a equação da existência espiritual, moral, mental e humana. Ora, sem esse saber de que existimos em dois planos, portanto não unicamente no físico, fica difícil alcançarmos a Sociedade realmente Solidária Altruística Ecumênica, porque continuaremos a ignorar que o conhecimento da Espiritualidade Superior eleva o caráter das criaturas e, por conseguinte, o direciona à construção da Cidadania Planetária".*

Entre as inúmeras homenagens recebidas, foi agraciado com a Medalha do 1º Centenário da Academia Brasileira de Letras (ABL); nomeado Comendador da Ordem do Rio Branco, pelo Ministério das Relações Exteriores; e condecorado com o Grau de Comendador, pelo Conselho da Ordem do Mérito Aeronáutico, e com a Medalha do Pacificador, pelo Ministério do Exército Brasileiro.

Filho primogênito de **Idalina Cecília de Paiva** (1913-1994) e **Bruno Simões de Paiva** (1911-2000) — que tiveram como padrinho de casamento **Dorival Caymmi** (1914-2008) — e irmão de **Lícia Margarida de Paiva** (1942-2010). Teve a infância e a juventude marcadas por uma preocupação incomum com temas espirituais, filosóficos, educativos, sociais, políticos, científicos e econômicos, além de um profundo senso de auxílio aos necessitados.

Estudou no tradicional Colégio Pedro II, na capital fluminense, do qual recebeu o título de Aluno Eminente, sendo homenageado com placa de bronze na sede desse conceituado colégio-padrão. Em 1956, ainda adolescente, iniciou sua jornada vitoriosa ao lado do saudoso fundador da Legião da Boa Vontade, o jornalista, radialista, escritor, poeta e filósofo brasileiro **Alziro Zarur** (1914-1979). Paiva Netto foi o principal assessor dele durante quase um quarto de século. Para se dedicar totalmente à LBV, abandonou a vocação para a Medicina. Mais tarde, tornou-se secretário-geral (cargo equivalente ao de vice-presidente) da Instituição e, com o falecimento de Zarur, sucedeu-o.

Compositor e produtor musical, foi aluno do professor **Homero Dornelas** (1901-1990), assessor do notável **Villa-Lobos** (1887-1959). Elaborou a "Marcha dos Soldadinhos de Deus", interpretada pela primeira vez em 21 de abril de 1960, por meninos amparados pelo Instituto São Judas Tadeu, no Rio de Janeiro, onde colaborava como voluntário. A apresentação foi uma homenagem a Brasília/DF, Brasil, que o então presidente da República **Juscelino Kubitschek** (1902-1976) inaugurava naquela data.

À frente da Legião da Boa Vontade desde 1979, multiplicou as ações desta nas áreas da educação e da promoção humana e social, por meio das unidades de atendimento da Instituição, as quais abrangem escolas-modelo de educação básica, abrigos para idosos e centros comunitários de assistência social. Tais espaços fazem parte de um projeto ainda maior, criado por Paiva Netto e a que ele se tem dedicado há bastante tempo: Educação com Espiritualidade Ecumênica, consubstanciada em uma vanguardeira linha pedagógica, que propõe um modelo novo de aprendizado, o qual alia cérebro e coração. Essa proposta educacional, composta da Pedagogia do Afeto e da Pedagogia do Cidadão Ecumênico, é aplicada com sucesso na rede de ensino da LBV e nos serviços e programas socioeducacionais desenvolvidos pela Legião da Boa Vontade.

Os ideais da Boa Vontade não têm fronteiras e empolgam diversas regiões do mundo. Desde 1980, por exemplo, as iniciativas solidárias expandem-se para a LBV da Argentina, do Paraguai, do Uruguai, da Bolívia, de Portugal e dos Estados Unidos, sendo estas mantidas por meio de donativos de cada população local.

Por causa da ampla abrangência de seus programas, serviços e de suas ações e da excelência no trabalho realizado, a Legião da Boa Vontade conquistou o reconhecimento da Organização das Nações Unidas (ONU), com a qual tem atuado em parceria há décadas. Em 1994, a LBV associou-se ao Departamento de Comunicação Global (DCG) desse organismo internacional e, em 1999, foi a primeira instituição da sociedade civil brasileira a obter o *status* consultivo geral (grau máximo) no Conselho Econômico e Social (Ecosoc/ONU). Em 2000, passou a integrar a Conferência das ONGs com Relações Consultivas para as Nações Unidas (Congo), com sede em Viena, na Áustria, e, em 2004, atuou como instituição cofundadora do Comitê de ONGs sobre Espiritualidade, Valores e Interesses Globais nas Nações Unidas. A LBV tem participado ativamente das principais conferências e reuniões da ONU, contribuindo com importantes recomendações para a implantação de políticas públicas internacionais, além de mobilizar a sociedade civil em torno dos Objetivos de Desenvolvimento Sustentável (ODS). Os referidos documentos e publicações, editados em diversos idiomas, são entregues a chefes de Estado, conselheiros ministeriais, agências internacionais e representantes da sociedade civil. Dentre esses materiais destacam-se as revistas *Sociedade Solidária*, *Paz para o Milênio*, *Globalização do Amor Fraterno*, BOA VONTADE *Desenvolvimento Sustentável*, BOA VONTADE *Mulher* e BOA VONTADE *Educação*.

O Presidente da Legião da Boa Vontade recebeu, em 14 de novembro de 2016, correspondência oficial da equipe do novo secretário-geral da ONU, o dr. **António Guterres**, na qual expressa gratidão ao dirigente da LBV pela carta encaminhada ao diplomata português com cumprimentos em virtude da nomeação deste para ocupar o cargo máximo da ONU. Na missiva, assinada por **Kyung-wha Kang**, assessora especial em Política do gabinete do secretário-geral, consta: *"Prezado Presidente, permita-me agradecer, em nome do secretário-geral designado, António Guterres, as vossas gentis palavras de congratulação. É com grande honra e com um sentido de responsabilidade que ele assumirá suas novas funções. A Legião da Boa Vontade é uma organização da sociedade civil que tem uma parceria de longa data com as Nações Unidas. Sua missão de incentivar a vivência de valores, a fim de criar uma sociedade mais justa e solidária, é mais do que nunca de grande relevância global. Suas iniciativas visam melhorar a situação de pessoas de baixa renda em diversas áreas, tais como educação e desenvolvimento sócio-econômico, sendo uma grande contribuição para a consecução dos Objetivos de Desenvolvimento Sustentável e sua meta de erradicar a pobreza até o ano de 2030. Contamos com a Legião da Boa Vontade para trabalhar junto às Nações Unidas na busca de soluções para os desafios globais mais urgentes da atualidade"*.

Em 21 de outubro de 1989, Paiva Netto fundou, em Brasília/DF, Brasil, o Templo da Boa Vontade (TBV), com a presença de mais de 50 mil pessoas. Conhecido também como o Templo da Paz, é o polo do Ecumenismo Divino, que proclama o contato socioespiritual entre a criatura e o Criador. Aclamado pelo povo uma das Sete Maravilhas de Brasília, o TBV é o monumento mais visitado da capital federal, conforme dados oficiais da Secretaria de Turismo do Distrito Federal, e, desde que foi inaugurado, recebe anualmente mais de um milhão de peregrinos.

Paiva Netto criou, para propagar a Cidadania Espiritual (conceito preconizado por ele), a Super Rede Boa Vontade de Comunicação (rádio, TV, internet e publicações).

No campo editorial, alcançou a expressiva marca de 9 milhões de livros vendidos. Além disso, tem seus artigos publicados em jornais, revistas e portais de internet no Brasil e no exterior. Já escreveu para importantes veículos, a exemplo do *Diário de Notícias*, *Jornal de Coimbra*, *Correio da Manhã*, *Jornal de Notícias*, *O Primeiro de Janeiro*, *Notícias de Gaia*, *Voz do Rio Tinto*, *Jornal da Maia*, *O Público*, *Campeão das Províncias*, *Audiência* e *O Despertar* (Portugal); *Time South*, *Jeune Afrique* e *African News* (África); *Daily Post* (circulação internacional); *Clarín* (Argentina); *Jornada* e *El País* (Bolívia); *El Diário Notícias* e *ABC Color* (Paraguai); *El País* (Uruguai); *International Business and Management* (China); e *Deutsche Zeitung* (Alemanha).

Sobre seu estilo literário, o escritor norte-americano **Errol Lincoln Uys** observou: *"Paiva Netto, sendo um homem prático, não deixa de ter alma de poeta"*. Segundo a definição do eminente professor, jurisconsulto e tratadista **José Cretella Junior** (1920-2015), *"é um exímio estilista, sempre em dia com as novas"*. **Valdir Andres**, jornalista, advogado, fundador do periódico *A Tribuna Regional*, de Santo Ângelo/RS, Brasil, assim declarou: *"É uma honra imensa abrigar os conceitos, as opiniões, a pena brilhante do professor Paiva Netto em nosso jornal"*. Na opinião do mestre de professores **Moacir Costa Lopes** (1927-2010), *"é um escritor de muito talento"*.

Endereço para correspondência:
Rua Norma Pieruccini Giannotti, 110
Barra Funda • São Paulo/SP • CEP 01137-010
***E-mail*: PaivaNetto@uol.com.br**

Canais do autor na internet:
www.PaivaNetto.com
Youtube.com: PaivaNettovideos
Facebook: PaivaNetto.escritor
Instagram: PaivaNetto.escritor
#EuleioPaivaNetto

CONHEÇA A RELIGIÃO DE DEUS, DO CRISTO E DO ESPÍRITO SANTO E O TRABALHO DA LBV

BOA VONTADE TV

https://www.youtube.com/boavontadetv

OI TV: Canal 212 • Net Brasil: Canais 196 e 696 • Claro TV: Canais 196 e 696

Geradora Educativa da Fundação José de Paiva Netto

Canal 11.1 - São José dos Campos/SP

Canal 45.1 - Cotia/SP (Grande São Paulo)

Para outras informações, acesse www.boavontade.com/tv

Kit Sat Boa Vontade

Satélite: Star One C3 • Frequência: 3.868 MHz • Symbol Rate: 4.833 Ksps • Polarização Vertical • Modulação: DVB S.2

SUPER REDE BOA VONTADE DE RÁDIO

Internet: www.boavontade.com/radio

OI TV: Canal 989 (Super RBV de Rádio)

Emissoras de rádio:

Rio de Janeiro/RJ: AM 940 kHz • **São Paulo/SP:** AM 1.230 kHz • **Esteio, região de Porto Alegre/RS:** AM 1.300 kHz • **Porto Alegre/RS:** OC 25 m - 11.895 kHz • OC 31 m - 9.550 kHz • OC 49 m - 6.160 kHz • **Brasília/DF:** AM 1.210 kHz • **Santo Antônio do Descoberto/GO:** FM 88,9 MHz • **Salvador/BA:** AM 1.350 kHz • **Manaus/AM:** AM 610 kHz • **Montes Claros/MG:** AM 550 kHz • **Sertãozinho, região de Ribeirão Preto/SP:** AM 550 kHz • **Uberlândia/MG:** AM 1.210 kHz

PORTAIS

www.lbv.org.br

www.boavontade.com

www.ReligiaodeDeus.org

www.Jesusestachegando.com

www.PaivaNetto.com

APP BOA VONTADE PLAY

Baixe na loja de aplicativos do seu celular e acompanhe ao vivo